U0731363

本书受到上海研究院"上海实现'四个新作为'的路径和方式研究"
项目资金资助，为本项目成果。

上海研究院
智库报告系列 丛书主编 李培林

上海实现
"四个新作为"研究

ON FULFILLING THE
"FOUR NEW ACHIEVEMENTS"
IN SHANGHAI

张 春／著

社会科学文献出版社
SOCIAL SCIENCES ACADEMIC PRESS (CHINA)

"上海研究院智库报告系列"
编 委 会

主　编　李培林

副主编　李友梅　赵克斌　周国平

编　委　杨会军　朱　承　林　盼　李　青

作者简介

张 春 1973 年出生，博士，现任云南大学国际关系研究院研究员；兼任商务部经济外交专家工作组专家，中国非洲史学会副秘书长，中国亚非学会理事，中非工业合作发展论坛顾问，南非 *African East-Asian Affairs* 编委会成员等。

1998 年起师从时殷弘教授攻读国际关系硕士学位，2003 年起师从孙哲教授攻读博士学位。2006～2018 年在上海国际问题研究院工作。主要研究领域为国际关系理论、中国外交理论、非洲国际关系、东北亚国际关系、国际发展学等。

2009 年赴德国发展研究所（DIE）进修半年，该年 4～6 月任英国皇家国际事务研究所（Chatham House）访问学者，2011 年 4 月任南非国际事务研究所（SAIIA）访问学者，2011 年 9～11 月任美国国际暨战略研究中心（CSIS）访问学者，2013 年 4 月任肯尼亚外交学院（FSI）访问学者，2014 年 5 月担任津巴布韦南部非洲文献与研究中心（SADRC）访问学者，2016 年 7 月担任肯尼亚非洲政策研究所（African Policy Institute）访问学者；2010 年在上海市外办挂职锻炼一年。

著有《美国思想库与一个中国政策》［上海人民出版社 2007 年

版，获上海市第九届（2007～2008）哲学社会科学成果奖（著作类）一等奖]、《设计未来——东北亚安全机制的路线图》（上海人民出版社 2012 年版）、《中非关系国际贡献论研究》[上海人民出版社 2013 年版，获上海市第十届（2011～2012）邓小平理论研究与宣传优秀成果奖（著作类）二等奖]、《地方参与中非合作研究》（上海人民出版社 2015 年版）、《走进非洲》（复旦大学出版社 2017 年版），编著 China and Africa: Building Peace and Security Cooperation on the Continent（Palgrave Macmillan, 2018）等，在国内核心刊物上发表专业学术论文 80 多篇，在 Foreign Affairs、Financial Times、《人民日报》、《解放日报》等国内外报刊发表评论文章近百篇；另有合著 5 部，编著 1 部，参译著作 3 部。

目 录
CONTENTS

导　言

　　2017 年 3 月 5 日下午，习近平总书记在参加十二届全国人大五次会议上海代表团审议时，提出上海 "四个新作为" 的新定位，即在深化自由贸易试验区改革上有新作为，在推进科技创新中心建设上有新作为，在推进社会治理创新上有新作为，在全面从严治党上有新作为，以此不断增强上海城市吸引力、创造力、竞争力，推动上海继续当好全国改革开放排头兵、创新发展先行者，大力塑造海纳百川、追求卓越、开明睿智、大气谦和的上海城市形象。[①] 2017 年 3 月 16 日，中共上海市委举行常委扩大会议，传达学习习近平总书记在参加十二届全国人大五次会议上海代表团全团审议时的重要讲话精神。时任上海市委书记韩正同志强调，必须始终立足大局思考谋划，以更高的站位、更宽的视野，服从服务好国家战略。全面贯彻落实 "四个新作为"、不断增强 "三个力"，着力点是 "深、高、实"：要在深化上下功夫，要向高标准看齐，要以求实效为根本。[②]

　　可以认为，"四个新作为" 是在改革开放进入更高阶段、国家全

[①] 《落实 "四个新作为"，提升上海城市魅力》，人民网，2017 年 3 月 30 日，http://sh.people.com.cn/n2/2017/0330/c372900 – 29945280.html。

[②] 《韩正：上海要切实做到 "四个新作为"》，《解放日报》2017 年 3 月 17 日，第 1 版。

面崛起的背景下，以习近平同志为核心的党中央赋予上海在新时期的崭新、全面定位。它是上海改革发展的重要战略新要求，是解放思想敢为人先的责任新担当，是继续当好排头兵先行者的新突破。上海要按照习近平总书记的要求，紧紧围绕"四个新作为"，不断增强上海城市吸引力、创造力、竞争力，推动上海继续当好全国改革开放排头兵、创新发展先行者。① 上海"四个新作为"的新定位，是在新的时代背景下，对上海长期以来扮演全国改革开放排头兵、创新发展先行者定位或要求的进一步完善。必须追问的是，为什么要进一步完善、明确上海在国家发展中的战略定位？要回答这个问题，就必须考察更为宏观的中国发展轨迹及未来的发展方向。

改革开放 40 年来，中国已经取得了举世瞩目的成就：从数量规模上看，1978 年改革开放伊始，中国的经济规模仅有 3679 亿元人民币；而到 2017 年，中国国内生产总值（GDP）已经高达 82.71 万亿元人民币（相当于 12.2 万亿美元），成为世界第二大经济体，中国经济总量占世界经济的比重由 1978 年的 1.8% 上升到 2017 年的 16%，仅次于美国；从经济增速角度看，1978 ~ 2017 年，中国 GDP 的年均名义增速高达 14.5%，去除年均 4.8% 的通胀率，年均实际增速仍高达 9.3%；从经济结构的角度看，中国工业化进程加快，第一产业、第二产业、第三产业的结构日趋合理化，第三产业逐渐占据主导地位。2017 年，中国三次产业的比例分别为 7.9%、40.5% 和 51.6%。第三产业的发展增幅已经超过第一、第二产业，成为拉动中国经济增长的主要力量。②

尽管如此，当前中国仍面临重大的发展挑战。一方面，中国当前

---

① 肖林：《奋力实现"四个新作为"》，《文汇报》2017 年 3 月 6 日，第 4 版。
② 张建平、沈博：《改革开放 40 年中国经济发展成就及其对世界的影响》，《当代世界》2018 年第 5 期。

的确面临陷入"中等收入国家陷阱"的风险，必须致力于实现经济发展的长期可持续性。按照世界银行 2017 年公布的最新标准划分，人均 GDP 在 1006 美元至 3955 美元属于下中等收入经济体，在 3956 美元至 12235 美元之间的属于上中等收入经济体，超过 12236 美元则属于高收入国家。统计显示，绝大多数发展中国家经历了所谓的"中等收入陷阱"，诸如马来西亚、巴西、阿根廷、墨西哥、智利等国家在 20 世纪 70 年代就进入了中等收入国家行列，但之后数十年里长期停滞在人均 GDP 3000 美元至 5000 美元的水平上。世界银行的一项调查显示，在 1960 年到 2008 年，全球 101 个中等收入国家和地区中，只有 13 个成功发展为高收入经济体。① 因此，跨越"中等收入陷阱"，是决胜全面建成小康社会、开启新征程必须迈过的一道关口。另一方面，中国面临较为明显的经济实力 - 政治影响力落差，必须致力于实现中国崛起的长期可持续性。迄今为止，中国崛起本身既不完整也不均衡，更多是经济方面的，其军事、制度和道德性崛起远未完成。② 正是由于中国崛起的不完整性和不均衡性，中国的经济能力与政治影响力严重不平衡。尽管中国已成为世界第二大经济体，并通过各种具体行动为国际社会提供了大量公共产品——主要是物质性的，同时也得到国际社会的普遍欢迎，但国际社会对中国在国际体系中日益上升的影响力的接受度仍然不高，特别明显地表现为一种"经济上依赖中国，政治安全上依赖美国"的二元格局，其中又尤以亚太地区为最。③ 简而言之，中国既有的经济崛起成果尚未实现有效溢出，

① 顾阳、瞿长福：《中国有能力迈过"中等收入陷阱"》，《经济日报》2018 年 1 月 29 日，http://www.xinhuanet.com/politics/2018 - 01/29/c_ 1122330259.htm。

② 相关论述可参见张春《中国实现体系内全面崛起的四步走战略》，《世界经济与政治》2014 年第 5 期，第 49 ~ 63 页。

③ 相关讨论可参见张春《国际公共产品的供应竞争及其出路——亚太地区二元格局与中美新型大国关系建构》，《当代亚太》2014 年第 6 期，第 52 ~ 72 页。

中国在国际组织中的存在不够充分，在大量国际机构中的高级官员远比印度、巴西等其他新兴大国少，中国的国际话语权也相对较弱。

中国整体发展所面临的经济发展、国家崛起的双重长期可持续性挑战，必须采取创新性的战略加以应对。这一创新必须是世界历史意义上的创新，要鲜明地区别于历史上的任何大国崛起；同时，它也必须是一项立体性的创新，既有崛起内部基础的重大创新，也有崛起外部支撑的重大创新。结合中国巨幅的国家规模，其中最为重要的创新之一或许在于中国国内省区市的多元化发展态势，有必要赋予不同的省区市在国家发展战略中的不同战略定位。正是在这一意义上，作为全国改革开放的排头兵、创新发展的先行者，上海应继续发挥这一历史性作用，以"四个新作为"为战略指南，为国家经济发展和民族复兴的创新性和可持续性做出应有贡献。

从民族复兴创新与可持续的角度出发，上海"四个新作为"有全新的战略意义，而这也正是本书的考察重点，具体包括两个方面。

一方面，上海"四个新作为"定位与国家总体战略的相互关系。中国的国家总体战略根本上是实现中华民族伟大复兴，促进人类进步即人类命运共同体建构；用 2018 年 6 月中央外事工作会议的话说，是"服务民族复兴、促进人类进步"。[①] 2017 年 11 月，习近平总书记在党的十九大报告中，明确了中华民族伟大复兴的时间表：2020 年全面建成小康社会、实现第一个百年奋斗目标；在此基础上再奋斗 15 年，在 2035 年基本实现社会主义现代化；从 2035 年到 20 世纪中叶，在基本实现现代化的基础上，再奋斗 15 年，把我国建成富强民主文明和谐美丽的社会主义现代化强国。鉴于不同省区市的发展水平

---

① 《习近平：努力开创中国特色大国外交新局》，新华网，2018 年 6 月 23 日，http://www.xinhuanet.com/politics/2018-06/23/c_1123025806.htm。

差异，上海在国家总体发展战略特别是中华民族伟大复兴中的地位显然与其他省区市存在差异。由此而来的问题是，上海到底应当发挥何种作用？或者说，上海"四个新作为"到底将如何为中华民族伟大复兴和人类进步做出独特贡献？要回答这一具有高度战略意义的问题，必须回答一系列的问题，如：中华民族伟大复兴的阶段性目标如何落实？中国实现民族伟大复兴的总体战略、分阶段与分部门战略如何设计？上海在其中如何发挥作用？中央与地方在落实国家总体战略中的分工模式如何实现最佳效果？中华民族伟大复兴战略目标在对内与对外方面的联系是什么？上海"四个新作为"的对内与对外方面的区分、联系及推进国家总体战略等方面的作用如何发挥？等等。

本书认为，虑及中国崛起的可持续性和创新性要求，中国的国家整体战略须充分、有效协调崛起物质基础，特别是经济创新型崛起，同时也必须实现非物质性方面的创新，特别是战略定力、战略信心等——具体体现为社会动员、中国特色等核心要素的保持上。就此而言，上海"四个新作为"对国家总体战略的意义在于：自贸区建设和科创中心建设，其服务重点是中国崛起的经济创新；而社会治理、党建则服务于中国崛起的非物质性方面的创新，即中国崛起的社会动员与特色保持。例如，有学者就正确地指出，要实现"四个新作为"，上海必须进一步深化改革开放，加快创新转型。改革创新是中央对上海的要求，也是上海的出路。以经济体制改革为引领，以自贸区建设为突破口，加强重点领域改革系统集成，是上海改革的重点。上海自由贸易区要创新合作发展模式，成为服务国家"一带一路"建设、推动市场主体走出去的桥头堡。为此，上海目前重点推进五个方面工作，即设立"一带一路"技术贸易措施企业服务中心、深化境外投资服务平台建设、加快建设"一带一路"国别（地区）进口商品中心、增强"一带一路"金融服务功能、加强"一带一路"人才交流合作等。① 创新是引领发展的第一动力。加快科创中心建设，是新形势下中央对上海的新要求、新定位，也是上海突破自身发展瓶颈、重构发展动力的根本举措。在压减"三高一低"（高投入、高能耗、高污染、低效益）落后产能的同时，创建新模式、新业态、新技术、新产业的经济实践区，打造一批创新企业集聚、产业生态完备、具有国际竞争力的"四新"经济基地。②

在从宏观层面考察上海"四个新作为"与国家总体发展战略的相互关系的基础上，本书还将重点分析上海"四个新作为"的国际意义。首先是上海"四个新作为"的国际影响，重点考察上海实现"四个新作为"与中国外交战略，特别是与"一带一路"倡议的相互关联，其中上海自贸区、上海科创中心及社会治理等均与"一带一路"建设有着紧密联系。同时上海"四个新作为"的确能够为中国特色外交理论、中国提供国际公共产品、中国与发展中国家发展等做出重要贡献。此外，上海实现"四个新作为"也与中国推动联合国2030 年可持续发展议程落实，中国自身经济、社会、政治等的可持续发展有着密切联系。其次是上海在"一带一路"建设中的定位与政策思路。上海参与"一带一路"建设的努力仍存在明显不足，特别是在习近平总书记提出的上海自贸区要成为服务国家"一带一路"建设、推动市场主体走出去的桥头堡方面。上海应当从更为宏观的中国与国际体系转型、中国未来的世界地位及由此而来的上海应当在这一进程中发挥何种作用的角度，更为前瞻地思考上海与"一带一路"建设的关系。上海的桥头堡作用不应仅限于自贸区或经济层面，更应

---

① 《上海自贸区五大举措深度对接"一带一路"》，浦东新闻网，2017 年 5 月 25 日，http://www.ftzsino.com/cn/policy/20170525/MTQ5NTCWMTKWODE.html。

② 黄金平：《实现"四个新作为"，需加快创新转型》，《解放日报》2017 年 4 月 18 日，第10 版。

从如何推动中国的经济能力转化为政治影响力、中国如何从地区大国转变为全球性大国、中国如何从接受国际公共产品转变为提供国际公共产品等视角，思考上海在"一带一路"建设中的战略定位与具体政策。最后是上海社会治理与中国未来如何成为世界"榜样"或"灯塔"的关系。上海作为一个超大城市，不仅需要社会治理的精细化与复杂体系，更需要建构成为全球超大城市治理的典范。上海已经具备一定的基础，但有的方面仍需要进一步强化。例如，上海社区治理、公民自治体系等已有很好的基础，但由于话语体系差异，与国际上所热衷的所谓"公民社会团体""非政府组织"等概念存在差异。上海社会治理在创新治理模式的同时，也应创新话语体系，"公民社会团体""非政府组织"等概念体系并非不能使用，用得好对于中国的社区治理、公民自治等如何走出去，如何推广中国社会治理模式等均有重要促进作用。上海"四个新作为"不应只有国内意义或更狭小的地方意义，而应具有全球意义，这对中国崛起为全球大国至关重要。

上海"四个新作为"的地方经济社会发展内涵。从上海地方社会经济发展视角看，自贸区、科创中心、社会治理、从严治党等四个方面的新作为，具备逻辑上的完整性和战略上的系统性。上海实现"四个新作为"既需要立足现有基础，特别是既有的自贸区建设、科创中心建设、社会治理成果以及从严治党基础等，又需要对上海未来发展方向准确前瞻，从而确立上海未来发展道路，特别是在实现经济增长、社会发展、党的建设等方面的齐头并进。

全国人大代表、上海社会科学院院长王战认为，在自贸区建设领域，关于"新作为"的一些具体提法，蕴含了持续推进、不断深化的期望。全国政协委员、上海市科委主任寿子琪指出，上海将从两大方面推进上海科创中心建设：一是增强自主创新能力，二是创新科技体制机制。这为我国区域创新能力整体提升发挥引擎作用，也是上海科创中心建设的应有之义。① 全国政协常委、民盟中央副主席郑惠强在谈到上海超大城市的社会治理新路时说，在大数据时代，政府要积极推动资源共享、数据共享，消除"孤岛"现象，包含信息共享、价值共享和成果共享三层内容。② 全国人大代表、长宁区虹桥街道虹储居民区党总支书记朱国萍认为，推进全面从严治党，必须做好抓基层、打基础的工作；基础不牢，地动山摇。如果不创新工作的方式方法，不提升解决突出问题的能力素质，显然很难让居民群众满意。③ 上海自贸区建设是我国在新形势下推进改革开放的重大举措，侧重于金融改革试点。改革以模式创新为出发点，着重软实力的提升，具有重大影响力，同时也充满挑战性。在全球经贸发展趋势下，上海自贸区有助于实行更加积极主动的措施。④ 2017 年 3 月 31 日，国务院印发《全面深化中国（上海）自由贸易试验区改革开放方案》，对上海自贸试验区下一步改革做出部署。这是上海自贸试验区设立以来的第三版方案，意味着上海自贸区改革进入"3.0"时代。⑤作为中国政府积极应对国际经济新格局的重要举措，上海自贸区将融入转变政府职能、完善金融制度、强化贸易服务、扩展外商投资等多项内涵，实施一系列创新监管服务模式。上海自贸区具有良好的运行基础，各组成单位在诸多领域具有明显优势，有利于将上海打造成物

---

① 《科创中心要在两方面拿出"拳头项目"——谋划上海"新作为"系列访谈（二）》，《解放日报》2017 年 3 月 14 日，第 1 版。

② 《精细管理，让城市更有序安全干净——谋划上海"新作为"系列访谈（三）》，《解放日报》2017 年 3 月 14 日，第 1 版。

③ 《全面从严治党，当好排头兵先行者——谋划上海"新作为"系列访谈（四）》，《解放日报》2017 年 3 月 14 日，第 1 版。

④ 蔡俊南、王明杰：《关于上海自贸区制度创新面临问题及对策研究》，《时代金融》2017 年第 14 期。

⑤ 宋薇萍：《上海自贸区"3.0"版改革：建设自由贸易港区》，《上海证券报》2017 年 4 月 1 日，第 1 版。

流中心和金融中心。① 从国内运行看，长三角区域在体制、机制上对接上海自贸区的制度创新方面有得天独厚的地理优势。从政府视角来看，上海自贸区建设会对长三角地区其他地方政府的管理模式带来制度改革示范效应；从行业视角来看，上海自贸区建设会对长三角地区协调发展带来产业联动效应；从企业视角来看，上海自贸区会给长三角地区的企业经营带来辐射外溢效应。②

社会治理是上海实现"四个新作为"的重要环节。习近平总书记对上海社会治理提出要求，认为"上海这样的超大型城市，管理应该像绣花一样精细"，要更加注重联动融合、开放共治，更加注重民主法治、科技创新，提高社会治理社会化、法治化、智能化、专业化水平，提高预测预警预防各类风险的能力。上海社会治理成效显著，但也有亟待补齐的短板：如党对社会治理的领导、加强社会团体能力建设、推动社会团体走出去等。③ 推动上海超大城市社区治理模式的创新，单一的管控思维已经无法根本解决城市时代遇到的各种问题，创新城市社会治理体系，形成城市治理体系和能力的现代化，才是中国城市治理的根本出路和路径，才能真正迎接城市时代各种问题的严峻挑战。对上海而言，对市民工作、生活影响最大的问题构成了民生的痛点，社会关注的焦点，也成为全面深化改革的难点，要求政府对自己职能的准确定位以及正确的认识和行动，这也考验着上海的现代治理理念和能力。④ 中国特大城市在社会构成上呈现出前现代、现代和后现代三种结构并存、交错发展并激荡出各种新问题的局面，这对社会治理能

---

① 王孝松、张国量、周爱农：《上海自贸区的运行基础、比较分析与发展前景》，《经济与管理研究》2014 年第 7 期。

② 徐美娜：《上海自贸区建设对长三角区域发展的带动效应研究》，《中国商论》2016 年第 18 期。

③ 汤啸天：《上海社会治理亟待突破的主要环节》，《党政论坛》2017 年第 3 期。

④ 章友德：《补短板：一座特大城市的治理范式》，《新民周刊》2017 年第 1 期。

力和治理模式更新提出了前所未有的挑战。为此，可从以下三方面入手，创新特大城市基层社会治理：构建以人口管理服务为重点的精细化社会治理模式；以化解矛盾为重点，构建政府与社会分工协作的社会治理方式；形成以应对社会风险为重点的政府主导型治理方式。①

上海要继续当好改革开放排头兵和创新发展先行者，就必须以全面从严治党为根本保证。齐卫平认为，这至少包括四个要素：一是要加强制度体系建设新作为，深化全面从严治党；二是要净化党内政治生态新作为，深化全面从严治党；三是要抓好"关键少数"新作为，深化全面从严治党；四是要推进城市治理现代化新作为，深化全面从严治党。以全面从严治党新作为支撑上海新发展，必须把敢管敢治、严管严治、长管长治作为基本要求，立足超大型国际化城市治理的市情，使上海在从严管党治党上走在前列。② 上海市委书记李强强调，要进一步落实习近平总书记对上海提出的在全面从严治党上有新作为的指示要求，在实践中不断健全完善"四责协同"机制，知责明责更清晰、履责尽责更到位、督责问责更有力，以管党治党责任的落实推动各项工作责任的落实，着力营造风清气正的政治生态和干事创业的良好氛围。③

从服务国家总体发展战略和上海地方经济社会发展相结合的角度，本书将首先提出一个系统的分析框架，将上海"四个新作为"置于中国体系创新型崛起的框架内加以考察，进而提出系统思考"四个新作为"相互关联的理论参考，然后逐章讨论"四个新作为"的各个方面，从而为上海实现"四个新作为"的创新路径和方式提供既有理论和战略高度，又具实际操作意义的思考。

---

① 李友梅：《我国特大城市基层社会治理创新分析》，《中共中央党校学报》2016 年第 2 期。
② 齐卫平：《以全面从严治党新作为支撑上海新发展》，上观新闻，2017 年 5 月 27 日，https://www.jfdaily.com/news/detail? id =54334。
③ 《上海：以"四责协同"推动全面从严治党新作为》，中国共产党新闻网，2018 年 5 月 16 日，http://fanfu.people.com.cn/n1/2018/0516/c64371 - 29992960. html。

第一章　上海"四个新作为"与
中国体系内创新型崛起

上海"四个新作为"是中国崛起进入新的历史时期国家对上海的新要求和新定位。但需要指出的是，迄今为止的中国崛起面临两个重要挑战：一是当前的崛起很大程度上只是经济性崛起，距离全面崛起仍有很长的路要走；[①] 二是中国崛起引起了广泛的国际警觉，[②] 距离和平崛起仍有很长的路要走。中国已经相当明确地向世界宣告，中国将坚定不移地走和平发展道路，中国的崛起将是世界的机遇而不是灾难。换句话说，中国所追求的不是传统的大国崛起模式，而是一种"体系内全面崛起"的创新型崛起。这一崛起的实质是在实现"中国梦"的同时，也为整个国际社会提供公共产品，促进"世界梦"和各国梦想的共同实现。[③] 尽

[①] 王逸舟：《创造性介入——中国之全球角色的生成》，北京大学出版社，2013，第146~148页。

[②] 有关国际社会对中国崛起的疑虑和警觉的讨论相当多，理论上的分析当属进攻性现实主义所预言的"大国政治的悲剧"，而更多的预言则是由"权势转移论"而来的中美霸权争夺的悲观预期。参见〔美〕约翰·米尔斯海默《大国政治的悲剧》，王义桅译，上海世纪出版集团，2008；张春《管理中美权势转移：历史经验与创新思路》，《世界经济与政治》2013年第7期，第74~90页。

[③] 习近平：《顺应时代前进潮流促进世界和平发展——在莫斯科国际关系学院的演讲》，莫斯科，2013年3月23日，外交部网站，2013年3月24日，http：//www.fmprc.gov.cn/mfa_chn/zyxw_ 602251/t1024371. shtml。

管如此,中国崛起的和平性与共享性,迄今仍在很大程度上不为国际社会所理解。当前,中国崛起正逐渐从改革开放前40年更多是效仿转向未来40年"效仿+创造",或者说从前期相对简单的"体系内效仿型崛起"转向"体系内创新型崛起"。这不仅对中国自身是项历史性挑战,对国际社会而言也是项历史性挑战,即如何接受一个带有重要创新的大国在既有体系内部崛起。上海"四个新作为"战略定位的系统化与明确化,具有远超越上海自身发展成为世界城市的国家战略意义,即在地方层面践行中国崛起的世界历史性创新。

第一节　中国崛起的世界历史性创新

鉴于中国崛起当前所面临的可持续性挑战,本节主要通过考察世界历史上主要大国崛起的成败经验,探讨中国实现体系内全面和创新性崛起的应有路径。历史经验表明,大国崛起主要包括四个维度,即经济性崛起、军事性崛起、制度性崛起及道德性崛起。尽管这四个维度的组合没有定式,但依据大国崛起的成败经验,很大程度上可得出某种初步结论,即经济性崛起是前提,道德性崛起是支撑,军事性和制度性崛起更多是保障。大国在实现经济性崛起后的战略优先应当是寻求道德性崛起,而不应急于求成地追求军事性或制度性崛起,这是实现体系内全面崛起的重要保证。中国在当代的崛起有其特殊性和时代性:它是中华民族在现时代的伟大复兴,因此既需要全面总结中华民族历史兴衰的经验和教训,也需要合理汲取其他大国崛起的成败经验,更需要充分虑及全球化和相互依赖时代国际政治的诸多崭新和长期性变革。因此,中国追求体系内全面和创新性崛起的战略目标应采取一种"四步走战略":继续夯实崛起的物质前提或追求可持续的经济性崛起，大力建构崛起的道德支撑或致力于全面的道德性崛起，稳步发展崛起的保障机制或追求稳打稳扎的制度性和军事性崛起。上海"四个新作为"的战略定位，对于推动中国具有世界历史意义的创新性崛起，有着重要的意义。

一　大国崛起的经济维度

对所有国家而言，实现崛起的基本前提是国家实力特别是经济实力的重大提升，没有物质性保障或经济上的崛起，大国全面崛起根本不可能实现。回顾既有大国经济性崛起的历史经验，尽管存在一定差异，但的确可以发现一个重要的共同点，即设法利用或借重现存体系实现体系内的经济性崛起，至少在实力尚不具备时不会尝试挑战现存体系。具体而言，这种追求体系内经济性崛起的方法大致有三种。

第一种方法可称为融入式崛起，是当今国际社会中大国崛起的相对更为常见的方法。根据这一方法，大国在追求物质性或经济性崛起时，都是努力通过加入现存主导国际体系之中，利用现有霸权国家或更为广泛的现存体系所提供的公共产品，通过搭便车或至少是尽可能压低自身所承担的国际义务而实现经济性崛起。这种融入式崛起的典型是当前的新兴大国群体性崛起。

21世纪最为重大的国际关系事态便是新兴大国的群体性崛起。与中国的崛起相似，新兴大国迄今为止的崛起更多的是物质性的而非政治、安全或思想方面的崛起。[①] 同时这种崛起所使用的理念事实上都是西方的，如"华盛顿共识"或新自由主义框架下的各种概念。由此而来的，新兴大国的群体性崛起根本上是和平性的，对国际体系

---

① 杨洁勉：《新兴大国群体在国际体系转型中的战略选择》，《世界经济与政治》2008年第6期，第10~12页。

内的主导性国际组织、国际规范和规则的基本态度仍是不挑战现有国际体系的根本结构。[①] 当然，这并不意味着新兴大国全然接受现有国际体系结构；恰好相反，新兴大国的战略选择是通过参与而对国际组织、规范和规则进行内部改良。这种改良最为重要的两个方面是联合国安理会和布雷顿森林体系。尽管目前这一改良进程某种程度上陷于停滞，但就其本身所体现出的竞争方式而言，有一个相当重要的特征，同时也是潜在地限制新兴大国的崛起能走得更远的重要原因之一，即非西方反对西方的武器事实上都是西方先前用于扩张的武器。[②] 当然，这本身便充分证明了新兴大国走的是融入式崛起的道路。

第二种方法可称为孤立式崛起。所谓孤立式崛起，是指一国将自身的发展孤立于国际社会的整体发展之外，寻求一种独特的区别于主流国际体系的崛起。孤立式崛起的典型是美国的崛起。

美国独立之后，深感于欧洲旧大陆政治的"肮脏"和国内政治斗争的复杂，华盛顿在《告别演说》中确立了美国的孤立主义外交政策，即美国不与任何国家（主要为欧洲列强）结盟，不卷入列强纷争，完全独立地处理自身的国际事务。孤立主义的精髓是："我们是为我们自己行动，不是为别人而行动的"。[③] 需要指出的是，外交政策上的孤立主义绝不意味着经济政策上的孤立主义。在华盛顿《告别演说》之后施行的政策、杰斐逊为了维持欧洲均势以避免殃及

---

① Andrew Cooper, Richard Higgott and Kim Nossal, *Relocating Middle Powers: Australia and Canada in a Changing World Order*, Vancouver, BC: University of British Columbia Press, 1993, pp. 20–21.

② 有关非西方反西方所使用的理念和手段根本上都来自西方的讨论，参见〔英〕杰弗里·巴勒克拉夫《当代史导论》，张广勇、张宇宏译，上海社会科学院出版社，1996，第5章。

③ 有关华盛顿告别演说背后的政治斗争的论述，可参见〔美〕罗伯特·卡根《危险的国家：美国从起源到20世纪初的世界地位》，袁胜育、郭学堂、葛腾飞译，社会科学文献出版社，2011，第143~146页；〔法〕夏尔—菲利普·戴维、〔法〕路易·巴尔塔扎、〔法〕于斯丹·瓦伊斯：《美国对外政策：基础、主体与形成》，钟震宇译，社会科学文献出版社，2011，第54~56页。

美国而施行的政策,以及在美洲大陆扩张为核心的"门罗主义"政策都汇集在一点:孤立主义。但是,这只是一种相对的孤立主义,即只是地理上的孤立,绝非经济上的孤立主义。[①] 就经济性崛起而言,美国孤立主义政策的要旨在于,充分利用当时国际体系中各方的相互竞争甚至冲突所提供的重要机遇,实现自身经济利益的全面扩张。例如,就在美国独立后不久,法国大革命和拿破仑战争爆发并持续了20余年。这一场战争将欧洲大陆主要国家都牵扯其中,并耗尽了英法两国的精力。而美国则通过中立大获战争好处:1792年,美国运输商挣了约740万美元;到1796年,货运收入上升了几乎3倍,达2100万美元;货运收入最终在1807年达到顶峰,为4210万美元。[②]尽管有所曲折,但美国总体上避免了介入欧洲政治而专心致志于实现自身的经济性崛起。这样,在独立后的短短不足百年的时间里,美国的国力便超过英国,到第一次世界大战前更是实现了经济的全面崛起。此后,美国继续有效利用了第一次和第二次世界大战所创造的机遇,最终实现了自身的全面崛起。

第三种方法是相对复杂的进取式崛起。所谓进取式崛起是指一国实现经济性崛起的环境并不理想,无论是融入式崛起还是孤立式崛起都难以奏效,只能通过隐忍、纵横捭阖等策略努力营造一种有利于自身崛起的国际环境。进取式崛起的典型案例是1871年独立后在俾斯麦大战略指导下的德国。

1871年德国实现统一,立即引起了欧洲大陆各国和英国的警惕。一个统一并可能是强大的德国出现在欧洲心脏地带,对整个欧洲地缘

---

① 〔法〕夏尔—菲利普·戴维、〔法〕路易·巴尔塔扎、〔法〕和于斯丹·瓦伊斯:《美国对外政策》,钟震宇译,社会科学文献出版社,2011,第56页。

② 〔美〕杰里米·阿塔克、〔美〕彼得·帕塞尔:《新美国经济史:从殖民地时期到1940年》(第2版),罗涛等译校,中国社会科学出版社,2000,第120~121页。

政治的影响再明显不过。俾斯麦很清楚地知道，德国并未真正崛起。要实现德国的全面崛起，根本上需要防止一个反德联盟的形成和出现，其核心是避免英国与俄罗斯的联盟。基于上述考虑，俾斯麦提出了一项再保证大战略，旨在缓解欧洲对持续的德国野心的担忧。首先，他希望通过将英国对埃及的控制权和俄罗斯对黑海的控制权进行交换，以解决英俄紧张，这将有助于阻止一场未来更大的欧洲战争。但俾斯麦并不希望英俄达成全面和解，那同样于德国崛起不利。其次，俾斯麦试图吸引所有欧洲大国与德国发展更密切的关系。俾斯麦知道，对德国的长期渴望来说，使其不招致其他欧洲国家的立即反对非常重要，而在德国连续获胜并实现统一之后这很困难。简而言之，俾斯麦期望能操纵整个欧洲政治局势，允许德国保持在欧洲外交中心而不受反对："（我头脑中的图画）并非获得领土，而是整个政治局势，在其中除法国外的所有强国都需要我们，进而通过其相互关系尽可能地阻止反对我们的联盟。"① 最终，通过在欧洲各国间扮演"诚实的掮客"，俾斯麦通过各种复杂的安排使德国成为欧洲政治的核心。尽管这一战略因过于复杂而使后人难以操作，但它的确为德国带来了至少20年甚至更长的实现体系内经济性崛起的战略机遇期。的确，在1871年统一时，德国的国力只有英国的60%多，而俾斯麦下台时这一数字已经上升为80%，到1913年第一次世界大战开始前更是达到近110%。②

从上述分析可以看出，大国的物质性或经济性崛起几乎都是在不对抗既存主流国际体系的情况下实现的，历史上几乎没有相反的案例

---

① W. N. Coveney and Dorothy K. Medlicott, *Bismarck and Europe*, London: St. Martin's Press, 1972, p. 103.

② Angus Maddison, *Statistics on World Population*, *GDP and Per Capita GDP*, *1 - 2008 AD*, http://www.ggdc.net/MADDISON/oriindex.htm.

出现。但上述三种体系内崛起的方法事实上都有一个共同的战略缺陷，即对外部环境相当敏感，或根本上取决于霸权国家对崛起国的基本态度。[①] 这很大程度上导致了大国和平崛起的罕见，同时也是国际社会对中国走和平发展道路持怀疑态度的重要原因之一。

二　大国崛起的军事与制度维度

显然，仅有物质或经济的崛起并非真正的崛起。最典型的例证是，中国在 1820 年时的 GDP 占到全世界的 33%，[②] 事实上仍是世界上最重要的经济体，但在西方的坚船利炮面前却几乎没有还手之力。这一"悖论"背后的另一事实是，1800～1900 年，整个西方源于经济增长而来的能源获取量只增长了 2.5 倍，但其军事力量却增长了 10 倍。[③] 换句话说，大国的经济性崛起必须有相应的保障力量，否则便无法实现可持续的崛起。这种保障力量主要来自两个方面，一是强制性和暴力性的军事保障，另一方面则是柔性和网络性的制度保障。军事性崛起一方面是大国全面崛起的标志，另一方面也和制度性崛起一道成为大国崛起可持续性的保障。

回顾大国崛起的历史，不管最终崛起是成功还是失败，崛起的大国往往拥有强大的军事力量。无论和平时期还是战争时期，军事实力都是衡量大国实力的重要尺度。强大的军事能力成为 16 世纪的西班牙哈布斯堡帝国崛起的重要支柱，其陆军超过陆上强国法国，海军超过海上强国英国：训练有素的西班牙步兵团成为欧洲战场上战斗力最

---

① 张春：《权势和平转移与中国对美战略选择》，《教学与研究》2007 年第 3 期，第 67～68 页。

② Angus Maddison, *Statistics on World Population*，*GDP and Per Capita GDP*，1 – 2008 AD，http://www.ggdc.net/MADDISON/oriindex.htm.

③ 〔美〕伊恩·莫里斯：《西方将主宰多久——从历史的发展模式看世界的未来》，钱峰译. 中信出版社，2011，第 360 页。

强的作战队伍，而由装有火炮大型战舰组成的庞大"无敌舰队"则雄霸海上。① 类似地，17 世纪崛起的荷兰也拥有庞大的海军舰队，确保了其"海上马车夫"的地位。例如，荷兰在 1644 年就拥有 1000 余艘战舰以保护商业，舰船总数几乎超过英、法两国海军总和的 1 倍。② 路易十四时期法国的崛起也建立在其强大的军事力量基础上，其军队人数在 1710 年时达到 35 万人，③ 雄踞欧洲榜首。在拿破仑战争期间，法国更是缔造了一支令人生畏的强大军队，近乎征服了整个欧洲大陆。英国则依托其有利的地理位置和强大的海军舰队，先后击败西班牙、荷兰和法国，成为世界第一大海上强国，并据此建立了史无前例的"日不落帝国"。美国是在第二次世界大战结束后才真正实现全面崛起的。当时其军事能力也已跃居世界第一，军队规模达到1250 万人，其中 750 万驻扎在海外。④ 美国这一军事优势一直保持到今天，这也成为绝大多数怀疑"美国正在衰落"的观察家、学者和政客的最重要论据。⑤

的确，如同雅典人在与弥罗斯人的辩论中所指出的，大家"都知道正义的标准是以同等的强迫力量为基础的；同时也知道，强者能够做他们有权力做的一切，弱者只能接受他们必须接受的一切"。⑥而约瑟夫·奈（Joseph Nye, Jr. ）的研究也表明，大国崛起的主要力量源泉可能因历史时期的不同而不同，但军事实力却是其中少有的常

① 〔美〕保罗·肯尼迪：《大国的兴衰：1500～2000 年的经济变迁与军事冲突》，王保存等译，求实出版社，1988，第 53～54 页。
② 丁一平等主编《世界海军史》，海潮出版社，2000，第 185～187 页。
③ 事实上，在路易十四继位之前，法国军队人数只有 3 万人。〔美〕保罗·肯尼迪：《大国的兴衰：1500～2000 年的经济变迁与军事冲突》，王保存等译，求实出版社，1988，第 104 页。
④ 赵丕、李效东主编《大国崛起与国家安全战略选择》，军事科学出版社，2008，第 9 页。
⑤ 潘亚玲：《应对霸权衰落：美国中长期战略前瞻》，《美国研究》2013 年第 2 期，第 48～49 页。
⑥ 〔古希腊〕修昔底德：《伯罗奔尼撒战争史》，谢德风译，商务印书馆，1960，第 413～417页。

量之一（见表 1-1）。但需要指出的是，军事性崛起并不必然为经济性崛起提供有效保障，德国崛起过程中就反复出现这一悖论。德国自1871 年实现统一后便被视作真实或潜在的威胁，其对待军事能力或军事性崛起的态度也几经变化，并导致了不同的重大战略后果。在俾斯麦时期，如前所述，德国关注的主要不是军事性崛起，相反通过建构一种制度性框架使自身的崛起不被人严重反对。但在俾斯麦离职后，德皇威廉二世推出扩张性的"世界政策"挑战英国的海上霸权，迅速引发了第一次世界大战。而希特勒时期的德国甚至希望将"世界政策""扩大一千倍"①，其结果便是引发第二次世界大战。而在二战后，德国奉行和平政策并致力于推动欧洲一体化进程，今天德国已经成为欧洲和平与发展的主要支柱，特别是在当前仍持续的全球金融危机和欧洲债务危机之中。由此可见，军事性崛起是否对大国经济性崛起产生积极的保障作用，还取决于如表 1-1 所示的日益多元化的大国力量源泉，特别是软实力或更为宏观的道德要素。紧随大国经济性崛起后的军事性崛起，如果没有其他要素的有效支撑的话，极易引发国际社会特别是既存体系主导国或霸权国家的危机感，并可能导致权势转移理论所论述的霸权战争。的确，大国崛起的历史经验表明，大国崛起往往导致"大国政治的悲剧"，如西班牙的崛起导致的是与葡萄牙争霸的意大利战争和印度洋战争，荷兰的崛起则引发与西班牙的战争，而英国崛起和英国治下的霸权时期则有西班牙继承战争、法荷战争、法国革命战争和拿破仑战争，而人类记忆最为深刻的或许是德国崛起与两次世界大战的直接关联。②

---

① 〔美〕科佩尔·平森：《德国近现代史——它的历史与文化》（下册），范德一等译，商务印书馆，1987，第 690 页。

② 有关大国崛起与霸权战争的周期性发生，可参见 G. Modelski, *Long Cycles in World Politics*, London：Macmillan, 1988；G. Modelski and S. Modelski, eds. , *Documenting Global Leadership*, London：Macmillan, 1988。

表 1-1　1500~2000 年世界主要国家及其力量源泉

时期	国家	主要实力来源
16 世纪	西班牙	黄金、殖民贸易、雇佣军、王朝联系
17 世纪	荷兰	贸易、资本市场、海军
18 世纪	法国	人口、农业、公共管理、军队、文化(软实力)
19 世纪	英国	工业、政治凝聚力、金融和借贷、海军、自由主义规范(软实力)、岛国位置(易于防卫)
20 世纪	美国	经济规模、科学技术领导地位、位置、军事力量和结盟、全球化文化和自由主义的国际制度(软实力)
21 世纪	美国	技术领导地位、军事和经济规模、软实力、跨国通信枢纽

资料来源:〔美〕约瑟夫·奈:《美国霸权的困惑:为什么美国不能独断专行?》,郑志国等译,世界知识出版社,2002,第 14 页。

当然,表 1-1 还显示出大国崛起的力量源泉中另一个日益重要的要素,即制度保障。与经济性和军事性崛起相比,制度性崛起并非大国崛起阶段的必然要求。大国崛起的历史经验往往显示,制度性崛起总体上晚于经济性和军事性崛起,它很大程度上是后两者的后果之一。当然,制度性崛起也可反过来贡献于经济性和军事性崛起。或者说,制度性崛起也可用于维持大国的经济和军事性崛起,成为大国实现和维持崛起的可持续性的必要保障。

回顾大国崛起的历史,大凡建立了一套相对完善的机制以保证自身可持续性崛起的大国,都在较长时间内维持了其大国地位甚至霸权地位;反之,则往往是昙花一现。例如,英国在崛起之后建立起了一系列有关自由贸易的规则体系,尽管尚未形成非常正式的制度,但仍为英国霸权的延续贡献了重大力量。而美国在这一方面的努力则更为明显:美国不仅在全球层次上建立了以联合国和布雷顿森林体系为核心的国际机制网络,还在跨国层次上建立起分别以欧洲和东亚为核心的同盟体系,更在国内建立起以公共智库、情报机构和政策顾问制度，使得其崛起有了相当完整的制度保障。① 换句话说，美国霸权的制度性保障不仅体现在国际层次上的制度霸权和联盟中心地位，还体现在其国内的霸权延续保障机制上。还应指出的是，美国的制度网络还处于不断地更新之中，这一方面包括因应国际体系的演变而来的对各种机制体制的改革和调整，另一方面也包括对机制体制的创新性发展，如通过国内公民社会团体和非政府组织引领其或主导全球性的公民社会团体和非政府组织联盟，通过大型跨国公司建立美国霸权的经济、技术乃至信息（情报）的保障机制，还通过掌握互联网建立完善的全球信息和情报收集制度。相比之下，没有建立任何正式或非正式制度的拿破仑法国、希特勒德国和二战前的日本等事实上都追求通过以战养战的方式延续帝国霸权，② 或者试图用过时的殖民主义制度来维持霸权，其失败也因此是注定的。需要指出的是，与军事性崛起密切相关的联盟机制的建设，其作用如同军事性崛起一样是两面性的。

三　大国崛起的道德维度

表 1-1 同样显示出大国崛起的另一重要维度，即约瑟夫·奈所称的软实力。但笔者认为，更为精确的提法或许应当是"道德"。事实上，无论是经济性、军事性还是制度性崛起单个地还是加总在一起，都未必能确保大国崛起的可持续性。在经济性、军事性和制度性崛起与大国的战略性、思想性影响之间，存在一个转换的环节；而保证这一转换过程得以成功的，是大国的软实力或更准确的道德号召

---

① 赵可金：《理论驱动与大国崛起——美国的经验》，《国际展望》2013 年第 6 期，第 59~64 页。

② 有关拿破仑法国创建以战养战方式延续帝国霸权的努力，可参见时殷弘《战争的革新及其国际政治意义——从法国大革命到第一次世界大战前夜》，《南京大学学报》（哲学·人文科学·社会科学版）2000 年第 1 期，第 53~60 页。

力。换句话说，大国崛起要实现全面性和可持续性，就必须要有坚实的道德性支撑；考虑到军事性和制度性崛起更多是保障性质，因此道德性崛起的最佳时期应是在经济性崛起之后、军事性和制度性崛起之前。所谓"得道多助、失道寡助"，大国唯有占领了道德高地，才能使自身的物质能力的转换和使用得到普遍接受，特别是经济实力可成功地转换为战略和思想影响力，军事能力可"师出有名"且为人接受地加以使用。相反，如果没有垄断或至少与现有霸权国家分享道德权威，在实现道德性崛起之前追求军事性崛起，很大程度上会使崛起大国成为既有国际体系的挑战者，进而遭到既有体系的阻击甚至导致既有经济性崛起成果因此消失，最终导致崛起失败。

实现道德性崛起的核心，就是要准确地判断世界潮流并提出能触及人类心灵深处最敏感神经的口号以指引外交政策。回顾历史上大国崛起的历程，几乎所有成功的大国崛起都把握甚至引领了当时的历史潮流，做出了能得到当时背景下尽可能多地接受的重大创新。例如，葡萄牙崛起的成功很大程度上与其在大西洋和印度洋的航海探险、洲际贸易联系和第一个全球性体系的建立等有关；而荷兰则开启了以公海自由为标志的更加开放和广泛的全球体系，并创建了一个全球新教精英网络；继荷兰之后英国的成功则基于现代宪政制度、现代国家财政制度、自由贸易体系等的创建；美国一方面继承了英国以人类追求财富或更好生活的基本信仰为基础的自由贸易体系并予以拓展，另一方面提出了深刻地把握有关人类发展特别是人类自由的主题的威尔逊主义和富兰克林·罗斯福的"四大自由"论。[①] 相比之下，失败的大国崛起，基本上都源于没有准确把握世界历史的潮流。特别是，德国

---

① 有关成功的崛起大国在道德价值观念方面的创新的系统论述，可参见 G. Modelski, *Long Cycles in World Politics*, London：Macmillan, 1988；G. Modelski and S. Modelski, eds., *Documenting Global Leadership*, London：Macmillan, 1988。

和日本都明显体现为错误地将正走向下坡路的殖民主义和领土扩张当作正在崛起或至少仍将持续相当长时期的世界潮流，进而错误地发动战争以追求"阳光下的地带"，因此其失败也就在所难免。从大历史的角度看，即便历史可以重写，鉴于其对世界历史潮流的基本判断是错误的，二战前的德国和日本的结局也是注定的，差异只是时间早晚而已。

需要指出的是，如同制度维度一样，大国崛起的道德维度也是种相对较新的要素。回顾大国崛起的历史，早期的大国崛起往往只需要具备经济性和军事性崛起即可取得成功。但逐渐地，制度性和道德性维度被添加进来。这可非常明显地从军事实力的使用与道德权威的结合的历史发展中看出。在伯罗奔尼撒战争时期，对力量使用的概念相当明确：大国或拥有军事武力的国家都认为"实力就是权力"（might is right），大国对于小国仅有的选择即道德呼吁往往不屑一顾，其典型体现便是雅典人与弥罗斯人的辩论。但随着人类国际生活的发展，武力使用被添加了越来越多的道德限制。从一开始近乎无所节制的战争——包括目的和手段使用两方面，到宗教神学对"正义战争"的强调，再到以意识形态为战争贴上合法性标签，直到今天战争或军事手段必须在符合一系列的条件下才能使用;[①] 这可简单地总结为"战争的道德化"发展。与此同时，战争背后的逻辑演变还有另一主线，即从寻求生存必需品到维护特定的生存质量的发展。[②] 可以认为，国家力量的单一使用已经非常罕见——如果不说已然消失的话。无论是大国还是小国，都会将硬实力与软实力，特别是抢占道德高地当

---

① 有关正义战争的理论及其发展，可参见 Michael Walzer, *Just and Unjust Wars: A Moral Argument with Historical Illustrations*, New York: Basic Books, 1977。

② 有关战争性质的演变，可参见潘亚玲、张春《战争的演变：从寻求生存必需到维护生存质量》，《国际论坛》2002 年第 4 期，第 14~21 页。

作重中之重。也正是由于这种国家权力使用的道德性限制的增多，才使得诸如软实力、巧实力等打开权力"黑箱"的努力得以被接受并普及。

随着"战争的道德化"发展，军事性崛起越来越需要有道德高地的支持。例如，德国和日本在二战前的崛起之所以失败，根本原因在于其所宣称的道德口号更多是当时似乎仍如日中天，但事后看事实上已开始走下坡路的殖民主义时代的产物。而无论是英国还是美国，在实现军事性崛起之前都不仅具备了相应的经济性崛起基础，更占据了强大的道德高地。下文以美国对传统均势原则的挑战为例，考察其在 19 世纪八九十年代实现经济性崛起到二战后实现军事性崛起期间的道德性崛起努力，并考察更为一般性的道德性崛起与军事性崛起的相互关系。

从 1870 年至 1914 年，占据主导地位的国际道德价值观非常具体地体现为竞争性的均势安排。在这一理念主导下，寻求并推行控制具有重要战略意义的海陆据点、运输通道、物资产地和缓冲地带，普遍被奉为至高无上的国策。由于其孤立式经济性崛起和自认为是"上帝的选民"，美国所代表的并在美洲逐渐推广的价值体系明显格格不入。是接受均势原则还是提出更具道德感的新原则，既是一个相当现实的问题，又是一个事关美国长期可持续性地崛起的重大战略问题。对此，美国三任总统做出了不同的回答。

西奥多·罗斯福（老罗斯福）总统认为，美国应接受均势逻辑，他认为美国参与国际事务是基于国家利益需要，没有美国参与的全球均势简直无法想象。尽管他对美国例外论笃信不疑，但他认为除去不介入的利益之外，美国还有真正的外交政策利益存在。老罗斯福的前提是，美国跟其他强国没有两样，她不是独一无二的道德化身。若美国的利益与他国相抵触，她有义务凭借本身的实力取得优势。他并不相信仅靠实践公民道德，美国便能够维护和平或实现其命运。① 正如美国《时代》杂志在 1958 年纪念他百岁寿辰的封面文章中所说，他运用"一种新型的力量——威慑"以追求美国的国家利益。② 老罗斯福希望，通过参与并为一个革命频仍、战火纷飞的世界而缔造出均势体系，可以维持健康的、循序渐进的国际体制。可以认为，老罗斯福并不认为美国需要道德性崛起，相反接受现行均势逻辑能让美国迅速发挥更大的国际角色。对充满道德幻觉的美国人来说，老罗斯福的构想显然是不可接受的。

伍德罗·威尔逊走到了另一个极端，他试图提出一个全新的道德体系来替代均势逻辑。威尔逊总统"十四点"演说中指出，美国参战的目的是"在世界生活中确认正义与和平的原则，反对自私和专制的强权，是在世界真正自由和自治的民族中间确立目的和行动的一种协调，它将从此确保这些原则得到遵守"。③ 可以认为，美国参与一战很大程度上改变了整场战争的性质，使其不再是野心勃勃的列强相互争夺权势的传统争霸战，而成为一场十字军的东征、一场"确保民主在全世界通行无阻的战争"。美国不应当对帮助欧洲恢复战前现状感兴趣，它不是为了这种旧日的过时目标而战，更迫切在于为重塑未来世界贡献自己的力量并为之带来真正的变革。④ 由于美国强大的军事和经济资源，威尔逊总统的意识形态攻势得以"成为指导交战国各方追求与制定和平的官方原则"。⑤ 这样，在均势逻辑仍占据

---

① 〔美〕亨利·基辛格：《大外交》，顾淑馨、林添贵译，海南出版社，1998，第 22~23 页。
② 转引自〔美〕孔华润主编《剑桥美国对外关系史》（上），王琛等译，新华出版社，2004，第 466 页。
③ John A. Vasquez, ed. , *Classics of International Relations*, 3rd edition, New Jersey: Prentice - Hall, Inc. , 1986, p.15.
④ 〔美〕孔华润主编《剑桥美国对外关系史》（下），王琛等译，新华出版社，2004，第 40~41 页。
⑤ 〔美〕孔华润主编《剑桥美国对外关系史》（下），王琛等译，新华出版社，2004，第 40 页。

主导甚至被认为仍如日中天之际，威尔逊的理想主义事实上为美国抢占了未来国际关系的道德高地。

当然，威尔逊的失败更加明显，真正将道德高地与权力政治有机结合起来的是富兰克林·罗斯福。罗斯福通过将其祖父的均势外交与威尔逊的理想主义相结合，既确立了美国崛起的道德权威，同时又找到了切实可行的战略手段。"罗斯福的手法不一而足，在谈到目标时十分崇高，在战术上却迂回曲折，在提出问题时相当明确，对个别事件间错综复杂的关系就比较含混其词。他的许多举动都走在宪法的边缘。当代总统当中没有人能用他的方法而仍能保住职位的。但罗斯福清楚地看到美国的安全空间在缩减中，轴心国若获胜，美国将无安全可言。最重要的是，他发现美国历来所拥护的价值观都被希特勒恨之入骨。"① 可以认为，正是这种道德高地，确保了盟军的最后胜利和美国的全面崛起，也使盟军可合理要求轴心国"无条件投降"。

回顾美国从经济性崛起到军事性崛起的历程，可以发现美国在这约半个世纪里的最主要努力事实上在追求其道德性崛起。尽管美国从建国之初便自封了其道德优越地位，但这一国内共识如何转化成为国际道德权威，并能与国际现实有机结合，仍经历了重大的反复。一旦国际道德权威得以确立，美国作为世界中"确保善的力量而行使恶的手段来维护和促进善"便是合理的，进而诸如贿赂外国官员、暗杀外国元首、推翻外国政府、实施军事干涉等都成为合法的了。② 换句话说，拥有国际道德高地可赋予相应的大国垄断合法使用国际非道德力量的特权，如同国家垄断在国内的暴力合法使用权一样。

---

① 〔美〕亨利·基辛格：《大外交》，顾淑馨、林添贵译，海南出版社，1998，第342页。
② Andrew J. Bacevich, *The Limits of Power: The End of American Exceptionalism*, New York: Metropolitan Books, 2009, p. 76.

四　具有世界历史创新意义的体系内创新型崛起战略

尽管并不明确，但大国崛起的成败经验和历史探索的确为中国实现体系内全面崛起的路径选择提供了某种参考。但需要指出的是，中国当前崛起具有重大的特殊性与时代性。一方面，中国并非首次崛起，而是经历长达近两个世纪的衰退之后的伟大复兴。另一方面，与既有的大国崛起相比，中国当前崛起的国际体系环境发生了重大变化，其中最大的变化当属两个方面。一是在全球化和技术革命的推动下出现的"时空压缩"效应，其后果不光是传统线性叙事结构的崩溃，更有将过去和未来全部压缩在当下的长期战略视野丧失。① 二是与前一点密切相关的"权力终结"效应，即权力在现时代越来越难以获得，同时维持或保有此等权力的难度越来越大、时间越来越短。② 这样，中华民族今天的伟大复兴，必然要求中国既要吸取中华民族兴衰的经验教训，也要吸取其他大国崛起的经验教训，还要考虑新的时代背景所提出的崭新要求。

首先，中国应继续夯实崛起的物质前提或追求可持续的经济性崛起。与历史上的大国崛起不同，中国当前的崛起不光是因一个伟大国家的再次复兴而引人注目，更因为"当下的冲击"导致的"时空压缩"感远远放大了中国崛起的可能冲击。因此，中国的物质性崛起或更狭隘的经济性崛起必须同时结合历史上大国崛起的三种路径：中国仍须坚持迄今为止总体成功的融入式崛起，坚定自身作为

① 相关讨论可参见〔美〕道格拉斯·洛西科夫《当下的冲击》，孙浩、赵晖译，中信出版社，2013，第1、3章。著名社会学家安东尼·吉登斯也对此有过类似探讨，他称之为"脱域"机制，参见〔英〕安东尼·吉登斯：《现代性的后果》，田禾译，译林出版社，2001，第18~25页。

② 〔委内瑞拉〕莫伊塞斯·纳伊姆：《权力的终结：权力正在失去，世界如何运转》，王吉美、牛晓萌译，中信出版社，2013，特别是第五章"国家政治中的权力衰退"。

体系参与者、维护者和建设者的角色；中国仍须坚持走社会主义道路，某种程度上保持一种孤立式崛起的气质而未必是孤立政策，这于道德性崛起或许有潜在重大意义；中国也须坚持进取式崛起方法，特别是考虑到中国当前的崛起更多被放到显微镜下和镁光灯前加以考察。

其次，中国大力建构崛起的道德支撑或追求全面的道德性崛起。党的十八大报告明确指出，中国"要倡导人类命运共同体意识，在追求本国利益时兼顾他国合理关切，在谋求本国发展中促进各国共同发展，建立更加平等均衡的新型全球发展伙伴关系，同舟共济，权责共担，增进人类共同利益"。① 此后，习近平总书记多次提及，中国要"找到利益的共同点和交汇点，坚持正确义利观，有原则、讲情谊、讲道义，多向发展中国家提供力所能及的帮助"。② 2014 年 4 月 10 日，国务院总理李克强在博鳌亚洲论坛 2014 年年会开幕式上的演讲中进一步提出利益共同体、命运共同体和责任共同体的"三位一体"思想。③ 借鉴美国实现道德性崛起的历程，中国的道德性崛起完全可以利益共同体、命运共同体和责任共同体这一"三位一体"为核心，通过责任共同体将位于现实主义一端的利益共同体和位于理想主义一端的命运共同体联系起来。

最后，中国应稳步发展崛起的保障机制或追求稳打稳扎的制度性

---

① 胡锦涛：《坚定不移沿着中国特色社会主义道路前进　为全面建成小康社会而奋斗——在中国共产党第十八次全国代表大会上的报告（2012 年 11 月 8 日）》，人民出版社，2012，第 42~43 页。

② 《习近平在周边外交工作座谈会上发表重要讲话强调为我国发展争取良好周边环境　推动我国发展更多惠及周边国家》，新华网，2013 年 10 月 25 日，http：//news. xinhuanet. com/ 2013 - 10/25/c_ 117878944. htm。

③ 即"坚持共同发展的大方向，结成亚洲利益共同体""构建融合发展的大格局，形成亚洲命运共同体""维护和平发展的大环境，打造亚洲责任共同体"，参见李克强《共同开创亚洲发展新未来——在博鳌亚洲论坛 2014 年年会开幕式上的演讲》，外交部网站，2014 年 4 月 10 日，http：//www. fmprc. gov. cn/mfa_ chn/zyxw_ 602251/ t1145916. shtml。

和军事性崛起。当前中国崛起面临的重要尴尬之一是,伴随中国经济性崛起而来的"水涨船高"式军事能力发展,很大程度上引发了周边甚至更大的国际社会的不安和警惕,某种程度上强化了中国周边地区"经济上依赖中国、安全上依赖美国"的二元结构,可从国内和国际两个角度分析。就其国内功能而言,中国需要强调其军事能力的核心功能是防御性地保卫中国的国家利益。需要指出的是,考虑到战争性质和目的的演变,军队传统的维护国家主权和领土完整正演变为一个基础性功能,而更多的延伸性和服务性功能正快速发展,如救灾、国内反恐、保护和促进经济发展、维护中国海外合法权益等。就其国际功能而言,中国需要重点强调并进一步发展其军事能力为国际社会提供公共产品的功能。尽管中国目前已经参与了诸多为国际社会提供安全类公共产品的活动,特别是如联合国维持和平行动、打击恐怖主义、参与国际反海盗努力以及 2012 年由中国所发起的"中非和平与安全合作伙伴倡议"为非洲的和平与安全能力提升提供帮助等,但很大程度上中国为国际社会提供安全类公共产品的能力和空间都相当有限。

在这一意义上,上海"四个新作为"的战略定位可极大地促进中国体系内创新型崛起的能力建设,同时也可确保中国崛起的可持续性。从中国实现体系内创新型崛起的能力建设来说,物质性崛起特别是经济性崛起,是中国崛起的根本基础,对上海来说是要求实现深化自由贸易试验区改革和推进科技创新中心建设上的新作为;非物质性崛起是中国创新型崛起的关键,不仅要求在崛起过程中永葆中国特色,更要求中国崛起能够为世界带来更多创新性的公共产品,这就要求上海在推进社会治理创新和全面从严治党上有新作为。

第二节　卓越全球城市与体系内创新型崛起

上海曾在 20 世纪 30 年代跻身于国际大都市行列，与伦敦、纽约、巴黎、东京、柏林并称为世界六大国际大都市。新中国成立后，上海的国际化大都市建设因冷战格局而中断，直到 20 世纪 90 年代，上海再次提出国际化大都市定位。随着时代发展特别是中国自身发展轨迹的变化，上海国际化大都市的战略定位、内涵、实现路径和方式等均发生了重要变化，其指导思想、理论体系和操作体系也全然不同于历史以往。在中国追求体系内创新型崛起的当下，上海应以"四个新作为"战略定位为指导，一方面通过在自贸区和科创中心建设方面有新作为以贡献于中国崛起的经济基础夯实，另一方面通过在社会治理和党的建设方面有新作为以贡献于中国崛起的自身能力建设，将上海建设为全球卓越城市，从而服务于实现民族复兴和促进人类进步这一主线。

一　全球城市的理论发展

正如亚里士多德所指出的，人是社会性动物。由此而来，城市便成为人与人社会性交往的核心场所。随着人类社会的发展，城市的规模日渐扩大，并逐渐跨越国界，国际化大都市逐渐得以形成。对国际化大都市的研究早已启动，从较早的世界城市假说，到全球城市乃至全球网络理论，都是国际化大都市研究的重要理论成果。的确，国际化大都市代表着城市国际化的最高水平，是现代化和全球化进程中城市发展的最高层级。国际化大都市的发展与人类经济活动的全球化密不可分。就迄今为止研究的核心关注，即国际化大都市的经济功能而言，经济全球化导致世界城市体系的转型，以"产业链"为特征的空间经济结构正在转变成为以"价值链"为特征的空间经济结构。在低附加值的经济活动趋于空间离散的同时,高附加值的经济活动则趋于空间集聚,全球城市就是世界经济体系的支配和服务中心。①

迄今为止对国际化大都市的理论研究主要经历了从"世界城市假说"到"全球城市模型假设"的转变,可大致划分为三个阶段。第一阶段是第二次世界大战结束或冷战开始前,很大程度上基于对第一次世界大战前全球性相互依赖快速发展所形成的城市跨国界联系。聚焦历史,德国诗人歌德(J. F. Goethe)在 1889 年将罗马和巴黎称为"weltstadte"(德语"世界城市"),以期从文化优势上来界定两个城市的特质。1915 年,出生于苏格兰的英国城市和区域规划大师帕特里克·格迪斯(Patrick Geddes)在其著作《进化的城市:市镇规划运动与市政学导论》(*Cities in Evolution*:*An Introduction to the Town Planning Movement and to the Study of Civics*)一书中明确提出"世界城市"的概念,即"在世界商业活动中占据绝对优势的城市"。② 由此可以看出,尽管都用"世界城市"指代那些在整个国际体系中有着重要影响的国际化大都市,歌德和格迪斯的关注是完全不同的,前者更多从历史文化角度理解国际化大都市,而后者则主要从经济特别是商业角度考察,并塑造了此后有关国际化大都市研究的核心视角。

第二阶段是自二战结束或冷战开始直到冷战结束的近半个世纪,由于冷战格局导致了东西方分裂,因此国际化大都市的发展也存在明显的割裂与孤立现象,尽管"世界城市假说"在这一时期得以完善,但很大程度上可被称作国际化大都市节点研究,即对单个的国际化大

① Saskia Sassen, *The Global City*:*New York*,*London*,*Tokyo*, New Jersey:Princeton University Press, 2001.

② Patrick Geddes, *Cities in Evolution*:*An Introduction to the Town Planning Movement and to the Study of Civics*, London:Williams, 1915.

都市展开研究。

基于对伦敦、巴黎、兰斯塔德、莱茵-鲁尔、莫斯科、纽约、东京7个主要的世界城市的政治、贸易、通信设施、金融、文化、技术和高等教育等作用的综合研究，英国学者彼得·霍尔（Peter Hall）于1966年进一步明确了"世界城市"的定义和衡量标准。他认为，世界城市是指那些可对全世界或大多数国家和地区产生经济、政治、文化影响的国际一流大都市，是具有全球意义的政治中心、商业中心、文化娱乐中心以及聚集各种专门人才的规模巨大的人口中心；霍尔认为，可使用范围大小和强度两个标准衡量世界城市的功能。[①]

真正将"世界城市"研究推向高潮的是美国城市规划学家约翰·弗里德曼（John Friedmann）。1982年，弗里德曼与戈兹·沃尔夫（Goetz Wolff）共同提出世界城市形成的研究议程，呼吁学术界关注全球化对城市发展的影响。[②]此后，弗里德曼进一步于1986年提出世界城市形成和发展的七点假设，即"世界城市假说"（World City Hypothesis）。弗里德曼认为，现代意义上的世界城市是全球经济系统的中枢或组织节点，集中了控制和指挥世界经济的各种战略性功能。判断世界城市的七项假设或标准包括：主要金融中心、跨国公司总部所在地、国际性机构的集中地、第三产业的高度增长、主要的制造业中心（具有国际意义的加工工业等）、世界交通的重要枢纽（尤指港口与国际航空港）、城市人口达到一定标准。对弗里德曼而言，世界城市形成和发展的关键在于：全球化是世界城市形成和发展的核心动力，世界城市成为跨国资本全球空间布局的据点，成为跨国公司指挥和控制全球生产供应链的中心；跨国公司的选址决策是世界城市

① Peter Hall, *The World Cities*, London: Weidenfeld and Nicolson, 1966.

② John Friedmann and Goetz Wolff, "World City Formation: An Agenda for Research and Action," *International Journal of Urban and Regional Research*, Vol. 6, No. 3, 1982, pp. 309 – 344.

形成及其地位提升的关键；世界城市群是一个层级结构体系。[1] 结合伊曼纽尔·沃勒斯坦（Immanuel Wallerstein）所创建的世界体系论（world system theory），弗里德曼将世界分为核心和半边缘两个区域，进而界定出 18 个核心地区的世界城市和 12 个半边缘地区的世界城市，确立了以全球化为核心视角研究世界城市发展的理论基础。[2] 尽管很大程度上仍聚焦经济维度，但弗里德曼所提供的世界城市研究，已将国内研究与国际研究有机结合起来，进而奠定了此后国际化大都市研究的理论基础。

第三阶段，随着冷战结束，国际化大都市研究进入新的阶段，即全球化城市及城市网络研究阶段。

1991 年，美国城市与区域规划学家萨基亚·萨森（Saskia Sassen）基于经济全球化的影响，提出"全球城市"（Global City）理论。在跨国公司总部和国际金融中心之外，萨森更加关注高端生产性服务业（APS：Advanced Producer Services），认为全球城市是全球资本服务中心，而生产性服务业则是全球资本服务中心的关键产业。全球城市网络的形成是基于生产性服务企业的全球关联网络（interlocking networks），因而企业是全球城市网络的代理人。[3] 以弗里德曼和萨森的研究为基础，全球城市网络研究在进入 21 世纪后逐渐得以兴起，以英国拉夫堡大学（Loughborough University）全球化与世界城市研究网络（Globalization and World Cities Research Network）主任彼得·泰勒

---

[1] John Friedmann, "The World City Hypothesis," *Development and Change*, Vol. 17, No. 1, pp. 69 – 83.

[2] John Friedmann, "Where We Stand: A Decade of World City Research," in Paul L. Knox and Peter J. Taylor, eds., *World Cities in a World – System*, Cambridge: Cambridge University Press, 1995, pp. 21 – 47.

[3] Saskia Sassen, *The Global City: Introducing a Concept*, New York: Princeton University Press, 2001.

(Peter J. Taylor) 教授等为代表，以跨国公司总部和分支机构构成的企业内部跨国网络 (intra‐firm transnational networks) 代替世界城市的等级划分，选取先进生产性服务业中会计业、广告业、金融业、律师业和管理咨询业代表性企业的内部网络，用以测定城市之间的网络联系，即以联结所在城市形成世界城市体系来考察各个城市的作用和地位。①

与此前的研究相比，全球城市网络研究更加关注世界城市之间的内在联系，强调城市网络是由诸多节点内在连接而成的体系，单个世界城市作为节点的价值，在于它和其他节点之间的相关性。在城市网络之中，城市的重要性取决于它和其他节点之间的关联程度，取决于"它们之间交流什么，而不是它们那里有什么"。例如，曼纽尔·卡斯特尔 (Manuel Castells) 提出"全球流动空间"(global spaces of flows) 理论，认为"世界城市"不应是地理上孤立的，在信息时代应关注"世界城市"的网络性联系。② 又如，艾伦·斯科特 (Allen J. Scott) 提出全球城市—区域 (Global City‐Regions) 的概念，强调核心城市通过与周边城市的分工与协作，形成整体的发展动力。全球城市—区域各个功能区之间主要通过商品生产物质流和信息服务流实现相互联系。③

随着全球化和相互依赖的深入，对国际化大都市的研究正呈现新的发展趋势：一是对世界城市的研究越来越多地关注其动态发展，关注世界城市的成长性及其潜在的衰落可能；二是对世界城市的研究逐渐从发达国家转向发展中国家，这与前一点有着密切联系，学术界对

---

① Peter J. Taylor, *World City Network: A Global Urban Analysis*, London: Routledge, 2004; Peter J. Taylor et. al., eds., *Global Urban Analysis: A Study of Cities in Globalization*, London: Routledge, 2011.

② 〔美〕曼纽尔·卡斯特尔：《网络社会的崛起》，夏铸九、王志弘等译，社会科学文献出版社，2006，第6章。

③ Allen J. Scott Scott, ed., *A. Global City‐Regions: Trends, Theory, Policy*, New York: Oxford University Press, 2001.

发展中国家出现世界城市的可能高度关注；三是对城市网络甚至城市群的研究正日益增多，特别强调世界城市在全球网络中作为高级服务生产和消费连接过程中心的作用；四是对世界城市的功能关注日益从单一的经济视角转向综合功能，意识到世界城市也具有重要的政治、文化、生态，甚至外交等功能；五是对世界城市的动力研究也日渐全面，从简单的要素驱动发展为创新、关系、财富等协同驱动。

二 上海创建全球城市的战略演变

自 20 世纪 90 年代重新确立建设国际化大都市的战略目标以来，上海创建全球城市的战略不断依据上海自身发展、中华民族复兴及国际权势转移等而与时俱进地加以调整。

早在 1986 年，国务院就明确提出，上海是我国最大的港口城市和重要的经济、科技、贸易、金融、信息、文化中心，要努力走出一条具有中国特色、时代特征、上海特点的特大型城市现代化发展之路。以 1990 年浦东开发开放为标志，上海进入城市跨越发展的新时期。在上海市政府的领导和组织下，《上海市城市总体规划（1999～2020年）》于 1999 年编制完成。2001 年 5 月国务院正式批复并原则同意《上海市城市总体规划（1999～2020 年）》，明确提出要把上海建设成为现代化国际大都市和国际经济、金融、贸易、航运中心。《上海市城市总体规划（1999～2020 年）》确立了"把上海建设成为经济繁荣、社会文明、环境优美的国际大都市，国际经济、金融、贸易、航运中心"的战略目标。[①] 2003 年底，上海市政府根据环境变化，正式公布《上海市城市总体规划（1999～2020 年）中、近期建设行动计划》。根

[①] 上海市人民政府印发《关于进一步加强城市规划管理、实施〈上海市城市总体规划（1999～2020 年）〉的纲要》的通知，沪府发〔2003〕75 号，2003 年 12 月 24 日。

据这一中、近期建设行动规划，"上海要继续保持国民经济持续、快速、健康发展，国内生产总值年均增长率继续高于全国 2~3 个百分点。到 2010 年，基本形成上海国际经济、金融、贸易和航运中心的框架，形成与现代化国际大都市发展相适应的总体布局和主要标志"①。

2014 年，上海市政府发布《关于编制上海新一轮城市总体规划的指导意见》，对上海的全球城市战略予以升级。指导意见指出，"当前，上海正处于创新驱动发展、经济转型升级的关键时期。启动新一轮城市总体规划编制对于促进上海全面协调可持续发展，当好全国改革开放排头兵和科学发展先行者具有重大战略意义"②。指导意见明显具有更高的战略定位，而且服务国家总体战略特别是为中华民族伟大复兴做出贡献的意识明显增强。指导意见指出，在 2020 年基本建成"四个中心"和社会主义现代化国际大都市的基础上，努力建设成为具有全球资源配置能力、较强国际竞争力和影响力的全球城市，为打造中国经济升级版，实现中华民族伟大复兴的中国梦做出应有贡献。具体来说，要全面提高人民安全感、幸福感和满意度，促进人口、资源、环境相协调，经济、社会、生态效益相统一，建设生态良好、社会和谐、智慧低碳、安全便捷的宜居城市；要全面确立并提升"四个中心"功能，打造高端化、集约化、服务化的新型产业体系和良好创新体系，建设适合各类人才成长创业的宜业城市；要传承和弘扬上海城市精神，努力提升文化原创力和影响力，建设充满魅力、令人向往的国际文化大都市；要充分发挥服务全国、联系亚太、面向世界的作用，促进长江三角洲城市群积极参与国际竞争，推动长

---

① 《上海市人民政府关于印发上海市城市总体规划（1999~2020 年）中、近期建设行动计划的通知》，沪府发〔2003〕69 号，2003 年 12 月 4 日。
② 《上海市人民政府印发关于编制上海新一轮城市总体规划指导意见的通知》，沪府发〔2014〕12 号，2014 年 2 月 13 日。

江流域经济带提升能级，打造世界级城市群的核心城市。①

2014 年 5 月，习近平总书记在上海考察调研时，要求上海"努力在推进科技创新、实施创新驱动发展战略方面走在全国前头、走到世界前列，加快向具有全球影响力的科技创新中心进军"②。习近平指出："当今世界，科技创新已经成为提高综合国力的关键支撑，成为社会生产方式和生活方式变革进步的强大引领，谁牵住了科技创新这个牛鼻子，谁走好了科技创新这步先手棋，谁就能占领先机、赢得优势。"③ 此后，科创中心被纳入上海国际化大都市战略之中。2015 年 5 月，上海市委审议并通过了《关于加快建设具有全球影响力的科技创新中心的意见》（简称《意见》）。该《意见》明确，到 2020 年前，要形成科技创新中心基本框架体系；到 2030 年，要着力形成科技创新中心城市的核心功能，在服务国家参与全球科技经济合作和竞争中发挥枢纽作用，初步形成全球创新网络重要枢纽和最具活力的国际经济中心城市之一。④

2016 年 8 月，上海市政府发布《上海市城市总体规划（2016 ~ 2040）（草案）》。总体规划（草案）将上海城市发展的目标愿景定为"卓越的全球城市"，设定的目标为"在 2020 年基本建成'四个中心'的基础上，到 2040 年将上海建设成为综合性的全球城市，国际经济、金融、贸易、航运、科技创新中心和国际文化大都市"。

2017 年 12 月 15 日，国务院批复原则同意《上海市城市总体规划（2017 ~ 2035 年）》［即对送审版《上海市城市总体规划（2016 ~

---

① 《上海市人民政府印发关于编制上海新一轮城市总体规划指导意见的通知》，沪府发〔2014〕12 号，2014 年 2 月 13 日。

② 尹晓宇、王丕屹：《上海科创中心迈向全球坐标》，人民网，2015 年 7 月 18 日，http：// edu. people. com. cn/n/2015/0718/c1053 - 27323478. html。

③ 《全球科技创新中心：上海下一站》，人民网，2014 年 9 月 25 日，http：// sh. people. com. cn/n/2014/0925/c201504 - 22431729. html。

④ 尹晓宇、王丕屹：《上海科创中心迈向全球坐标》，人民网，2015 年 7 月 18 日，http：// edu. people. com. cn/n/2015/0718/c1053 - 27323478. html。

2040)》的批复]，明确了上海至 2035 年并远景展望至 2050 年的总体目标、发展模式、空间格局、发展任务和主要举措。《上海市城市总体规划（2017～2035 年）》是党的十九大召开后国务院第一个批复的超大城市总体规划，也是改革开放以来，上海经国务院正式批准实施的第三轮城市总体规划。规划明确了上海的城市性质，即上海是我国的直辖市之一，长江三角洲世界级城市群的核心城市，国际经济、金融、贸易、航运、科技创新中心和文化大都市，国家历史文化名城，并将建设成为卓越的全球城市、具有世界影响力的社会主义现代化国际大都市。同时，阐述了上海的城市目标愿景。衔接党的十九大明确的"两个一百年"奋斗目标和"两个阶段"战略安排，"上海 2035"提出了近期（2020 年）、远期（2035 年）和远景（2050 年）三个阶段的城市目标愿景：立足 2020 年，建成具有全球影响力的科技创新中心基本框架，基本建成国际经济、金融、贸易、航运中心和社会主义现代化国际大都市。在更高水平上全面建成小康社会，为我国决胜全面建成小康社会贡献上海力量；展望 2035 年，基本建成卓越的全球城市，令人向往的创新之城、人文之城、生态之城，具有世界影响力的社会主义现代化国际大都市。重要发展指标达到国际领先水平，在我国基本实现社会主义现代化的进程中，始终当好新时代改革开放排头兵、创新发展先行者；梦圆 2050 年，全面建成卓越的全球城市，令人向往的创新之城、人文之城、生态之城，具有世界影响力的社会主义现代化国际大都市。各项发展指标全面达到国际领先水平，为我国建成富强民主文明和谐美丽的社会主义现代化强国、实现中华民族伟大复兴中国梦谱写更美好的上海篇章。[1]

---

[1] 上海市人民政府：《迈向卓越的全球城市：上海市城市总体规划（2017～2035 年）报告》，2018 年 1 月发布。

三　上海创建"卓越的全球城市"的机遇与挑战

到 2017 年底，上海完全确立其建设卓越的全球城市的战略目标。2018 年 6 月，为推进上海卓越的全球城市建设，上海市提出，必须把上海发展放在国际大环境、全国大格局中来思考谋划，准确把握世界经济发展的走势方向，准确把握全球城市发展的客观规律，加快提升城市能级和核心竞争力，努力实现更高质量、更高水平的发展。由此而来，上海必须围绕增强城市核心功能，聚焦关键重点领域，在国际经济、金融、贸易、航运、科技创新中心的核心功能建设上取得新突破，在品牌建设、制度创新、对外开放、创新创业、全球网络、发展平台、人才集聚、品质生活等关键领域打造新高地。[①] 必须指出的是，上海建设卓越的全球城市既有其独特优势，也有其明显不足。随着指标化治理方法的兴起，有关全球城市的指标体系也日益增多。当前，全球范围内就有不下 10 种较为知名的全球城市指标体系。这里对其中较为重要的且有新近更新的几种指标体系加以介绍，并考察上海在其中的地位，以识别上海创建卓越的全球城市所面临的机遇与挑战。

有关全球城市的指标体系首先来自各类国际组织，其中最为重要的当属世界银行主要从经济发展角度展开的全球城市指标（Global City Indicators）和联合国人居署的城市繁荣计划（City Prosperity Initiative，CPI）。世界银行全球城市指标项目（Global City Indicators Program）是一个分散性的、各城市主导的项目，目的是让各城市能够衡量、报告和改善其绩效和生活质量，促进能力建设，并通过一个易于使用的门户网站分享最佳实践。在世界银行看来，随着人口增长

---

① 《中共上海市委关于面向全球面向未来提升上海城市能级和核心竞争力的意见（二〇一八年六月二十七日）》，《解放日报》，2018 年 7 月 5 日，http://www.shanghai.gov.cn/nw2/nw2314/nw2315/nw4411/u21aw1322810.html。

和城市地区的经济发展，城市的有效管理正变得至关重要，也正变得更加复杂。今天的重大挑战，如减贫、经济发展、气候变化以及创建和维持一个包容与和平的社会，都需要通过城市的对策来应对。同样，垃圾收集，应对房屋着火和更大灾难的日常挑战，以及促进水、电、教育、医疗保健和其他各种服务的提供，使生活更加富有成效和愉快。标准化指标对于衡量城市的业绩、捕捉趋势和发展以及支持城市成为全球伙伴至关重要。[①] 尽管一开始由世界银行发起，但全球城市指标项目后来转由加拿大安大略省政府城市事务与住房部支持，具体由多伦多大学负责。全球城市指标包括城市服务和生活质量两大类别，涵盖城市管理领域的共计22项主题。城市服务包括由城市政府和其他实体提供的服务，具体涵盖了教育、财政、治理、娱乐、社会服务、交通、污水、能源、消防与突发事件应对、健康、安全、固体废弃物、城市规划、供水等14项主题。生活质量包括促进总体生活质量提高的关键因素，但政府对这些因素的直接控制很少，具体涵盖了公众参与、经济、住房、福利、文化、环境、社会公平、技术与创新等8项主题。有关这些主题的城市表现有一系列指标衡量，指标筛选程序非常严格，以确保其保持清晰、界定准确、明确、简单、便于理解等特征。

联合国人居署城市繁荣指标是一个全球性计划，使城市当局、地方和国家相关方能够识别其城市更加繁荣的机会和潜在的干预领域。该指标由六个维度——生产力、基础设施、生活质量、公平与社会包容、环境可持续性、城市治理与立法——综合组成，用以界定能够支

---

① Perinaz Bhada, Dan Hoornweg, Perinaz Bhada, and Dan Hoornweg, "The Global City Indicators Program: A More Credible Voice for Cities," *Directions in Urban Development*, Washington, DC: World Bank, June 1, 2009, http://documents.worldbank.org/curated/en/350011468337792616/The–global–city–indicators–program–a–more–credible–voice–for–cities.

持制定基于证据的政策的指标和目标，包括城市远景和长期规划的界定。城市繁荣指标既是衡量标准，也是政策对话，为所有国家的城市提供制定指标和基线信息的可能性。它也是一个适用于国家和地方各级的全球监测机制，可以提供一个总体框架，使城市、国家和国际社会能够衡量进展情况并查明可能的制约因素。[1]

根据联合国人居署城市繁荣指标，上海的表现属于中上等水平，得分 47（百分制），与哥伦比亚麦德林（Medellin）、乌干达坎帕拉（Kampala）或北京等处于同一水平。在该指标的六个维度中，上海得分最高的是生活质量，为 80 分，其中医疗卫生为 65.2 分、教育为 74.8 分、安全为 100 分；生产力指标为 62 分，其中经济增长为 61.9 分、经济负担为 35.8 分，经济密度为 93.3 分、就业为 56.9 分；公平与社会包容为 61 分，其中社会平等为 61.6 分，社会包容为 23.6 分，妇女包容为 98 分；基础设施为 59 分，住房基础设施为 48.1 分、社会基础设施为 47.2 分、ICT 为 45.8 分、城市移动指标为 94.9 分；另外两项指标得分相对较低，环境与可持续指数仅为 23.9 分（其中空气质量为 27 分，水与能源为 20.8 分），城市治理与立法为 24.5 分（其中参与度为 15 分，机制能力为 34）。与纽约、伦敦等顶级全球城市相比，上海的差距主要是在软性基础设施或可持续发展方面，特别是经济负担相对较重、住房基础设施较差、空气质量差、城市治理与立法水平低等（见图 1-1）。

在上述两个国际组织之外，世界城市数据理事会（World Council on City Data）旨在为快速发展的城市化寻找解决方案，试图为创建智能、可持续、复原能力强和繁荣的城市提供标准化数据。世界城市数据理事会建立了一个创新城市网，致力于利用开放的城市数据改善服

---

① City Prosperity Initiative, UN - HABITAT, http：//cpi. unhabitat. org/.

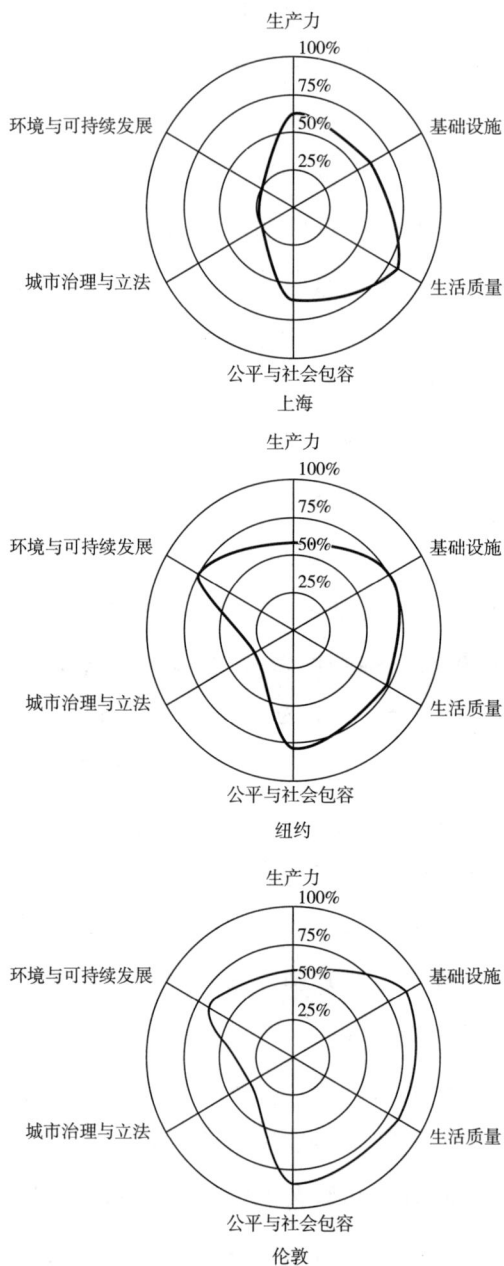

图 1 - 1 上海、纽约、伦敦的指标繁荣度比较

资料来源：City Prosperity Initiative, UN - HABITAT, http://cpi. unhabitat. org/。

务和生活质量,并为标准化的城市度量提供一致和全面的平台。它是一个全球中心,在城市、国际组织、企业合作伙伴和学术界之间建立创造性学习伙伴关系,以推动创新,展望替代未来,并建设更好和更适合居住的城市。作为标准化指标的全球领先者,世界城市数据理事会开发了第一个 ISO 37120 认证体系和全球城市注册中心,制定了《ISO 37120 社区可持续发展:城市服务和生活质量指标》(*ISO 37120 Sustainable Development of Communities:Indicators for City Services and Quality of Life*)。① 需要指出的是,该平台与联合国 2030 年可持续发展目标相对接,具有较强的可持续发展比较意义;但由于数据尚不全面,因此更多只能观察单个城市的情况。

普华永道的《机遇之都》(*Cities of Opportunity*) 指标体系包括 3 个领域 10 个维度共计 67 项指标:第一个领域,即智力资本和创新、技术成熟度、门户城市,是全球化和知识型世界中城市日益依赖的工具;第二个领域是评估城市生活质量的四个维度,即交通和基础设施,健康、安全和治安,可持续发展和自然环境,人口结构特征和宜居性;第三个领域是用于衡量城市的经济交通,包括经济影响力、宜商环境和成本三个维度。《机遇之都 7》对全球 30 个商业中心城市的经济和社会发展进行了全面考察,从交通和基础设施、宜商环境、人口结构特征和宜居性、技术成熟度与成本等 10 个维度衡量这些城市的表现。由于数据主要基于 2014 年及 2015 年,因此英国脱欧不会影响伦敦排名。在对 30 个全球领先商业中心的全面测评中,伦敦蝉联冠军。在《机遇之都 7》中,上海与香港、北京一道成为中国的入选城市,其中香港排在第 9 位,北京位列第 19,上海排在第 21 位,其中北京在经济实力和门户城市维度排名第 3。而上海虽然在门户城市

---

① "What is the WCCD," WCCD, http://www.dataforcities.org/wccd/.

和经济影响力维度位列第7，但由于其在宜商环境和成本维度排名较低，因而综合排名靠后。香港因在宜商环境、门户城市和技术成熟度的出色表现，综合排名跻身前十。① 如表1-2所示，上海与各单项得分最高的城市相比，均有不小差距，其中尤以宜商环境差距最大。这也是上海大力推动宜商环境改善的重要原因。

表1-2　上海与《机遇之都7》最高得分城市的差距

类别	上海得分	最高得分	上海差距
智力资本和创新	92	184（伦敦）	-92
技术成熟度	92	167（新加坡）	-75
门户城市	149	187（伦敦）	-38
交通和基础设施	89	174（新加坡）	-85
健康、安全和治安	64	153（东京）	-89
可持续发展和自然环境	89	168（斯德哥尔摩、悉尼）	-79
人口结构和宜居性	89	165（多伦多、阿姆斯特丹）	-76
经济影响力	111	152（伦敦）	-41
宜商环境	65	209（新加坡）	-144
成本	61	139（约翰内斯堡）	-78
总得分	901	1466（伦敦）	-565

资料来源：普华永道：《机遇之都7》，2016年9月，"综述"，第4~5页。

科尔尼管理咨询公司（A. T. Kearney）于2008年起开始发布全球城市指标，当时考察了全球60个城市的比较能力。经过10年发展后，《全球城市指标2018》对全球135个大都市进行了考察。科尔尼管理咨询公司的全球城市指标事实上由两部分组成，即综合实力指标和城市潜力指标，旨在帮助跨国企业评估业务布局、资金投入和人才招募的最佳城市。综合实力指标和潜力指标互为补充，分析了全球领

---

① 《普华永道〈机遇之都7〉报告：充满生机的城市》，普华永道中国，2016年9月8日，https://www.pwccn.com/zh/about-us/cities-of-opportunity-7-the-living-city.html。

先城市的发展现状和新兴城市的未来发展潜力。全球城市指标中的综合实力指标围绕五大维度——商业活动、人力资本、信息交流、文化体验和政治参与——共计27项标准衡量全球最具影响力城市的当前综合表现和影响。城市潜力指标围绕居民幸福感、经济状况、创新和治理四个维度的13项指标衡量未来可与当前领先城市匹敌的新兴城市。《全球城市指标2018》数据显示,中国上榜城市增长迅速,综合实力指标从2008年的7个增加到27个,而跻身城市潜力指标的数量也从2015年的21个增到27个。科尔尼管理咨询公司认为,中国城市的快速发展,很大程度上得益于中央、地区和地方政府在商业、政治和社会政策上的协调,值得其他地区的城市借鉴:一方面,国家向市级政府放权,鼓舞地方积极发展;另一方面,采取全面发展方式,不仅关注商业活动,更关注民生和就业改善等其他方面。[①] 上海在科尔尼管理咨询公司的指标中始终保持稳定,最低排名是2012年的第21位,最高排名是2014年的第18位,2018年居第19位(见表1-3)。

表1-3 2012~2018年上海在全球城市指标中的排名

年份	2012	2014	2015	2016	2017	2018
排名	21	18	21	20	19	19

资料来源:AT Kearney, *Learning from the East—Insights from China's Urban Success*:2018 *Global Cities Report*, 2018, p. 13。

在上述国际机构和商业组织的指标体系外,还有一些智库或非政府组织的研究,对上海创建"卓越的全球城市"有着参考意义。《全球城市竞争力报告》(双年度)是由中国社会科学院与联合国人居署自2005年起共同发布。于2017年11月发布的《全球城市竞争力报

---

① AT Kearney, *Learning from the East—Insights from China's Urban Success*:2018 *Global Cities Report*, 2018, p. 8.

告 2017~2018：房价，改变城市世界》以此前的大量研究为基础，按照指标最小化原则，报告构建了城市经济竞争力与可持续竞争力指标体系。其中经济竞争力指的是城市当前创造价值、获取经济租金的能力，课题组使用原创的理论与方法，从显示的角度，使用经济密度指标与经济增量指标，测度了全球 1007 个城市的竞争力指数。可持续竞争力指城市的要素与环境的状况，从解释的角度选取以下指标：人力资本潜力、经济活力、科技创新、社会包容、生态环境、营商环境、基础设施、全球联系，测度了全球 1035 个城市的可持续竞争力指数。本次报告样本城市的统计口径以大都市区为主。根据该报告，2016 年全球城市经济竞争力指数十强为：纽约、洛杉矶、新加坡、伦敦、旧金山、深圳、东京、圣何塞、慕尼黑、达拉斯。研究发现，全球城市经济竞争力美国优势明显，中国迅速崛起。中国顶级城市表现良好，整体竞争力水平提升迅速，一些强二线城市表现较为亮眼，深圳进入全球十强，香港、上海、广州、北京进入前 20 强，21 个城市进入前 100 强，这反映了中国城市发展已经从"中心聚集"进入"扩散外溢"的较高阶段。但在全球可持续竞争力排名中，中国仍有不小差距，有 9 个城市进入可持续竞争力百强，依次为北京、香港、上海、深圳、广州、台北、南京、天津、厦门。上海在全球城市经济竞争力指标中排名第 14 位，在全球可持续竞争力排行中居第 27 位。[①]

英国媒体《经济学人》（*The Economist*）的研究机构经济学人情报中心（Economist Intelligence Unit，EIU）曾多次发布有关全球城市竞争力的相关指标，最新的较为全面的指标是 2013 年发布有关全球城市未来（2025 年）竞争力指标。该指标将城市竞争力界定为吸引

---

① Ni Pengfei, Marco Kamiya, Wang Haibo, et al., *The Global Urban Competitiveness Report* 2017 – 2018：*House Prices, Changing the City World*, Beijing: UN – HABITAT, CASS, Center for City and Competitiveness, 2017.

资本、商业、人才和游客的能力，进而确立了 8 个领域的 32 个指标，分别为经济能力（30%）、资本（10%）、金融成熟度（10%）、制度特征（15%）、人力资源（15%）、全球吸引力（10%）、社会与文化特征（5%）、环境与自然灾害（5%）。该指标考察了全球 120 个城市，并得出各城市在 2025 年时的全球竞争力排名。根据该排名，中国仅有香港、上海和北京入围，香港居第 4 位；上海是中国内陆排名最高的城市，居第 38 位。需要指出的是，根据该报告，到 2025 年，上海的城市竞争力尽管可能略有上升，但全球排名有较明显下滑（比 2012 年降低 6 位）。① 自 2013 年往后，经济学人情报中心更多发布全球城市的单项排名，如城市安全度、城市生活成本等。其中城市安全度指标对于上海创建"卓越的全球城市"有重要意义。安全度指标自 2015 年起发布，被设计为 4 个领域——数据安全、健康安全、基础设施安全、个人安全——共计 43 项；2017 年版《城市安全指标》对指标体系进行优化，仍为 4 个领域，但指标数量增加为 49 个，共计考察全球 69 个城市。根据 2017 年版《城市安全指标》，上海居全球第 34 位，但在不同的安全维度表现出明显的差异（见表 1 - 4）。

表 1 - 4　2017 年上海城市安全度

指标领域	上海排名	上海得分	第一位得分	与第一位差距
数据安全	42	59.42	88.40（东京）	-28.98
健康安全	30	69.92	87.15（大孤）	-17.23
基础设施安全	38	74.30	97.05（新加坡）	22.75
个人安全	28	80.07	94.94（新加坡）	-14.87

资料来源：Economist Intelligence Unit, *Safe Cities Index* 2017：*Security in a Rapidly Urbanising World*, 2017。

---

① Economist Intelligence Unit, *Hot spots* 2025：*Benchmarking the Future Competitiveness of Cities*, London：The Economist, 2013.

日本森纪念基金会（The Mori Memorial Foundation）自 2008 年起发布全球城市实力指标（Global Power City Index，GPCI），选取全球 44 个城市评估其综合实力，具体衡量指标包括 6 个功能领域——经济、研发、文化交流、宜居、环境和可及性——共计 70 项，5 个全球行为体——管理人员、研究人员、艺术家、游客、居民——共计 179 项指标，进而从客观和主观两个角度加以考察。根据森纪念基金会 2017 年的全球城市实力指标，上海总体排名全球第 15 位，但在宜居、环境等两个功能领域的得分较低，研发和文化交流居于中流，经济和可及性表现不错。在行为体的认知中，管理人员和游客认知度较高，研究人员和艺术家的认知度一般，居民的认知度相对较低（见表 1 - 5）。在过去 10 年中，上海的排名有了明显提升，从 2008 年的第 25 位上升到 2017 年的第 15 位（见表 1 - 6）。

表 1 - 5   2017 年上海的全球实力排名

指标	上海排名	上海得分	第一位得分	上海差距
经济	5	256.0	323.2(纽约)	- 67.2
研发	18	61.7	183.7(纽约)	- 122.0
文化交流	17	124.0	333.1(伦敦)	- 209.1
宜居	38	273.6	369.3(柏林)	- 95.7
环境	41	93.6	200.1(法兰克福)	- 106.5
可及性	3	224.0	245.3(巴黎)	- 21.3
管理人员	7	49.4	62.0(伦敦)	- 12.6
研究人员	28	22.8	59.3(纽约)	- 36.5
艺术家	21	37.9	49.8(巴黎)	- 11.9
游客	10	44.6	58.2(伦敦)	- 13.6
居民	33	44.9	64.0(巴黎)	- 19.1

资料来源：Institute for Urban Strategies, *Global Power City Index* 2017, *GPCI 10th Anniversary Special Edition*（*Summary*）, The Mori Memorial Foundation, October 2017, pp. 10, 14。

表 1 - 6 2008～2017 年上海在全球城市实力指标中的排名

年份	2008	2009	2010	2011	2012	2013	2014	2015	2016	2017
排名	25	21	26	23	14	12	15	17	12	15

资料来源：Institute for Urban Strategies, *Global Power City Index* 2017, *GPCI* 10*th Anniversary Special Edition（Summary）*, The Mori Memorial Foundation, October 2017, pp. 16 - 17。

四 上海"卓越的全球城市"与中国崛起的创新

综合上文分析可以看出，上海创建卓越的全球城市既有坚实的基础——主要体现在经济实力和潜力上，也面临严峻的挑战——更多是在可持续发展的能力方面。就上海创建卓越的全球城市与中国实现体系内崛起型创新的相互关联而言，需要从上海以"四个新作为"作为抓手，结合上海的"五个中心"、四个品牌建设等战略举措，切实发挥改革开放排头兵、创新发展先行者的战略高度的作用。

一方面，中国实现体系内创新型崛起需要进一步夯实经济性崛起的基础。只有经济性崛起实现创新，中国的崛起和中华民族伟大复兴才真正是创新的和可持续的。中国经济性崛起的创新性和可持续性要求，对上海而言是实现深化自由贸易试验区改革、推进科技创新中心建设方面实现新作为。这两个新作为之间的相互关系是，深化自由贸易试验区改革很大程度上是进一步夯实中国崛起的中低端经济基础，而推进科技创新中心建设则是探寻中国崛起的中高端经济基础。很大程度上，经历改革开放头 40 年的成功尝试后，中国崛起现在正进入第二个阶段，即从更多基于"落后的优势"而来的"体系内效仿型崛起"，逐渐转向重点克服"落后的劣势"而来的"体系内创新型崛起"。但必须指出的是，中国当前这一历史性转型必须牢记美国经济空心化发展的教训，进而中低端与高端产业均须牢牢抓住，并在此过程中实现产业链、价值链、技术链等的全面提升。因此，同时在深化自由贸易试验区改革和推进科技创新中心建设两个方面实现新作为，是夯实和拓展中国经济性崛起的可持续性之必需。

另一方面，中国实现体系内创新型崛起需要进一步夯实非物质性崛起的基石，确保中国实现道德性崛起，这就要求在崛起过程中永葆中国特色、确立中国风格。不具备中国特色、中国风格、中国气派，就不可能实现中国的道德性崛起，就不可能实现中国的创新性崛起，进而也不符合中华民族的伟大复兴的根本要求。中国实现体系内创新型崛起的非物质性基础在上层建筑中表现为制度和道德话语等，但最根本的是人。这包括两个方面：一是作为历史创造者、中国崛起社会基础的人民群众，二是作为无产阶级先锋队的中国共产党。因此，确保中国体系内创新型崛起的非物质性基础就是要实现推进社会治理创新和全面从严治党两个方面的新作为。推进社会治理创新是凝聚和动员广大人民群众的基本要求，将其团结在中国体系内创新型崛起、中华民族伟大复兴的世纪性伟业周围。在这一过程中，就需要确保共产党能够具备坚实的领导、组织和动员能力，响应并满足人民群众不断发展的基本需求和呼吁，真正实现来自人民、为了人民、成为人民的历史性要求。换句话说，推进社会治理创新和实现从严治党两个新作为，类似于经济性崛起的两个新作为，实现了社会基层的人民群众与先锋队的共产党之间的有机配合，从而确保中国崛起非物质性要素的创新性与可持续性。

如图 1-2 所示，"四个新作为"事实是上海服务国家体系内创新型崛起大战略的根本要求，即秉持"两手都要抓，两手都要硬"的中国崛起经验，但予以充分更新：在经济性崛起方面，以深化自由贸易试验区改革、推进科技创新中心建设抓住中低端和高端经济能力建设，具体体现为从国际贸易中心、中国航运中心、国际经济中心、国际金融中心和科技创新中心的由低至高的五大中心建设；这又与上海购物品牌、上海制造品牌相契合，同时部分的与上海服务品牌相契合。在非物质性崛起方面，推进社会治理创新、全面从严治党分别从社会基础夯实和先锋队建设两个方向确保中国崛起的群众基础和领导能力，这又与上海服务品牌、上海文化品牌等相契合。

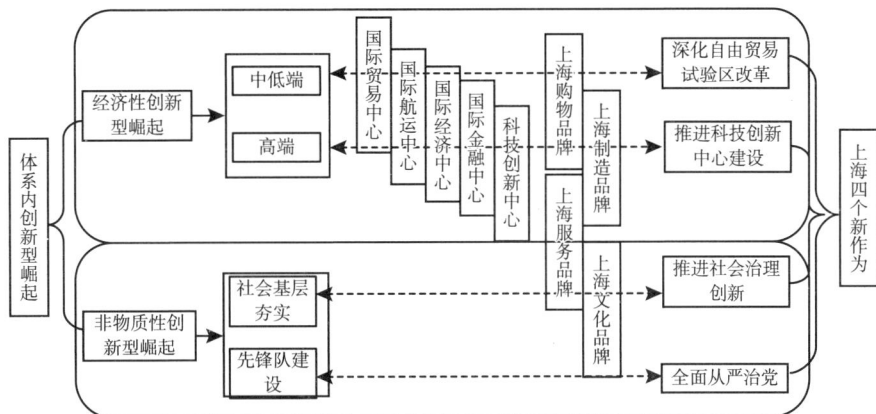

图 1 - 2　卓越的全球城市与体系内创新型崛起

资料来源：作者自制。

从中国实现体系内创新型崛起的视角，观察上海超越的全球城市创建努力，我们可深刻领会习近平总书记对上海提出"四个新作为"的长远和全面的大战略谋略。就此而言，尽管"四个新作为"有着深厚的地方特色，但在具体落实过程中，应当避免两个倾向。一是重点从地方视角思考"四个新作为"。的确，"四个新作为"是习近平总书记对上海的具体要求，但其背后的长远战略思考始终是中华民族的伟大复兴或中国的体系内创新型崛起。因此，如果仅从地方视角思考"四个新作为"，极可能导致其具体落实的走样，甚至偏离。二是重点从经济视角思考"四个新作为"，这一倾向总体上易于避免，因为社会治理和党建本身的经济属性相对较弱，但也容易从经济发展的视角思考社会治理和党建。避免上述两个倾向，事实也就是要求上海在实现"四个新作为"时，做到两个牢记：一是牢记"四个新作为"的中国体系内创新型崛起战略总目标；二是牢记"四个新作为"必须覆盖中国崛起的经济性和非物质性崛起的所有维度。唯有始终警惕两个倾向、始终确保两个牢记，上海实现"四个新作为"才可能更有保障、更有前途。

第二章 自贸试验区：夯实体系内创新型崛起的经济基石

　　2013 年 9 月 29 日，经过商务部、上海市政府及国务院有关部门的长期深入研究，并经国务院批准，中国（上海）自贸试验区（下文简作"上海自贸试验区"）正式设立。经过 5 年来的发展，上海自贸试验区现在已经成为全国自贸区建设的领头羊，上海自贸试验区面积有了很大拓展，同时在全国范围内也另有 10 个自贸区得以建设，其中有大量的制度安排来自上海自贸试验区的可复制、可推广经验。事实证明，建设上海自贸试验区是顺应全球经贸发展新趋势，是实行更加积极主动开放战略的一项重大举措。建设上海自贸试验区有利于培育我国面向全球的竞争新优势，构建与各国合作发展的新平台，拓展经济增长的新空间，打造中国经济"升级版"。[①] 其主要任务是要探索我国对外开放的新路径和新模式，推动加快转变政府职能和行政体制改革，促进转变经济增长方式和优化经济结构，实现以开放促发展、促改革、促创新，形成可复制、可推广的经验，服务全国的发展。上海自贸试验区的建立，重点是更加积极主动地对外开放，进一

[①] 《国务院批准设立中国（上海）自贸试验区》，商务部新闻办公室，2018 年 8 月 22 日，http://www.mofcom.gov.cn/article/ae/ai/201308/20130800262548.shtml。

步推进中国的体系内创新型崛起战略,试验甚至创新中国对外开放的新举措、新方法。但需要指出的是,上海自贸试验区更多聚焦贸易和投资等相对基础的经济活动及相应的配套举措,因此很大程度上仍对应中国崛起的中低端经济领域。这在很大程度上延续了中国此前崛起的一贯路径,但上海自贸试验区致力于实现其自身转型升级和创新发展,因此它也是中国从"体系内效仿型崛起"向"体系内创新型崛起"迈进的重要举措。

第一节 自贸试验区的战略与政策实践

自 2013 年 9 月建立至 2018 年底,上海自贸试验区已经走过了 5 年历程。2013 年 9 月,上海自贸试验区初创时,其范围涵盖上海市外高桥保税区、外高桥保税物流园区、洋山保税港区和上海浦东机场综合保税区等 4 个海关特殊监管区域,总面积为 28.78 平方公里。2015 年 4 月,上海自贸试验区范围扩展到陆家嘴金融片区、金桥开发片区和张江高科技片区,总面积达 120.72 平方公里。上海自贸试验区在过去 5 年里的发展更多体现在其改革创新理念、制度创新成果等的逐渐推广,为新的时代背景下中国可持续崛起和上海"卓越的全球城市"建设奠定了更为坚实的基础。

一 自贸试验区的战略设计

上海自贸试验区的建设既非突发奇想,也非凭空创造,而是以上海既有的四个特殊海关监管区为基础。其最早版本是 1990 年批准的上海外高桥保税区——已有 20 多年发展基础,最新版本是浦东机场综合保税区。2013 年 9 月,一场新的"国家试验"从这里启航,上海自贸试验区又一次赋予上海全新的责任和使命。5 年来，以习近平同志为核心的党中央对上海自贸试验区建设寄予高度期望，国务院也持续提供系列政策支持，推动上海自贸试验区建设不断向纵深发展。

以习近平同志为核心的党中央一直高度关心上海自贸试验区的建设，他对上海自贸试验区建设的诸多指示也显示出上海自贸区的不断发展及国家赋予的重要使命。2014 年 3 月 5 日，上海自贸试验区挂牌近半年之际，习近平在参加十二届全国人大二次会议上海代表团审议时表示，建设上海自贸试验区是一项国家战略，要牢牢把握国际通行规则，大胆闯、大胆试、自主改，尽快形成一批可复制、可推广的新制度，加快在促进投资贸易便利、监管高效便捷、法制环境规范等方面先试出首批管用、有效的成果。要做点压力测试，切实防范系统性风险特别是金融风险。①

2014 年 5 月 23 日至 24 日，习近平在中共中央政治局委员、上海市委书记韩正和市长杨雄陪同下，深入上海自贸试验区，深入企业、园区、科研基地，考察调研经济社会发展情况。在视察上海自贸试验区时，习近平强调，上海自贸试验区是块大试验田，要播下良种，精心耕作，精心管护，期待有好收成，并且把培育良种的经验推广开来。习近平希望试验区按照先行先试、风险可控、分步推进、逐步完善的原则，把扩大开放同改革体制结合起来，把培育功能同政策创新结合起来，大胆闯、大胆试、自主改。要切实把制度创新作为核心任务，以形成可复制、可推广的制度成果为着力点，努力创造更加国际

---

① 《习近平同志谈自贸试验区建设：大胆闯　大胆试　自主改》，中新社，2014 年 3 月 6 日，http://www.china - shftz.gov.cn/NewsDetail.aspx? NID = 08f17986 - 0215 - 4ad2 - 8e86 - 9397bace69ed&CID = f672f518 - 99a3 - 4789 - 8964 - 1335104906b4&MenuType = ［object% 20Object］&navType = 0。

化、市场化、法治化的公平、统一、高效的营商环境；切实把防控风险作为重要底线，在建设全过程都掌控好风险，努力排除一切可能和潜在的风险因素；切实把企业作为重要主体，重视各类企业对制度建设的需求，鼓励企业积极参与试验区建设。①

进入 2016 年，随着上海自贸试验区取得越来越大的成绩，党中央对上海自贸试验区的要求有了明显的变化。尽管党中央仍强调上海应继续"大胆闯、大胆试、自主改"，但显然更希望上海自贸试验区能够成为全面深化改革的突破口，在中国实现体系内创新型崛起过程中发挥更为全面和积极的作用。2016 年 3 月 5 日，习近平总书记在参加十二届全国人大四次会议上海代表团审议时，希望上海坚持以上海自贸试验区建设为突破口，全力深化改革攻坚，使上海自贸试验区建设百尺竿头、更进一步。上海自贸试验区建设的核心任务是制度创新。要深化完善基本体系，突破瓶颈、疏通堵点、激活全盘，聚焦商事制度、贸易监管制度、金融开放创新制度、事中事后监管制度等，率先形成法治化、国际化、便利化的营商环境，加快形成公平、统一、高效的市场环境。②

党中央对上海自贸试验区的期待和定位的调整，很大程度上与上海自贸试验区经过 3 年努力后实现了初衷有关。2017 年 1 月，习近平总书记在对上海自贸试验区建设 3 年的成就作出重要批示。习近平强调，建设上海自贸试验区是党中央、国务院在新形势下全面深化改革和扩大开放的一项战略举措。3 年来，上海市、商务部等不负

---

① 《习近平在上海考察时强调当好全国改革开放排头兵　不断提高城市核心竞争力》，新华网，2014 年 5 月 26 日，http：//www. china - shftz. gov. cn/NewsDetail. aspx？NID = 698873c3 - f2d1 - 4d7d - a1f2 - 4279e8cfaa0c&CID = f672f518 - 99a3 - 4789 - 8964 - 1335104906b4&MenuType = ［object％20Object］&navType = 0。

② 《习近平参加上海代表团审议》，新华社，2016 年 3 月 5 日，http：//www. xinhuanet. com/politics/2016lh/2016 - 03/05/c_ 1118243972. htm。

重托和厚望，密切配合、攻坚克难，紧抓制度创新这个核心，主动服务国家战略，工作取得多方面重大进展，一批重要成果复制推广到全国，总体上实现了初衷。望在深入总结评估的基础上，坚持五大发展理念引领，把握基本定位，强化使命担当，继续解放思想、勇于突破、当好标杆，对照最高标准、查找短板弱项，研究明确下一阶段的重点目标任务，大胆试、大胆闯、自主改，力争取得更多可复制推广的制度创新成果，进一步彰显全面深化改革和扩大开放的试验田作用。①

在 2017 年 3 月的全国"两会"上，习近平对上海自贸试验区的未来发展方向作出了更为明确的指示。他指出，建设上海自贸试验区是党中央在新形势下全面深化改革、扩大对外开放的一项战略举措。中国开放的大门不会关上，要坚持全方位对外开放，继续推动贸易和投资自由化、便利化。上海要解放思想、勇于突破、当好标杆，对照最高标准、查找短板弱项，大胆试、大胆闯、自主改，进一步彰显全面深化改革和扩大开放试验田的作用，亮明中国向世界全方位开放的鲜明态度。习近平强调，要努力把上海自贸试验区建设成为开放和创新融为一体的综合改革试验区，成为服务国家"一带一路"建设、推动市场主体走出去的桥头堡。要树立系统思想，注重改革举措配套组合，同时要强化区内改革同全市改革的联动、同上海国际金融中心和科技创新中心的联动，不断放大政策集成效应。要发挥先发优势，率先建立同国际投资和贸易通行规则相衔接的制度体系，力争取得更多可复制可推广的制度创新成果。要加强同其他上海自贸试验区试点

---

① 《习近平：3 年来上海自贸试验区建设总体上实现了初衷》，自贸试验区网站，2017 年 1 月 4 日，http：//www.china - shftz.gov.cn/NewsDetail.aspx？NID = f30af86a - c350 - 4291 - 8fd6 - 4d2bbb76ea75&CID = 16a79677 - 7b73 - 4570 - a610 - 761ad7cf52c3&MenuType = ［object%20Object］&navType = 0。

的合作，相互学习、相互促进。①

党中央对上海自贸试验区的战略期待的变化，也体现在国务院印发的有关上海自贸试验区的三份方案中，即2013年9月18日的《中国（上海）自贸试验区总体方案》（以下简作"《总体方案》"）②、2015年12月4日的《进一步深化中国（上海）自贸试验区改革开放方案》（以下简作"《进一步深化方案》"）③和2017年3月30日的《全面深化中国（上海）自贸试验区改革开放方案》（以下简作"《全面深化方案》"）④。这三份方案的先后次序，可以相当明确地看出国家对上海自贸试验区建设的阶段性目标的发展。

首先，三份文件对上海自贸试验区建设的总体要求有明显变化。《总体方案》认为，上海自贸试验区肩负着我国在新时期加快政府职能转变、积极探索管理模式创新、促进贸易和投资便利化，以及全面深化改革和扩大开放探索新途径、积累新经验的重要使命，是国家战略的需要。《进一步深化方案》则强调，进一步深化上海自贸试验区改革开放，是党中央、国务院做出的重大决策，是在新形势下为全面深化改革和扩大开放探索新途径、积累新经验的重要举措，对加快政府职能转变、积极探索管理模式创新、促进贸易和投资便利化、形成深化改革新动力、扩大开放新优势，具有重要意义。《全面深化方案》则指出，建设上海自贸试验区是党中央、国务院在新形势下全

① 《习近平总书记参加上海代表团审议指出：在深化自贸试验区改革上有新作为》，自贸试验区网站，2017年3月6日，http://www.china-shftz.gov.cn/NewsDetail.aspx？NID=5c315848-7b9e-42f0-a76b-a321f709dbc1&CID=16a79677-7b73-4570-a610-761ad7cf52c3&MenuType=[object%20Object]&navType=0。

② 《国务院关于印发中国（上海）自贸试验区总体方案的通知》，国务院，2013年9月27日，国发〔2013〕38号。下文引用时将不再特别注明。

③ 《国务院关于印发进一步深化中国（上海）自贸试验区改革开放方案的通知》，国务院，2015年12月4日，国发〔2015〕21号。下文引用时不再特别注明。

④ 《国务院关于印发全面深化中国（上海）自贸试验区改革开放方案的通知》，国务院，2017年3月31日，国发〔2017〕23号。下文引用时不再特别注明。

面深化改革和扩大开放的战略举措。上海自贸试验区建设3年多来取得重大进展，总体达到预期目标。在此基础上，为贯彻落实党中央、国务院决策部署，上海自贸试验区建设应对照国际最高标准、最好水平的自由贸易区，全面深化上海自贸试验区改革开放，加快构建开放型经济新体制，在新一轮改革开放中进一步发挥引领示范作用。由此可以看出，上海自贸试验区从一开始的"国家战略需要"发展到"战略举措"，从一开始更多是对内功能发展到全面的统筹国内国际两个大局的功能，并逐渐向在新一轮改革开放中进一步发挥引领示范作用转变。这充分说明，随着上海自贸试验区的建设推进，上海自贸试验区在国家战略中的地位变得越来越重要、越来越全面。

其次，从指导思想角度看，上海自贸试验区所承载的功能也日益全面。《总体方案》指出，要高举中国特色社会主义伟大旗帜，以邓小平理论、"三个代表"重要思想、科学发展观为指导，紧紧围绕国家战略，进一步解放思想，坚持先行先试，以开放促改革、促发展，率先建立符合国际化和法治化要求的跨境投资和贸易规则体系，使上海自贸试验区成为我国进一步融入经济全球化的重要载体，打造中国经济升级版，为实现中华民族伟大复兴的中国梦做出贡献。《进一步深化方案》则强调，全面贯彻落实党的十八大和十八届二中、三中、四中全会精神，按照党中央、国务院决策部署，紧紧围绕国家战略，进一步解放思想，坚持先行先试，把制度创新作为核心任务，把防控风险作为重要底线，把企业作为重要主体，以开放促改革、促发展，加快政府职能转变，在更广领域和更大空间积极探索以制度创新推动全面深化改革的新路径，率先建立符合国际化、市场化、法治化要求的投资和贸易规则体系，使上海自贸试验区成为我国进一步融入经济全球化的重要载体，推动"一带一路"建设和长江经济带发展，做好可复制可推广经验总结推广，更好地发挥示范引领、服务全国的积极作用。相比之下,《全面深化方案》对上海自贸试验区的"集成"功能尤为强调:全面贯彻党的十八大和十八届三中、四中、五中、六中全会精神,深入贯彻习近平总书记系列重要讲话精神和治国理政新理念新思想新战略,认真落实党中央、国务院决策部署,统筹推进"五位一体"总体布局和协调推进"四个全面"战略布局,坚持稳中求进工作总基调,坚定践行新发展理念,坚持以制度创新为核心,继续解放思想、勇于突破、当好标杆,进一步对照国际最高标准、查找短板弱项,大胆试、大胆闯、自主改,坚持全方位对外开放,推动贸易和投资自由化便利化,加大压力测试,切实有效防控风险,以开放促改革、促发展、促创新;进一步加强与上海国际金融中心和具有全球影响力的科技创新中心建设的联动,不断放大政策集成效应,主动服务"一带一路"建设和长江经济带发展,形成经济转型发展新动能和国际竞争新优势;更大力度转变政府职能,加快探索一级地方政府管理体制创新,全面提升政府治理能力;发挥先发优势,加强改革系统集成,力争取得更多可复制推广的制度创新成果,进一步彰显全面深化改革和扩大开放试验田作用。

再次,从总体目标看,上海自贸试验区的阶段性目标不断升级。《总体方案》预期,经过2~3年的改革试验,加快转变政府职能,积极推进服务业扩大开放和外商投资管理体制改革,大力发展总部经济和新型贸易业态,加快探索资本项目可兑换和金融服务业全面开放,探索建立货物状态分类监管模式,努力形成促进投资和创新的政策支持体系,着力培育国际化和法治化的营商环境,力争建设成为具有国际水准的投资贸易便利、货币兑换自由、监管高效便捷、法制环境规范的上海自贸试验区,为我国扩大开放和深化改革探索新思路和新途径,更好地为全国服务。《进一步深化方案》则希望,按照党中央、国务院对上海自贸试验区"继续积极大胆闯、大胆试、自主改"

"探索不停步、深耕试验区"的要求，深化完善以负面清单管理为核心的投资管理制度、以贸易便利化为重点的贸易监管制度、以资本项目可兑换和金融服务业开放为目标的金融创新制度、以政府职能转变为核心的事中事后监管制度，形成与国际投资贸易通行规则相衔接的制度创新体系，充分发挥金融贸易、先进制造、科技创新等重点功能承载区的辐射带动作用，力争建设成为开放度较高的投资贸易便利、货币兑换自由、监管高效便捷、法制环境规范的自由贸易园区。《全面深化方案》明确提出，到2020年，率先建立同国际投资和贸易通行规则相衔接的制度体系，把上海自贸试验区建设成为投资贸易自由、规则开放透明、监管公平高效、营商环境便利的国际高标准自由贸易园区，健全各类市场主体平等准入和有序竞争的投资管理体系、促进贸易转型升级和通关便利的贸易监管服务体系、深化金融开放创新和有效防控风险的金融服务体系、符合市场经济规则和治理能力现代化要求的政府管理体系，率先形成法治化、国际化、便利化的营商环境和公平、统一、高效的市场环境。强化上海自贸试验区改革同上海市改革的联动，各项改革试点任务具备条件的在浦东新区范围内全面实施，或在上海市推广试验。

最后，从主要任务和措施角度看，上海自贸试验区始终把制度创新作为核心，但要求越来越高，标志着上海自贸试验区不断取得新作为。《总体方案》要求，紧紧围绕面向世界、服务全国的战略要求和上海"四个中心"建设的战略任务，按照先行先试、风险可控、分步推进、逐步完善的方式，把扩大开放与体制改革相结合、把培育功能与政策创新相结合，形成与国际投资、贸易通行规则相衔接的基本制度框架。《进一步深化方案》强调，扩展区域后的上海自贸试验区要当好改革开放排头兵、创新发展先行者，继续以制度创新为核心，贯彻长江经济带发展等国家战略，在构建开放型经济新体制、探索区域经济合作新模式、建设法治化营商环境等方面,率先挖掘改革潜力,破解改革难题。要积极探索外商投资准入前国民待遇加负面清单管理模式,深化行政管理体制改革,提升事中事后监管能力和水平。《全面深化方案》则指出,加强制度创新的系统性、整体性、协同性,围绕深化投资管理体制改革、优化贸易监管服务体系、完善创新促进机制,统筹各环节改革,增强各部门协同,注重改革举措的配套组合,有效破解束缚创新的瓶颈,更大程度地激发市场活力。按照国际最高标准,为推动实施新一轮高水平对外开放进行更为充分的压力测试,探索开放型经济发展新领域,形成适应经济更加开放要求的系统试点经验。加强上海自贸试验区建设与浦东新区转变一级地方政府职能的联动,系统推进简政放权、放管结合、优化服务改革,在行政机构改革、管理体制创新、运行机制优化、服务方式转变等方面改革创新,全面提升开放环境下政府治理能力。坚持"引进来"和"走出去"有机结合,创新经贸投资合作、产业核心技术研发、国际化融资模式,探索搭建"一带一路"开放合作新平台,建设服务"一带一路"的市场要素资源配置功能枢纽,发挥上海自贸试验区在服务"一带一路"建设中的辐射带动作用。紧紧把握上海自贸试验区的基本定位,坚持先行先试,充分发挥各方面的改革创新主动性和创造性,为全面深化改革和扩大开放,取得更多制度创新成果。

无论是从党中央的殷切希望还是国务院的具体落实方案,都表明在过去5年里,上海自贸试验区建设取得了重大进展,这非常明显地体现在其实践发展中。

二 自贸试验区的政策实践

自由贸易区可分为境内和跨国两类,前者是指在一个国家内部划定的在特定区域内开展自由贸易、投资等,某种程度上与国内经济特区有相似之处，目前我国设立的包括上海自贸试验区在内的 11 个自贸区均属此类；后者则是指两个或两个以上国家通过谈判设定的经贸关系安排，如北美自由贸易区、大陆与台湾地区的海峡两岸经济合作框架协议（ECFA）等。由于不存在与其他国家谈判的压力，因此，像上海自贸试验区这样的国内自贸区发展的核心动力来自一国自身对改革开放的渴望，试图通过特定地区的对外开放实现至少两个方面的目标：最低目标是打造一个与国际社会交流、沟通甚至合作的窗口；最高目标是通过自贸试验区的"先行先试"功能探索新的增长路径，但不再是如同经济特区一样依赖中央输送的政策洼地获益，而是以制度创新代替政策优惠，以开放倒逼改革，形成可复制、可推广的新制度。事实上，后者也正是上海所追求的目标，且很大程度上已经实现初衷，并正迈向更高阶段。具体而言，上海自贸试验区在过去 5 年里的实践发展，都围绕制度创新展开，主要体现在以下方面。

党和国家对上海自贸试验区的具体实践有着明确指导，其要求变化很大程度上反映了上海自贸试验区所取得的实践进展。2013 年上海自贸试验区宣布建立时，《总体方案》确立了 5 个方面的任务，共计 90 多项政策措施。一是加快政府职能转变，主要是深化行政管理体制改革，改革创新政府管理方式，按照国际化、法治化的要求，积极探索建立与国际高标准投资和贸易规则体系相适应的行政管理体系，推进政府管理由注重事先审批转为注重事中、事后监管。二是扩大投资领域的开放。选择金融服务、航运服务、商贸服务、专业服务、文化服务以及社会服务领域，扩大对外开放，除银行业机构、信息通信服务之外，暂停或取消投资者资质要求、股比限制、经营范围限制等准入限制措施，营造有利于各类投资者平等准入的市场环境。同时，推进外商投资管理体制改革，主要是探索建立负面清单管理模式。商务部和上海市在研拟方案之初，就明确要把负面清单管理模式作为上海自贸试验区的关键内容。对负面清单之外的领域，按照内外资一致原则，将外商投资项目由核准制改为备案制，将外商投资企业合同章程审批改为备案管理。具体由上海市负责备案办理。此外，还将深化境外投资管理方式改革，进一步减少审批，对境外投资开办企业实行以备案制为主的管理方式，对境外投资一般项目实行备案制。具体也是由上海市负责。三是推进贸易发展方式转变，包括鼓励跨国公司设立亚太地区总部和营运中心；深化国际贸易结算中心、融资租赁业务创新、期货保税交割、跨境电子商务服务等改革试点；推动服务外包业务发展；探索形成具有国际竞争力的航运发展制度和运作模式等。四是深化金融领域的开放创新，包括加快金融制度创新，在上海自贸试验区内对人民币资本项目可兑换、金融市场利率市场化、人民币跨境使用等方面先行先试。增强金融服务功能，推动金融服务业对符合条件的民营资本和外资金融机构全面开放等开放措施。五是营造良好的监管和税收制度环境，包括建立国际高水平投资和贸易服务体系，创新监管模式，推进实施"一线放开"，坚决实施"二线安全高效管住"。进一步强化监管协作，形成公开、透明的管理制度。同时，在维护现行税制公平、统一、规范的前提下，探索与上海自贸试验区相配套的税收政策。

如果对照 2015 年《进一步深化方案》可以发现，《总体方案》的任务和措施均取得了重大进展，推动《进一步深化方案》对上海自贸试验区的实践要求的优化与提高。例如，在《总体方案》中，仅"扩大对外投资领域的开放"部分提出探索建立负面清单管理模式；但到《进一步深化方案》时，负面清单管理模式也被纳入"加快政府职能转变"部分，要求"推动负面清单制度成为市场准入管理的主要方式，转变以行政审批为主的行政管理方式，制定发布政府权力清单和责任清单，进一步厘清政府和市场的关系"。又如，就监管模式而言，《总体方案》要求相对简单、模糊，到《进一步深化方案》中已经变得相当明确，不仅强调强化事中事后监管，还要求推进监管标准规范制度建设，加快形成行政监管、行业自律、社会监督、公众参与的综合监管体系；此外，加强社会信用体系应用、健全综合执法体系、健全社会力量参与市场监督制度、完善企业年度报告公示和经营异常名录制度、健全国家安全审查和反垄断审查协助工作机制等都与监管紧密相关。《进一步深化方案》还将《总体方案》的"监管和税收制度环境"拓展为"法制和政策保障"，确定上海自贸试验区有完备的法律和政策支撑，同时探索适应企业国际化发展需要的创新人才服务体系和国际人才流动通行制度，这对上海自贸试验区行稳致远有着重要的意义。

随着上海自贸试验区总体实现创建初衷，2017 年 3 月公布的《全面深化方案》提高了上海自贸试验区的政策实践目标，即"三区一堡"：加强改革系统集成，建设开放和创新融为一体的综合改革试验区；加强同国际通行规则相衔接，建立开放型经济体系的风险压力测试区；进一步转变政府职能，打造提升政府治理能力的先行区；创新合作发展模式，成为服务国家"一带一路"建设、推动市场主体走出去的桥头堡。可以认为，"三区一堡"的定位标志着上海自贸试验区进入 3.0 时代；上海自贸试验区建设到 2020 年的目标得以明确，核心是要坚持制度创新，加快构建开放型经济新体制；关键是要与国际投资和贸易通行规则相衔接，加快健全投资管理、贸易监管、金融服务、政府管理"四个体系"；最终是要瞄准国际最高标准、最好水平的上海自贸试验区，率先形成法治化、国际化、便利化的营商环境和公平、统一、高效的市场环境。

作为中国首个上海自贸试验区，上海没有经验可循，没有捷径可走，只有靠坚持解放思想、敢为人先。自建设之初，上海就明确自贸区不是"栽盆景",而是"种苗圃",是"制度创新的高地,不是政策优惠的洼地"。通过探索,上海自贸试验区在投资、贸易、金融和事中事后监管领域已形成一批基础性和核心制度创新,并在实践中不断成熟、定型。

首先是投资管理制度创新,确立以负面清单管理为核心的投资管理制度,形成与国际通行规则一致的市场准入方式。围绕加快推进外商投资管理体制改革的目标,上海自贸试验区自建立之初便实施负面清单管理模式,制定了负面清单,对负面清单之外的领域,取消外商投资项目和外商投资企业设立及变更审批,实施备案管理(国务院规定对国内投资项目保留核准的除外);将外商投资企业合同章程审批改为备案管理。在上海自贸试验区内试行注册资本认缴制、"先照后证"登记制、年度报告公示制等登记制度。对境外投资开办企业实行以备案制为主的管理方式,对境外投资一般项目实行备案制。伴随着改革逐步深入,上海先后推出实施了先照后证、注册资本认缴制、集中注册、简易注销等准入环节全流程的创新改革举措,强化了企业的市场投资主体地位。以制度创新为核心,通过破解经济转型中遇到的深层次和结构性问题,上海自贸试验区进一步激发了市场创新活力和经济发展动力。截至 2017 年底,上海自贸试验区新注册企业5.4 万家,月均注册企业数量是挂牌前的 5 倍,新注册企业活跃度超过 80%。在新设企业中,新设外商投资企业近 9900 家,占比已从挂牌初期的 5% 上升到目前的近 20%。

其次是贸易监管制度创新,确立符合国际高标准贸易便利化规则的贸易监管制度。为提升国际贸易便利度,上海率先探索国际贸易"单一窗口"改革。这一改革确立了符合高标准贸易便利化规则的贸易监管制度,形成具有国际竞争力的口岸监管服务模式,使企业申报数据项在船舶申报环节缩减 65%,在货物申报环节缩减 24%。先入区、后申报，批次进出、集中申报，"十检十放"等监管制度创新落地实施，关检联合查验作业在主要口岸现场全面实行，物流类企业货物状态分类监管实现常态运作，以信息化和智能化为核心的风险分析防控和无纸化通关服务系统不断完善。国际贸易"单一窗口"是改革系统集成的一个实例，功能模块从6个增加到9个，覆盖部门范围从2个扩展到23个，于2017年年底实现了与国家单一窗口标准版的全面融合对接。目前，上海口岸货物申报和船舶申报100%通过单一窗口办理，平台用户达5800多家，服务企业数超过24万家。围绕在全球竞争中加快总部集聚和离岸业务发展的目标，推动贸易转型升级。围绕推动航运中心功能和物流效率提升的目标，积极探索具有国际竞争力的航运发展制度和运作模式。

再次是金融制度创新，确立适应更加开放环境和有效防范风险的金融创新制度，形成与上海国际金融中心建设的联动机制。围绕金融为实体经济服务、促进贸易和投资便利化的目标，在风险可控前提下，创造条件，重点在资本项目可兑换、人民币跨境使用、利率市场化、外汇管理体制等方面进行先行先试。自由贸易账户的设立是上海自贸试验区的另一大创新。以此为基础，上海建立了资本项目可兑换、利率全面市场化、金融市场开放、人民币国际化等核心领域金融改革的制度安排和操作路径。到2017年底，上海自贸试验区累计已开立7.07万个自由贸易账户，业务涉及110多个国家和地区、2.7万家境内外企业。

复次是综合监管制度创新，确立以规范市场主体行为为重点的事中事后监管制度，形成透明高效的准入后全过程监管体系。围绕推动海关特殊监管区域转型升级的目标，上海自贸试验区创新监管模式，推进实施"一线放开"，坚决实施"二线安全高效管住"，进一步强化监管协作，促进上海自贸试验区内货物、服务等各类要素自由流动，形成公开、透明的管理制度。在上海自贸试验区建立信息共享和服务平台，加强社会信用体系建设，探索建立综合执法体系，鼓励社会组织参与市场监管，建立安全审查和反垄断审查协助机制以及综合评估机制，建立风险防范体系。

最后是政府职能转变创新，联动创新一级政府管理体制，实现符合市场经济规则的政府职能转变新突破。在开放和创新融为一体的综合改革试验区建设成效显现，开放型经济体系风险压力测试区建设取得重要进展的同时，上海政府的服务效能也得到了全面提升。在浦东新区，企业办事"一网通办"已实现327项涉企事项全覆盖，其中"不见面审批"173项，"只跑一次"154项，"一网通办"实际办理时间压缩85%。

上海自贸试验区5年来取得的重要实践进展，正快速转化为中国全面深化改革开放的具体成果。一方面，上海自贸试验区的诸多"先行先试"成果正形成可复制、可推广经验，被复制到全国。上海自贸试验区的改革创新理念和制度创新成果已分领域、分层次在全国复制推广。例如，开展"证照分离"改革试点的116项行政许可事项，在全国其他自贸试验区，以及有条件的国家自主创新示范区、国家高新技术产业开发区推广实施。又如，外商投资备案管理、企业准入"单一窗口"等投资领域改革措施在全国复制推广。先进区后报关、批次进出集中申报等贸易便利化改革措施，已在全国范围、长江流域范围、海关特殊监管区域等分阶段有序推广实施。跨境融资、利率市场化等金融制度创新改革成果分领域、分层次在全国复制推广。另一方面，上海自贸试验区正日益与上海地方经济发展战略相联系。自建立之初，上海自贸试验区就既承担国家的战略，又服务上海创新驱动和转型发展：上海自贸试验区是上海国际贸易中心建设的重要平台，是上海国际航运中心建设的重要载体，也是上海国际金融中心建设的重要突破口。上海自贸试验区建设要强化的"三个联动"，即强化区内改革与全市改革的联动，强化与上海国际金融中心建设的联动，强化与科技创新中心建设的联动。

第二节　自贸试验区建设与体系内创新型崛起

就上海自贸试验区而言，其核心功能在于两个方面：一是引领中国经济治理变革，推动中国的体系内崛起向更为深入的方向发展；二是创新公共产品供应，为以"一带一路"倡议为中心的中国公共产品提供坚实保障。

一　引领中国经济治理变革

中国于 1979 年启动的改革开放进程一方面基于当时的国际体系斗争，另一方面则契合了刚启动的当代全球化进程。随着冷战结束，全球统一市场得以可能；而 2008 年全球金融危机的爆发则标志着当代全球化进入一个新的阶段，既有全球化的获益格局正悄然发生变化，而这很大程度上正是当前美国、英国等的逆全球化浪潮的根本动因。但对中国而言，全球化是值得欢迎并应大力弘扬、利用其积极方面的，因为中国崛起恰好得益于全球化的发展。但随着全球化进入一个新的阶段，中国对改革开放进程也应与时俱进，全面深化改革开放正是这一背景下的战略选择，而上海自贸试验区则是其中的重要战略举措之一。可以认为，上海自贸试验区的建设，的确为中国全面开放贡献了力量，推动中国适应更高水平的全球化和对外开放。

2013 年上海自贸试验区创立时，恰好是中国经济发展进入"新常态"之际。自 1979 年改革开放以来，中国经济保持长达 30 余年的

69

高速增长。随着 2008 年全球金融危机后的政策调整,加上中国经济总量持续增大,经济增速逐渐放缓。以习近平同志为核心的党中央认识到,中国经济发展正进入一个新的阶段。2015 年中央经济工作会议强调,"认识新常态、适应新常态、引领新常态,是当前和今后一个时期我国经济发展的大逻辑。"2017 年 11 月,党的十九大报告也正确指出,我国经济已由高速增长转向高质量增长发展阶段,正处于转变发展方式、优化经济结构、转换增长动力的攻关期。建立现代经济体系是跨越关口的迫切要求和我国发展的战略目标。

"新常态"和中国经济发展进入新阶段,意味着政府在经济治理模式上需要充分权衡政策手段的可持续性和有效性问题,在治理方式上亦需进行相应的变革。当前发展阶段更注重可持续增长,提质增效、转型升级的要求尤为紧迫。这一新发展需求对传统政府参与经济治理能力和治理范式变革亦提出巨大挑战,政府和市场关系为此需要进行角色调整以实现政府的良性治理和经济社会资源配置优化。长期以来我国民众及地方政府对经济增长形成了错误的判断逻辑和固化的思维定式,将增长视为经济工作的最终归宿,颠倒了增长作为实现人民福利之手段与最终社会目标之间的联系。增长是短期内解决相关社会和经济问题的重要路径,而非社会主义制度下发展的最终归宿。前一轮高速增长作为一种实现总体收入和就业增长的重要手段,同时也是经济政策制定的直接目标。"新常态"发展阶段,政府经济行为应全面平衡各项经济指标,更多地考虑到民生、社会和发展的可持续性。经济政策制定需充分考虑到中国发展手段和目标之间的辩证关系,及时对增长相关问题的认识和政策选择做出相应调整。

伴随着中国经济发展进入新阶段,中国对外开放的整体战略也需要与时俱进地加以调整。中国改革开放头 30 年的成功,很大程度上得益于对上一轮全球化机遇的有效把握。因此,中国要提高崛起的创新和可持续，要从当前新一轮全球化中持续获益，就必须继续全面深化改革开放。这对上海来说意味着两方面的调整。

第一，上海对外开放应调整其地理关注重点，实现在欧美与其他世界甚至包括国内中西部地区的更好平衡。上一轮全球化是发达国家跨国公司对外投资驱动和新兴经济体对外贸易增长驱动下的经济增长过程。我国东部地区出口产业大规模发展是上一轮发达国家和地区跨国公司全球投资潮背景下，全球生产布局优化和价值链重组的结果。从出口导向型经济增长模式看，过去 30 年东部地区之所以能够实现经济的快速增长，主要得益于临近沿海港口的地理位置优势，通过便捷的港口运输联结发达国家市场。包括中国在内的东亚和东南亚国家的经济增长均受益于海运驱动的国际贸易的驱动，临海的地理位置是相关国家和地区参与国际分工的重要因素。改革开放以来，我国东部地区的发展主要受到来自欧美、日本和中国香港等发达国家和地区FDI 流入的影响。全球化新阶段，全球投资和贸易格局调整，中西部地区正迎来新一轮发展机遇。一方面，受生产成本上涨的影响，部分东部地区的生产开始转移至中西部地区，国际资本愈发倾向于流向中西部地区，以传统生产制造行业最为典型。中西部地区实际利用外资增速正逐步超越东部沿海省份。另一方面，货运方式变革正对传统贸易和投资空间布局产生更为深远的影响。可以认为，上海自贸试验区，不仅针对国际，更面向国内，进而在地理空间上也应寻求更为合理的平衡。

第二，适应国际社会可持续发展的总体趋势，调整上海对外开放的领域平衡方式。中国改革开放头 30 年的发展很大程度上是一种粗放型的、效仿型的发展，产生了大量难以持续的环境甚至社会后果。而自 2010 年以来，国际社会在讨论联合国 2000 年通过的联合国千年发展目标的后续规划的过程中，逐渐形成了一套可持续发展目标，并被塑造成联合国 2030 年可持续发展议程。2015 年 9 月,习近平主席出席联合国峰会,承诺中国也将成为全球可持续发展的重要贡献力量。2017 年 11 月,党的十九大报告提出,创新是建设现代化经济体系的战略支撑。强调以市场为主体、市场为导向,瞄准世界科技前沿,强化基础研究。中国提出转型发展战略由来已久,但鉴于发展的阶段性特征,在进入劳动力拐点之前的大部分时间里,中国粗放型增长更具竞争优势。即便政府提出转型发展战略,但市场参与主体由于缺乏有效的约束,无法进行普遍性的生产调整。但随着传统竞争优势的逐步减弱,市场导向的创新发展环境逐步形成,创新对增长的贡献日益显著,企业的创新意识和创新动力均显著提升。上海自贸试验区自建立之初,便强调制度创新的核心地位,只有通过大量的制度创新,才可能为技术创新、可持续发展提供更大的空间。

作为国家全面深化改革开放的战略举措之一,上海自贸试验区的成功实践的确推动了中国的全面开放,为中国可持续崛起奠定了更为扎实的经济基础,其中最为重要的成果包括两个方面:一是负面清单制度,二是全国范围可复制、可推广经验。

负面清单制度是上海自贸试验区建立之初便启动探索的。为确保负面清单制度的实施,在上海自贸试验区建立前,经全国人民代表大会常务委员会授权,暂时调整《中华人民共和国外资企业法》、《中华人民共和国中外合资经营企业法》和《中华人民共和国中外合作经营企业法》规定的有关行政审批,自 2013 年 10 月 1 日起在 3 年内试行;上海也相应地调整了地方立法,确保负面清单制度的运转。随着上海自贸试验区的启动,上海在国家发改委、商务部的指导下,依据国家法律法规和《外商投资产业指导目录》制定了首个负面清单目录。该清单依照国民经济行业分类制定,对国民经济行业分类中除社会组织和国际组织外的 18 个门类,89 个大类,419 个中类,1069

个小类具体编写；负面清单目录共计 190 条，占 1069 类产业小类的 17.8%。为切实落实上海自贸试验区建设、推动国家全面深化改革，上海于 2013 年 9 月 29 日公布了六项管理办法，包括《中国（上海）自由贸易试验区管理办法》《中国（上海）自由贸易试验区外商投资准入特别管理措施（负面清单）2013 年》《中国（上海）自由贸易试验区外商投资项目备案管理办法》《中国（上海）自由贸易试验区境外投资项目备案管理办法》《中国（上海）自由贸易试验区外商投资企业备案管理办法》《中国（上海）自由贸易试验区境外投资开办企业备案管理办法》等，使负面清单管理制度正式被纳入中国经济体系。

作为上海自贸试验区投资管理制度的一大创新，2013 版"负面清单"的亮相，无疑释放出中国将进一步加大开放、接轨国际规则的信号。根据上海自贸试验区的总体方案，上海在金融服务、航运服务、商贸服务、专业服务、文化服务以及社会服务等六大领域实施了 23 条开放措施，暂停或取消投资者资质要求、股比限制、经营范围等准入限制措施，营造有利于各类投资者平等准入的市场环境。时任商务部新闻发言人沈丹阳在 2013 年 10 月 17 日回应"上海自贸试验区开放程度不如预期"的质疑时表示，负面清单开放程度之高前所未有，涉及国民经济行业分类的大多数领域，对外商投资准入是充分开放的。上海自贸试验区选择扩大对外开放的领域包括金融服务、航运服务、商贸服务、专业服务、文化服务以及社会服务等领域，对这些开放的领域，除银行业机构、信息通信等列明服务之外，暂停或取消投资者资质要求、股比限制、经营范围限制等准入限制措施。"而且这个负面清单将会根据外商投资法律法规和自贸试验区发展需要适时进行调整，可以说这样的开放程度已经是很高的，前所未有。"沈丹阳指出，上海自贸试验区实施外商投资负面清单管理试点，是我国改革外商投资管理体制工作迈出的实质性一步。因此，这份负面清单列出来的，不仅是不得自动准入的投资领域目录，更是开放思路的一种跃进。①

如同一开始所承诺的，随着试验的深入，负面清单目录持续缩小，且逐渐从上海自贸试验区拓展到全国。就在 2013 版负面清单亮相后不久，国内外开始讨论对其修订问题。在上海自贸试验区建立不到半年时，上海便公布了修订负面清单或 2014 版负面清单的三个原则，即一是着眼于开放性经济建设，率先推动上海自贸试验区服务业领域开放；二是参照国际通行规则，通过负面清单修订，提升政府管理的透明度和开放度；三是充分考虑上海自贸试验区现有产业基础和未来经济定位。② 2014 年 6 月，2014 版负面清单正式公布。与 2013 年负面清单相比，2014 年负面清单主要有三个特点。一是开放度进一步提高。从开放的角度看，取消了 14 条管理措施，放宽了 19 条管理措施，与 2013 年相比，进一步开放的比率达 17.4%。二是透明度进一步增加。2013 年负面清单中无具体限制条件的 55 条管理措施大幅缩减为 25 条，并明确了部分无具体限制条件的管理措施。例如：明确了投资直销的条件，即投资者须具有 3 年以上在中国境外从事直销活动的经验，且公司实缴注册资本不低于人民币 8000 万元；明确了投资基础电信业务的条件，即外资比例不得超过 49% 等。三是与国际通行规则进一步衔接。根据国际通行规则，对 2013 年负面清单

① 《商务部回应上海自贸试验区开放程度：充分开放前所未有》，中国上海门户网站，2013 年 10 月 18 日，http：//www. china‐shftz. gov. cn/NewsDetail. aspx? NID = 389d8d05 ‐ 5a03 ‐ 433b ‐ 9a46 ‐ 9c8a558aa6b8&CID = f672f518 ‐ 99a3 ‐ 4789 ‐ 8964 ‐ 1335104906b4&MenuType = ［object%20Object］&navType = 0。

② 《中国（上海）自贸试验区负面清单修订将遵循三个原则开展》，中国上海门户网站，2014 年 2 月 13 日，http：//www. china‐shftz. gov. cn/NewsDetail. aspx? NID = d66dce17 ‐ 69ef ‐ 473d ‐ 946c ‐ a50330e47f2f&CID = f672f518 ‐ 99a3 ‐ 4789 ‐ 8964 ‐ 1335104906b4&MenuType = ［object%20Object］&navType = 0。

中 14 条对内外资均有限制或禁止要求的管理措施，不再列入负面清单。主要涉及高耗能、高污染的制造业领域等，如：限制投资联苯胺，颜料，涂料生产，限制投资电解铝、铜、铅、锌等有色金属冶炼等。[①]

2015 年 4 月，国务院办公厅印发《自由贸易试验区外商投资准入特别管理措施（负面清单）》和《自由贸易试验区外商投资国家安全审查试行办法》，决定在上海、广东、天津、福建 4 个自由贸易试验区实施，标志着负面清单管理模式得到全面推广，对中国的全面开放将发挥更大作用。2015 版负面清单列明了不符合国民待遇等原则的外商投资准入特别管理措施，共计 50 个条目、122 项。主要特点包括以下几点。一是提高开放水平。负面清单之外，原则上对外开放。相对于以往一条条的开放措施，负面清单实现了更大程度的开放。与现行外资政策相比，自由贸易试验区负面清单在服务业、制造业领域进一步减少了外资准入限制。二是转变管理方式。负面清单之外的领域，内外资统一管理，外商投资项目和企业设立基本实行备案制，切实提高投资便利化水平，加快完善现代市场体系。三是完善准入体系。自由贸易试验区负面清单的制定，系统梳理了涉及外资的各类政策法规，凡是涉及外资限制的规定，统一在清单中列明，并且清单中的特别管理措施涉及国民待遇、高管要求、业绩要求等方面，为投资者提供了一份全面的准入指南，大大增强了外资政策的透明度。同 2014 版上海自贸试验区负面清单相比，这次出台的自由贸易试验区负面清单更加全面，与国际规则进一步接轨，同时取消了 60 多项

---

① 《中国（上海）自由贸易试验区 2014 版负面清单情况说明会举行》，中国上海门户网站，2014 年 7 月 1 日，http：//www. china - shftz. gov. cn/NewsDetail. aspx？NID = aac66925 - d354 - 4a25 - 923c - 330d3029a167&CID = f672f518 - 99a3 - 4789 - 8964 - 1335104906b4&MenuType = ［object%20Object］ &navType = 0。

限制，进一步提高了开放程度。[①] 2017 年 6 月，新版负面清单出台。2017 版负面清单依据《国民经济行业分类》（GB/T 4754 – 2011） 被划分为 15 个门类、40 个条目、95 项特别管理措施，与上一版相比，减少了 10 个条目、27 项措施。[②] 2018 年 6 月 30 日，国家发展改革委、商务部 30 日发布了《自由贸易试验区外商投资准入特别管理措施（负面清单）（2018 年版）》。修订后，自由贸易试验区负面清单由 2017 版的 95 条措施减至 2018 版的 45 条措施。这样，到上海自贸试验区建立 5 周年之际，自贸试验区负面清单已发布 5 个版本，特别管理措施数量下降 3/4，适用范围从 1 个扩大到 11 个，充分说明上海自贸试验区对全面开放的重大贡献。

需要指出的是，上海自贸试验区的大量制度创新，也为全面开放做出了重要贡献，特别是其可复制、可推广模式。其中最为重要的可复制、可推广经验是自贸试验区本身的推广。2013 年时，上海自贸试验区仅 28 平方公里，到 2015 年扩展到 120 平方公里。2013 年，中国仅建立了一个探索性的上海自贸试验区；2014 年底，国务院决定，依托现有新区、园区，在广东、天津、福建特定区域再设三个自由贸易园区，以上海自贸试验区试点内容为主体，结合地方特点，充实新的试点内容；2016 年 8 月，党中央、国务院决定，在辽宁省、浙江省、河南省、湖北省、重庆市、四川省、陕西省新设立 7 个自贸区。至此，覆盖全国的"1 + 3 + 7"共计 11 个自贸试验区的"雁阵"格

---

① 《国办印发自贸试验区负面清单和外商投资国家安全审查试行办法 负面清单取消 60 多项限制》，《人民日报》2015 年 4 月 21 日，http：//www. china – shftz. gov. cn/NewsDetail. aspx? NID =45bd8cb3 – be45 – 431b – 80e9 – efb9e642e955&CID = f672f518 – 99a3 – 4789 – 8964 – 1335104906b4&MenuType ＝ ［object％20Object］ &navType =0。
② 《自由贸易试验区外商投资准入特别管理措施（负面清单）（2017 年版）》，国务院办公厅，2017 年 6 月 6 日，http：//www. china – shftz. gov. cn/NewsDetail. aspx? NID = 1cfec7f1 – e3ab – 423e – 932e – 85a826193e0b&CID = 16a79677 – 7b73 – 4570 – a610 – 761ad7cf52c3&MenuType ＝ ［object％20Object］ &navType =0。

局得以形成。

围绕打造可复制、可推广的"制度高地"，而不是优惠独享的"政策洼地"的核心任务，上海自贸试验区先行先试，为新一轮全国性全面深化改革提供了巨大的制度示范效应。截至 2016 年底的 3 年多时间里，上海自贸试验区已向区外推广 261 项成功经验。其中，国务院集中推广 61 项，各部门自主推广 53 项，包括投资管理领域 46 项、贸易便利化领域 42 项、金融领域 16 项和事中事后监管措施 10 项；上海等 4 省市自行推广 147 项。[①]

二　探索国际公共产品供应新路径

随着中国快速崛起，中国理应承担更多的国际责任，提供更多国际公共产品。上海自贸试验区既承担国家战略任务，也服务上海地方经济社会发展。其国内公共产品供应的使命相当明确地体现在其"先行先试"并提供可复制、可推广经验上。迄今为止，国内对上海自贸试验区的国际公共产品供应功能的探讨相对缺乏，很大程度上源于对上海自贸区功能的简单化理解；而这恰好是党中央对上海"四个新作为"要求中的重要方面。上海探索国际公共产品供应新路径，最为主要地体现在两个方面，一是如何提高国际公共产品供应的可持续性，二是如何服务好"一带一路"建设。

上海自贸试验区的国际公共产品供应功能，首先在于其对提升一国中低端经济的产业链、价值链地位的重要作用，进而对国家发展的经济基础夯实、可持续性提升方面有着重要意义，而这对有供应国际

---

① 《上海自贸试验区建设三年间　拓路勇做先行者　埋首精耕试验田》，上海自贸试验区网站，2017 年 1 月 16 日，http：//www.china - shftz. gov. cn/NewsDetail. aspx？NID = ba2b394f - b63f - 49df - b76c - e448b84d513f&CID = f672f518 - 99a3 - 4789 - 8964 - 1335104906b4&MenuType = ［object% 20Object］ &navType =0。

公共产品责任的大国而言，意味着其公共产品供应能力的提升；换句话说，上海自贸区建设对中国提高国际公共产品的可持续性有重要意义。

根据经典界定，公共产品是指"任何人对该产品的消费都不影响其他人对该产品进行同等消费的产品",① 它具有两个基本特征，即非排他性和非竞争性。非排他性是指消费的开放性和平等性，即任一个体在消费此产品时无法排除其他个体对此产品的同时消费。非竞争性有两层含义，一是指边际生产成本为零，即增加一个公共消费者，该产品的供应方并不增加成本；二是指边际拥挤成本为零，即在公共产品的消费中每个消费者的消费都不影响其他消费者的消费质量。②

需要指出的是，有关公共产品本身的研究很大程度上由于其"公共性"而被停止了，更多的研究都转而聚焦公共产品的供应上，特别是"免费搭车"或供应不足的问题。③ 但是否因其公共性，便无必要进一步探讨公共产品的准确性质或内部差异？答案或许是否定的。的确，尽管不令人满意，但仍有少量的此类努力。迄今为止，对公共产品的区分主要有两个标准。一是其覆盖范围或受益范围。从地理上看，可将公共产品按其覆盖地理区域的大小区分为全球性和区域性公共产品。④ 而从非地理的成员覆盖范围看，则可将公共产品区分

---

① Paul A. Samuelson, "The Pure Theory of Public Expenditure," *Review of Economics and Statistic*, Vol. 36, No. 4, 1954, p. 387.

② Paul A. Samuelson, "Aspects of Public Expenditure Theories," *The Review of Economics and Statistics*, Vol. 40, No. 4, 1958, p. 334.

③ 有关公共产品供应不足的最全面讨论参见〔美〕英吉·考尔《全球化之道——全球公共产品的提供与管理》，张春波、高静译，人民出版社，2006；Inge Kaul, "Global Public Goods: Explaining Their Underprovision," *Journal of International Economic Law*, Vol. 15, No. 3, 2012, pp. 729 - 750。

④ 有关区域性公共产品的讨论，可参见樊勇明、钱亚平、饶芸燕《区域国际公共产品与东亚合作》，上海人民出版社，2014。

为对所有成员开放和仅对部分成员开放，前者可称作开放性公共产品，后者是封闭性或俱乐部性公共产品——往往被认为是准公共产品。① 二是公共产品的功能领域，主要可区分为经济类、安全类、思想类、文化类等公共产品。② 无论哪一种区分方法，事实上都凸显了公共产品的公共性差异，即无论是从地理、成员还是从功能领域看，不同的公共产品的覆盖范围可能存在重大差异。因此，这两种区分方法所识别出的，更多不是公共产品本身的类型差异，而是公共产品与准公共产品、私人产品的差异。③

随着中国的快速崛起，国际社会对中国供应国际公共产品的呼吁持续上升。但一个关键问题在于，中国所供应的公共产品是否应当是、是否会是以西方为主体的国际社会所期待的？如果不是，中国所供应的国际公共产品有何差异性特征？就西方对外援助几十年的教训特别是其有效性较低而言，中国所供应的国际公共产品必须具有较高的有效性，换句话说，应当具有更高的可持续性。既有理论主要聚焦供应不足或免费搭车问题，又很大程度上反映出公共产品供应本身面临的一个重大挑战，即公共产品供应的可持续性问题。迄今为止，对公共产品供应不足的讨论大多针对免费搭车问题导致的供应方供应意愿下降，对于因消费之外原因如自然、天气、意外等导致的公共产品损耗及由此而来的补充公共产品总量的需求，几乎少有论及。例如，街边路灯系统既可能随着使用时间增加而破损，也可能因风吹日晒而损坏，因此需要不间断维护。公共产品的此类损耗很大程度上可能并非由消费方增加所导致的，但的确暴露出其可持续性所面临的挑战。

---

① Patrick macNutt, "Public Goods and Club Goods," *Encyclopedia of Law & Economics*, *Volume I. The History and Methodology of Law and Economics*, Cheltenham: Edward Elgar and the University of Ghent, 2000, pp. 927 – 949.

② 张春：《建构中国特色的国际道德价值观体系》，《社会科学》2014 年第 9 期。

③ James M. Buchanan, "An Economic Theory of Clubs," *Economics*, No. 32, 1965.

因此，应从可持续性角度，重新思考公共产品的内部差异。这一视角将研究聚焦重新拉回同一等级的公共产品/准公共产品上，而非聚焦公共产品与准公共产品的差异，从而使分析具有一致性。同时，这也有利于深化公共产品理论，特别是从公共产品的损耗角度思考公共产品的供应困难。但需要指出的是，公共产品的可持续供应，事实上涉及公共产品的维护、更新问题，即是否一项公共产品具备启动后即无须外部净输入的自我维护、自我更新能力。因此，就概念的准确性而言，这事实上是公共产品的可持续性问题：如果一项公共产品无论是在其初始供应还是后续供应中，均需要外部净投入，并不具备自我维护与自我更新能力，那么它就是不可持续的，特别是从供应方的供应能力角度看；如果一项公共产品仅需初始投入，在启动后便具备自我维护和自我更新能力，那么它就是可持续的。

判断一项公共产品的可持续性，即自我维护与自我更新能力，大致包括四个层次。

一是公共产品本身的可持续性。以路灯为例，可以假设两种类型，即普通电能照明的路灯和依靠太阳能、风能等电力组合的新能源路灯。两者都提供路灯照明这一公共产品，但前者的持续照明需要外部投入，而后者则很大程度上可以实现自我循环或具备可持续性。

二是公共产品载体的可持续性。仍以前述两种路灯为例，其灯杆、灯泡等都存在因自然、天气及意外因素而损耗的现象，因此都需要外部投入以便维护，因此其可持续性很低；但如果有新材料得以发明，如灯杆可通过吸收空气粉尘而加固自身，则其可持续性将明显提高。

三是公共产品的财务可持续性，即其他经济、社会系统的融合度。可以比较路灯系统与道路系统，由于后者可通过向通行车辆收费等手段实现自身的收支平衡，因此具备相当的可持续性；而路灯系统则缺乏与其他经济、社会系统相互融合的手段，因此对公共产品供应方而言是长期净支出，因此其可持续性显然不如道路系统高。如果一项公共产品并不具备其自身及其载体的可持续性，但却具备财务可持续性，那么其可持续性也是能够得到保证的。

四是公共产品的社会经济可持续性，即在财务可持续性之外的系统性溢出或社会经济影响，如对社会福利、健康卫生、生活便利、精神文明等的影响。如果一项公共产品能够产生相关的积极社会经济影响，而非需要公共产品供应方持续支出以消除其消极影响，便可认为它存在可持续性。例如，核电站为社会提供电力服务这一公共产品，其电力公共产品、核电站自身运营及其财务可持续性总体上不成问题，但往往存在核辐射问题或核垃圾处理困难等，需要公共产品供应方持续注资，因此其社会经济可持续性也存在问题。相比之下，道路、桥梁等基础设施则可能通过将农村与城市、经济落后地区与发达地区相互联系，从而实现联动发展，具备较高的社会经济可持续性。

如前所述，上海自贸试验区建立 5 年来，在一系列领域实现了重大创新，特别是提供了大量可复制、可推广的经验，不仅推动了上海自贸试验区的范围扩大，更为全国"1＋3＋7"的自贸试验区体系贡献了重要力量，所有这些都提高了中国供应国际公共产品的能力，进而也提高了中国所供应的国际公共产品的可持续性。就直接与国际公共产品供应的关系而言，上海自贸试验区推动投资负面清单制度的发展和完善，对中国境外投资战略和政策的推动，对外国企业对华开展贸易等均提供了更大便利，大大提升了上海的营商环境，大大便利了中国企业到他国投资等，也都使中国所供应的国际公共产品的可持续性大大提高。

上海作为服务国家"一带一路"建设、推动市场主体走出去的桥头堡，是间接服务于中国供应国际公共产品的最大战略努力。

与上海自贸试验区建设启动同步，中国国家主席习近平先后在哈萨克斯坦和印度尼西亚提出"丝绸之路经济带"战略倡议和"21世纪海上丝绸之路"的战略提议，即"一带一路"倡议。需要指出的是，两者在初期的相互契合度并不大，但随着两者的同步发展，2017年发布的《全面深化方案》将上海自贸试验区定位为服务国家"一带一路"建设、推动市场主体走出去的桥头堡。这一战略定位，事实上明确了中短期内上海在中国的国际公共产品供应体系中的基本定位。

"一带一路"倡议是中国在国际社会面临重大的发展挑战背景下提出的，旨在推动全球实现强劲、可持续和平衡增长的宏大目标。总体而言，"一带一路"倡议的目标是促进经济要素在区域内的自由有序流动、资源高效配置和市场深度融合，推动沿线各国实现经济政策协调，在此基础上开展更大范围、更高水平、更深层次的区域合作，共同打造开放、包容、均衡、普惠的区域经济合作架构。从空间范围看，"一带一路"倡议覆盖众多国家和地区，地域范围广阔，东连亚太经济圈，西连欧洲经济圈，其人口占世界人口的60%；从使命范畴看，"一带一路"倡议的主要目标和任务是"政策沟通、道路联通、贸易畅通、货币流通、民心相通"（简称"五通"），涉及国家政策、基础设施、贸易投资、金融体系和风俗文化等诸多方面。

尽管可能存在其他如政治、安全、文化等的溢出效应，"一带一路"倡议本质上是一项兼顾国内和国际的发展议程。就其国际意义方面，"一带一路"倡议具有明显的国际公共产品意义。基于前述的公共产品可持续性理论，"一带一路"倡议的确是一种新型的公共产品。首先，就公共产品本身的可持续性而言，"一带一路"的核心工程是道路、桥梁、港口等基础设施，其维护、修复或更新需要外部投入，因此其可再生性很大程度上依赖于其财务可持续性。

其次，公共产品载体的可持续性，"一带一路"倡议是由中国发起的，由中国与沿线国家共商、共建，因此只要中国与沿线国家持续发展并为这一倡议注入政治意愿，其可再生性应能得到保证。再次，公共产品的财务可持续性，这将得到两个方面的保障。一方面是作为"一带一路"倡议发起国的中国已经倡导建立了一系列的融资机构，另一方面则是"一带一路"的核心工程，即基础设施自身的财务可持续性很大程度上是有保障的，因此"一带一路"公共产品的财务可持续性也相对较高。最后，公共产品的社会经济可持续性，这是"一带一路"倡议最为突出的贡献，应当在其理论体系中加以凸显，即由于其广泛的社会经济正面溢出，"一带一路"倡议将促进邓小平"先富带动后富，最终实现共同富裕"理念在国内中西部地区的深化，同时也可能在沿线地区得以再现，从而实现国内、国际的可再生。

自明确其桥头堡定位后，上海更加有意识地服务于"一带一路"建设，促进中国国际公共产品供应的创新探索。一方面，上海自贸试验区正在致力于打造成为"一带一路"建设的投融资服务中心，尤其利用相对完备的金融市场，推动直接融资的发展。除加强银行信贷等传统金融对"一带一路"建设中的企业融资支持之外，上海将积极发挥金融要素市场服务"一带一路"建设的作用，拓展实体企业融资途径，推动"一带一路"建设的资金融通。一些金融基础设施也正在从上海出发，与"一带一路"沿线国家实施联通，以保证金融市场高效运行和整体稳定。这些金融基础设施主要包括支付结算体系、法律体系等金融运行的监管规则和制度安排。目前，总部位于上海陆家嘴的银联国际已经在"一带一路"相关50多个市场开拓业务。同时，上海自贸试验区也正探索建立"走出去"的金融服务跨部门协调机制，对真正服务"一带一路"建设的实体企业建立绿色通道，支持企业"走出去"。① 另一方面，上海自贸试验区也在推动重点领域设立或加强实体运作的产业服务平台，包括建设全球大宗商品交易服务平台、融资（金融）租赁服务促进平台、生物医药跨境研发促进平台、国际创新资源共享平台、"一带一路"贸易促进技术支持平台、跨境文化贸易服务平台等。

第三节　自贸试验区建设的新作为

创建 5 年来，上海自贸试验区取得了重大进展，不仅实现了园区面积扩大，还推动了全国自贸试验区体系的形成，更为中国特色的国际公共产品供应探索了新的路径和方式。但随着中国快速崛起特别是进入 2018 年以来，中国崛起环境正发生重大变化：一方面是中国经济发展正经历从量到质的重要转型，另一方面则是国际社会为管理中国崛起而由推崇自由贸易转向强调公平贸易。这两个方面的结合，事实上正要求上海自贸试验区探索一条中国参与国际经济的数量与质量兼顾的战略方法，在确保数量稳中有升的同时，大幅提升中国参与国际经济的质量，既有效应对国内经济从快速增长到高质量发展的转型，又有效应对美欧国际社会对公平、对等贸易的压力。由此而来，上海自贸试验区的新作为，应当通过三个方面加以实现，即对接全球可持续发展潮流、服务国家可持续崛起战略、贡献上海卓越全球城市建设。

---

① 《服务"一带一路"上海自贸区　发展直接融资》，上海自贸试验区网站，2017 年 5 月 15 日，http：//www. china – shftz. gov. cn/NewsDetail. aspx？NID = 927fe83d – 4d7f – 4909 – bf64 – a3cf54fdbb6d&CID = 16a79677 – 7b73 – 4570 – a610 – 761ad7cf52c3&MenuType = ［object% 20Object］&navType =0。

一　对接全球可持续发展潮流

中国崛起的创新性、上海全球城市的卓越性，一个根本性的指标是在全球发展中的影响或贡献。改革开放头 40 年，中国经济发展更多是粗放式的且可持续性不够，进而对世界经济、全球发展的贡献很大程度上是数量性的，缺乏质量型贡献。上海自贸试验区作为"先行先试"重要举措，就是要设法提升中国对全球发展的贡献质量，因此首先需要积极、主动对接以联合国 2030 年可持续发展议程为核心的全球可持续发展议程。

第二次世界大战结束后特别是各殖民地国家陆续获得独立以后，为推动全球发展特别是落后发展中国家的发展，国际社会逐渐形成了一种全球发展战略规划的传统。从联合国四个"发展十年"规划，到 2000 年出台的联合国千年发展目标，再到 2015 年 9 月通过的联合国 2030 年可持续发展议程，以联合国为核心的国际社会在探索全球发展道路上可谓努力良多。随着联合国 2030 年议程的通过，以可持续发展为核心的全球发展议程得以形成，并成为引领国际发展的主导议程。

联合国 2030 年议程共计有 17 项目标（goals）、169 项具体目标（targets），相应的指标基本确定为 244 个。这些目标试图巩固千年发展目标，完成千年发展目标尚未完成的事业。它们要让所有人享有人权，实现性别平等，增强所有妇女和女童的权能。它们是整体的，不可分割的，并兼顾了可持续发展的三个方面：经济、社会和环境。[①]正如联合国所声称的，可持续发展目标和具体目标是一个整体，不可

---

① 联合国：《变革我们的世界：2030 年可持续发展议程》，2015 年 9 月 25 日大会决议，联合国文件，A/RES/70/1，2015 年 10 月 21 日，第 1 页。

分割，是全球性和普遍适用的，兼顾各国的国情、能力和发展水平，并尊重各国的政策和优先事项。具体目标是人们渴望达到的全球性目标，由各国政府根据国际社会的总目标，兼顾本国国情制定。各国政府还将决定如何把这些激励人心的全球目标列入本国的规划工作、政策和战略。必须认识到，可持续发展与目前在经济、社会和环境领域中开展的其他相关工作相互关联。①

2030年议程的17项目标又被称作"可持续发展目标"（SDGs），从内容上可以分为四组：第1~7项目标涉及消除贫困，消除饥饿，保障受教育权利，促进性别平等，享有水与环境卫生，能源服务等，主要体现保障人自身发展的基本需求，特别是弱势群体的基本权利；第8~11项目标涉及可持续经济增长和就业，可持续工业化和创新，减少不平等，建设可持续城市和人类住区，可持续的消费和生产模式等，重点在促进可持续的经济增长和社会包容；第13~15项目标涉及应对气候变化、保护海洋资源和陆地生态系统，强调环境可持续性；第16~17项涉及制度建设、执行手段和伙伴关系，意在通过国际合作加强各项目标的落实（见表2-1）。

如果从2030年议程与千年发展目标的相互关联看，又可将2030年议程目标分为三类。

一是继续推进千年发展目标中未完成目标的相关目标，如消除贫困、教育、卫生等。当然，2030年议程对所有未完成的千年发展目标都有所升级，提高了门槛。例如，千年发展目标的减贫目标是"1990年至2015年间，将每日收入低于1.25美元的人口比例减半"（具体目标1.A），2030年议程将其升级为"到2030年，在世界所有

---

① 联合国：《变革我们的世界：2030年可持续发展议程》，2015年9月25日大会决议，联合国文件，A/RES/70/1，2015年10月21日，第12页。

表 2 - 1 2030 年议程目标结构

序号	目标	具体目标数量
1	在全世界消除一切形式的贫穷	7
2	消除饥饿，实现粮食安全，改善营养和促进可持续农业	8
3	让不同年龄段的所有人都过上健康的生活，促进他们的安康	13
4	提供包容和公平的优质教育，让全民终身享有学习机会	10
5	实现性别平等，增强所有妇女和女孩的权能	9
6	为所有人提供水和环境卫生并对其进行可持续管理	8
7	每个人都能获得价廉、可靠和可持续的现代化能源	5
8	促进持久、包容性的可持续经济增长，促进充分的生产性就业，促进人人有体面工作	12
9	建造有抵御灾害能力的基础设施，促进包容性的可持续工业化，推动创新	8
10	减少国家内部和国家之间的不平等	10
11	建设包容、安全、有抵御灾害能力的可持续城市和人类住区	10
12	采用可持续的消费和生产模式	11
13	采取紧急行动应对气候变化及其影响	5
14	养护与可持续利用海洋和海洋资源以促进可持续发展	10
15	保护、恢复和促进可持续利用陆地生态系统，可持续地管理森林，防治荒漠化，制止和扭转土地退化，阻止生物多样性的丧失	12
16	创建和平、包容的社会以促进可持续发展，让所有人都能诉诸司法，在各级建立有效、负责和包容的机构	12
17	加强执行手段，恢复可持续发展全球伙伴关系的活力	19
小计		169

资料来源：联合国：《变革我们的世界：2030 年可持续发展议程》，2015 年 9 月 25 日大会决议，联合国文件，A/RES/70/1，2015 年 10 月 21 日。

人口中消除极端贫穷，目前的衡量标准是每人每日生活费不足 1.25 美元"（具体目标 1.1）；又如，千年发展目标规定"1990 年至 2015 年，将五岁以下死亡率降低三分之二"（具体目标 4.A），而 2030 年议程则期望"到 2030 年，消除新生儿和 5 岁以下儿童可预防的死亡率"（具体目标 3.2）；再如，千年发展目标要求"1990 年至 2015

年,产妇死亡率降低四分之三"(具体目标5.A),而2030年议程则期待"到2030年,将全球孕产妇死亡率减至每10万活产少于70人"(具体目标3.1);等等。

二是新增的大量可持续发展目标。在2030年议程的制定过程中,国际社会面临三方面的冲击:国际恐怖主义的泛滥,全球金融危机的爆发,以气候变化、埃博拉等为代表的全球性问题滋生。这三大挑战要求新的国际发展议程提出新的发展观和国际发展合作观,实现国际发展合作的可持续性。这样,可持续发展问题成为2030年议程的核心关注。为此,2030年议程将包容性发展、气候变化、可持续消费与生产、海洋环境保护、生态系统保护、和平与包容社会等都纳入议程之中。2030年议程对前述未完成的千年发展目标的升级努力,也与可持续性要求是一脉相承的。

三是与执行手段、全球伙伴关系的相关目标。与千年发展目标相比,2030年议程相当宏伟,这就要求有更为全面和深入的执行手段及全球伙伴关系的支持。效仿千年发展目标,2030年议程也将相关手段和伙伴关系单独列出,其中第17项目标名为"加强实施手段、重振可持续发展全球伙伴关系",下有19个具体目标,全部指向全球伙伴关系建设。在前16项目标中,也列出了共计43项执行手段。换句话说,2030年议程的具体目标中有62项涉及执行手段和全球伙伴关系。

联合国2030年议程代表着全球可持续发展的根本潮流,中国实现可持续崛起、上海成功创建卓越的全球城市,必须要在这一潮流中居于领先地位。由此而来,上海自贸试验区的新作为,首先必须积极主动对接联合国2030年可持续发展议程,将可持续发展作为上海自贸试验区的核心理念加以追求,并积极实现制度创新,真正实现可持续。

一方面,在制定上海自贸试验区单一年度和多年度发展战略与工作规划时，应参照联合国 2030 年议程的指标体系及 2016 年 10 月公布的《中国落实 2030 年可持续发展议程国别方案》，设立较为具体的可衡量的自贸试验区工作目标与指标。可以认为，《中国落实 2030 年可持续发展议程国别方案》是中国主动对接联合国 2030 年议程的纲领性文件，将联合国 2030 年议程与中国的中长期发展规划特别是"十三五规划"有机结合，形成了诸多明确的发展目标和指标。上海自贸试验区对接联合国 2030 年议程，提升自贸试验区可持续性，应首先结合这一国别方案予以具体展开。

另一方面，上海自贸试验区也承担探索中国特色国际公共产品供应路径和方法的战略任务，因此也应积极参与联合国 2030 年议程的全球伙伴关系建构之中。上海自贸试验区更多聚焦经济发展的中低端领域，在 2030 年议程全球伙伴关系中更多体现为贸易和投资，因此积极参与中国对外发展合作，是上海自贸试验区未来实现新作为的重要方向。例如，上海自贸试验区可有意识引导中国对外投资流向如消除贫困、促进基础设施建设、技术开发等领域；上海自贸试验区可为国家参与新的全球性贸易安排贡献新的智慧，特别是对发展中国家的差别待遇安排、促贸援助等（见表 2－2）。

表 2－2　上海自贸区参与 2030 年议程全球伙伴关系的潜在领域

1.b 根据旨在帮助穷人和顾及性别平等问题的发展战略，在国家、区域和国际各级制定合理的政策框架,协助加快对消除贫困行动的投资
8.a 增加为发展中国家,特别是最不发达国家提供的促贸援助支持,包括通过《向最不发达国家提供贸易方面技术援助的强化综合框架》
9.1 发展优质、可靠、可持续和有韧性的基础设施,包括区域和跨界基础设施,以支持经济发展和促进人类福祉,重点做到让所有人都可以公平地使用负担得起的基础设施
9.a 向非洲国家、最不发达国家、内陆发展中国家和小岛屿发展中国家提供更多的财政、技术和技能支持,促进发展中国家发展有韧性的可持续的基础设施

9. b 支持发展中国家的国内技术开发、研究与创新,包括提供有利的政策环境,以便除其他外实现工业多样化,增加商品价值

9. c 大幅增加信息和通信技术的普及度,力争最不发达国家到 2020 年能以低廉价格为所有人提供因特网服务

10.5 更好地监管和监测全球金融市场和金融机构,并加强这些监管制度的执行

10. a 根据世界贸易组织的各项协议,执行发展中国家,特别是最不发达国家享有特殊和差别待遇的原则

12.1 所有国家在发达国家带领下采取行动,执行《可持续消费和生产模式十年方案框架》,同时考虑到发展中国家的发展水平和能力

17.4 进行政策协调,酌情推动债务融资、债务减免和债务重组,以帮助发展中国家实现长期债务的可持续性,处理重债穷国的外债问题,以减轻债务压力

17.5 采用和执行促进对最不发达国家的投资制度

17.9 加强国际社会支持在发展中国家开展有针对性的有效能力建设活动的力度,以支持各国执行所有可持续发展目标的计划,包括开展南北合作、南南合作和三角合作

17.10 促进在世界贸易组织下建立一个普遍、基于规则、开放、非歧视和公平的多边贸易体系,包括根据世贸组织《多哈发展议程》完成各项谈判

17.11 大幅增加发展中国家的出口,尤其是着眼于到 2020 年使最不发达国家在全球出口中所占的份额翻倍

17.12 按照世界贸易组织的各项决定,及时实现对所有最不发达国家的永久免关税和免配额市场准入,包括确保适用于从最不发达国家进口的产品的优惠性原产地规则简单、透明并有利于促进市场准入

资料来源:联合国:《可持续发展目标各项指标机构间专家组的报告》,2016 年 3 月 8 日,联合国文件,E/CN. 3/2016/2。

二 推动上海发展

上海自贸试验区的最为基础的功能,也是其最应优先实现的新作为,是推动上海地方经济社会发展。就此而言,上海自贸试验区应当将上海经济社会发展作为自身向外延伸发展的根基,必须将上海自贸试验区建设融入上海的"五个中心""四个品牌"建设,为上海城市

能级提升做出贡献。

自其创建之初，上海自贸试验区就与上海"四个中心"有着明确的联动关系，随着科创中心的提出，上海自贸试验区与科创中心的联动机制也得以迅速建立。首先，在上海创建国际贸易中心的努力中，上海自贸试验区具有重要的平台作用。例如，上海自贸试验区内的多个大宗商品交易平台、保税展示交易平台、离岸贸易、文化贸易、总部经济、国际贸易中心、跨境电子商务等，都既可为上海国际贸易中心建设提供"先行先试"案例，更是上海国际贸易中心的有机组成要素。其次，在上海国际航运中心建设努力中，上海自贸试验区推动上海港的管理方式创新，更推动上海港成为既有内部依靠，又有外部前沿的腹地型国际航运中心，同时还可发展其资源配置作用。再次，在上海国际金融中心的建设过程中，上海自贸试验区内的金融服务实体经济、服务投资、贸易便利化的能力大大提升，同时各类融资租赁业务、期货保税交割功能等金融创新也得到发展，都为上海国际金融中心建设贡献了重要力量。复次，随着上海科创中心建设目标的提出、上海自贸试验区范围的扩大，事实上在地理上二者存在重叠，进而使上海自贸试验区可与科创中心建设有机结合起来，最大化任何科技创新的经济社会效果。最后，上海自贸试验区建设对上述四个中心建设的贡献，事实上也是促进上海实现国际经济中心建设的目标。

立足新时代新要求，上海市委于 2017 年明确提出，将打造品牌优势作为推进供给侧结构性改革、建设现代化经济体系、推动高质量发展、创造高品质生活的重点，全力打响"上海服务、上海制造、上海购物、上海文化"四大品牌。一是打响优质高端的"上海服务"品牌，推动服务功能、服务经济、服务民生和服务环境强品质、重效率、上水平，扩大服务半径和辐射范围，提高服务企业提供解决方案、开展国际业务、运作全球市场的能力。二是打响享誉全球的

"上海制造"品牌，加快发展高端制造、智能制造，聚焦发展物联网、大数据、人工智能、量子通信等新一代信息技术产业，聚焦发展细胞治疗、基因编辑等前沿技术引领的生物医药产业，大力培育新能源、新材料等战略性新兴产业，推动上海制造产业链、创新链、价值链深度重构，以提高产品品质为重点强化质量、标准、研发、设计和管理。三是打响时尚繁荣的"上海购物"品牌，打造面向全球的消费大市场、全球新品首发地、引领潮流的风向标和创新发展的新零售，建设国际消费城市。四是打响独具魅力的"上海文化"品牌，大力践行社会主义核心价值观，大力弘扬海纳百川、追求卓越、开明睿智、大气谦和的上海城市精神，用好用足红色文化、海派文化、江南文化资源和优势，推出"上海原创"的文化精品，提升文化交流交易平台功能，做大做强文创产业，打造城市精神标识和文化地标，培育集聚名家大家，建设更加开放包容、更具时代魅力的国际文化大都市。

上海自贸试验区推动上海"四大品牌"建设，事实上就是要在自贸试验区范围内积极推动"四大品牌"建设，并在相关领域不断"先行先试"，探索可复制、可推广的经验，为全上海的"四大品牌"建设贡献力量。在"上海服务"品牌方面，上海自贸区应当大力深化政府职能改革，深化政府"放管服"改革。一方面，大力做"减法"，在简政放权、简化流程、减轻企业负担上下功夫，把该放的权放得更彻底、更到位，真正把经济管理权放到离市场最近的地方，把社会管理权放到离老百姓最近的地方，让市场配置资源的决定性作用充分发挥出来。另一方面，积极做"加法"，在加强事中事后监管、优化政务服务上下功夫，努力营造公平公正、活而有序的政务生态系统，更好地发挥政府作用。在"上海制造"品牌方面，上海自贸试验区的核心任务是聚焦高新技术，与科创中心建设相结合，推动上海的高端制造、智能制度发展。在"上海购物"品牌建设方面，上海自贸试验区通过促进国际贸易，可将更多全球性产品、潮流风向标等引入上海，为"上海购物"品牌建设创造更有利的条件。在"上海文化"品牌建设方面，上海自贸试验区的一系列独具中国特色的管理制度创新及其背后的文化理念支撑，可将大量"上海原创"有效地制度化和国际化，对推动"上海文化"品牌走向国际具有积极意义。

第三章　科创中心：探寻体系内
创新型崛起的可持续动力

　　2014 年 5 月 23～24 日，习近平总书记在上海调研期间，要求上海加快向具有全球影响力的科技创新中心进军。习近平指出，当今世界，科技创新已经成为提高综合国力的关键支撑，成为社会生产方式和生活方式变革进步的强大引领，谁牵住了科技创新这个牛鼻子，谁走好了科技创新这步先手棋，谁就能占领先机、赢得优势。要牢牢把握科技进步大方向，瞄准世界科技前沿领域和顶尖水平，力争在基础科技领域有大的创新，在关键核心技术领域取得大的突破。要牢牢把握产业革命大趋势，围绕产业链部署创新链，把科技创新真正落到产业发展上。①此后，习近平总书记又于 2015 年 3 月 5 日在参加十二届全国人大三次会议上海代表团审议时强调，唯改革者进，唯创新者强，唯改革创新者胜。他指出，上海要加快向具有全球影响力的科技创新中心进军。他说，新世纪新时期，一些科技成果转换速度非常快，一些新产业爆发释放出巨大能量，使我们意识到必须推动要素集

---

① 《习近平在上海考察》，新华网，2014 年 5 月 24 日，http：//politics. people. cn/n/2014/0524/c1001 - 25060582. html。

合，推动协同创新，形成创新力量。① 到 2017 年 12 月，《上海市城市总体规划（2017～2035 年）》（简称"上海 2035"）获得国务院批复原则同意，上海科创中心正式被写入上海城市发展规划。

上海科创中心的建设，是在中国崛起进入新阶段特别是需要大力创新的背景下提出的。一方面，随着 2008 年全球金融危机爆发、国际经济动力不足，寻找下一时期全球经济发展动力的努力正在全球范围内展开，创新是其中最为重要也是最为基础的方面；另一方面，中国崛起进入"体系内创新型崛起"阶段，提升中国崛起的创新性不仅要求中低端经济基础的进一步夯实，更需要探索中国经济崛起的高端基础或长期动力。因此，上海科创中心的建设绝不仅限于经济或科技意义上的寻找下一阶段发展动力，更在于为中国长期崛起的可持续性或中华民族伟大复兴提供更为坚实的长期动力；上海科创中心实现新作为也必须以此为切入点。

第一节　科创中心的战略与政策实践

自 2014 年 5 月正式提出至 2018 年底，上海科创中心已经走过了 4 年多的发展历程。目前，上海科创中心总体上已经完成了第一阶段的制度与法律基础建设，正步入第二阶段，即基本框架的建设。为推动上海科创中心的建设，从国家到地方政府再到企业、科研院所大力配合，产生了大量有效成果，为科创中心的建设奠定了重要基础。

---

① 《习近平的两会时间（四）：创新是引领发展的第一动力》，新华网，2015 年 3 月 6 日，http：//news. china. com. cn/2015lianghui/2015 – 03/06/content_ 34977175. htm。

一 科创中心的战略设计

在习近平总书记提出上海要建设具有全球影响力的科创中心之后，上海便全力以赴，迅速调研并制定相关落实意见，此后又得到国家重要支持，在短短两年多时间内便形成了较为完善的落实机制体制，具体体现为三个阶段性发展。

一是在党中央提出科创中心期待后的一年时间里，上海迅速制定《关于加快建设具有全球影响力的科技创新中心的意见》，确立了上海科创中心建设的基本方向。[①]

2015 年 5 月 25 日，上海发布《关于加快建设具有全球影响力的科技创新中心的意见》，距离习近平总书记提出期待仅一年零一天。由于意见文本共计 22 条，因此又被称作"上海科创 22 条"。"上海科创 22 条"提出了建设上海科创中心的奋斗目标、总体要求及具体落实机制。根据意见，上海建设科创中心的奋斗目标是，努力把上海建设成为世界创新人才、科技要素和高新科技企业集聚度高，创新创造创意成果多，科技创新基础设施和服务体系完善的综合性开放型科技创新中心，成为全球创新网络的重要枢纽和国际性重大科学发展、原创技术和高新科技产业的重要策源地之一，跻身全球重要的创新城市行列。

考虑到科技创新是一个缓慢的过程，不可能一蹴而就，因此，"上海科创 22 条"进一步将其分解为两个阶段。第一，"2020 年目标"，即在 2020 年前，形成科技创新中心基本框架体系，为长远发展打下坚实基础。政府管理和服务创新取得重要进展，市场配置创新资

---

① 中共上海市委、上海市人民政府：《关于加快建设具有全球影响力的科技创新中心的意见》，2015 年 5 月 26 日，http://shzw.eastday.com/shzw/G/20150526/u1ai149939.html。

源的决定性作用明显增强，以企业为主体的产学研用相结合的技术创新体系基本形成，科技基础设施体系和统一开放的公共服务平台构架基本建成，适应创新创业的环境全面改善，科技创新人才、创新要素、创新企业、创新组织数量和质量居全国前列，重要科技领域和重大产业领域涌现一批具有国际领先水平并拥有自主知识产权和核心技术的科技成果和产业化项目，科技进步贡献率全面提升。第二，"2030年目标"，即到2030年左右，着力形成科技创新中心城市的核心功能，在服务国家参与全球经济科技合作与竞争中发挥枢纽作用，为我国经济发展提质增效升级做出更大的贡献。基本形成较强的集聚辐射全球创新资源的能力、重要创新成果转移和转化能力、创新经济持续发展能力，初步成为全球创新网络的重要枢纽和最具活力的国际经济中心城市之一。最终要全面建成具有全球影响力的科技创新中心，成为与我国经济科技实力和综合国力相匹配的全球创新城市，为实现"两个一百年"奋斗目标和中华民族伟大复兴的中国梦，提供科技创新的强劲动力，打造创新发展的重要引擎。

为实现上述战略目标，"上海科创22条"明确了"五个坚持"的总体要求，即坚持需求导向和产业化方向，坚持深化改革和制度创新，坚持以集聚和用好各类人才为首要，坚持以合力营造良好的创新生态环境为基础，坚持聚焦重点有所为有所不为。以"五个坚持"为基准，"上海科创22条"也进一步确立了相应的落实机制，具体包括：建立市场导向的创新型体制机制，建设创新创业人才高地，营造良好的创新创业环境，及优化重大科技创新布局等。

"上海科创22条"特别明确了上海科创中心的战略项目布局，决定重点推进民用航空发动机与燃气轮机、大飞机、北斗导航、高端处理器芯片、集成电路制造及配套装备材料、先进传感器及物联网、智能电网、智能汽车和新能源汽车、新型显示、智能制造与机器人、深远海洋工程装备、原创新药与高端医疗装备、精准医疗、大数据及云计算等一批重大产业创新战略项目建设。同时，把握世界科技进步大方向，积极推进脑科学与人工智能、干细胞与组织功能修复、国际人类表型组、材料基因组、新一代核能、量子通信、拟态安全、深海科学等一批重大科技基础前沿布局。此外，尝试深化功能布局、产业布局、空间布局融合，形成张江核心区和紫竹、杨浦、漕河泾、嘉定、临港等"一区多园"模式，充分发挥科技创新和科技成果产业化的示范带动作用。

二是国务院于 2016 年 4 月 15 日发布《上海系统推进全面创新改革试验加快建设具有全球影响力的科技创新中心方案》（以下简称《上海系统推进科创中心方案》），使上海科创中心的建设目标进一步明确。[①]

根据《上海系统推进科创中心方案》，上海科创中心建设的最终目标是：全面建成具有全球影响力的科技创新中心，成为与我国经济科技实力和综合国力相匹配的全球创新城市，为实现"两个一百年"奋斗目标和中华民族伟大复兴的中国梦，提供科技创新的强劲动力，打造创新发展的重要引擎。就中短期而言，这一目标被分解为"三步走"。

第一步，力争通过 3 年系统推进全面创新改革试验，基本构建推进全面创新改革的长效机制，在科技金融创新、人才引进、科技成果转化、知识产权、国资国企、开放创新等方面，取得一批重大创新改革成果，形成一批可复制可推广的创新改革经验，破解科技成果产业化机制不顺畅、投融资体制不完善、收益分配和激励机制不合理、创

---

① 《上海系统推进全面创新改革试验加快建设具有全球影响力的科技创新中心方案》，国务院，2016 年 4 月 15 日，国发〔2016〕23 号。

新人才制度不健全等瓶颈问题，持续释放改革红利；推动经济增长动力加快由要素驱动向创新驱动转换，在综合性国家科学中心建设、若干国家急需的基础科研和关键核心技术领域取得突破，科技创新投入进一步增强，研究与试验发展（R&D）经费支出占全市地区生产总值比例超过3.7%；产业结构进一步优化，战略性新兴产业增加值占全市地区生产总值的比重提高到18%左右；张江国家自主创新示范区进入国际先进高科技园区行列。

第二步，通过滚动实施全面创新改革试验，至2020年前，形成具有全球影响力的科技创新中心的基本框架体系；R&D经费支出占全市地区生产总值比例超过3.8%；战略性新兴产业增加值占全市地区生产总值的比重提高到20%左右；基本形成适应创新驱动发展要求的制度环境，基本形成科技创新支撑体系，基本形成大众创业、万众创新的发展格局，基本形成科技创新中心城市的经济辐射力，带动长三角区域、长江经济带创新发展，为我国进入创新型国家行列提供有力支撑。

第三步，到2030年，着力形成具有全球影响力的科技创新中心的核心功能，在服务国家参与全球经济科技合作与竞争中发挥枢纽作用，为我国经济提质增效升级做出更大贡献，创新驱动发展走在全国前头、走到世界前列。

为实现上述目标，上海科创中心的主要任务是重点建设一个大科学设施相对集中、科研环境自由开放、运行机制灵活有效的综合性国家科学中心，打造若干面向行业关键共性技术、促进成果转化的研发和转化平台，实施一批能填补国内空白、解决国家"卡脖子"瓶颈的重大战略项目和基础工程，营造激发全社会创新创业活力和动力的环境，形成大众创业、万众创新的局面。具体而言，上海科创中心建设的任务包括以下方面：第一，建设上海张江综合性国家科学中心，包括打造高度集聚的重大科技基础设施群、建设有国际影响力的大学和科研机构、开展多学科交叉前沿研究、探索建立国家科学中心运行管理新机制；第二，建设关键共性技术研发和转化平台，涉及关键共性技术研发平台和科技成果转化与产业化平台；第三，实施引领产业发展的重大战略项目和基础工程，涵盖信息技术、生物医药、高端装备、新能源汽车及智能制造等领域；第四，推进建设张江国家自主创新示范区，加快形成大众创业、万众创新的局面。

为推进上海科创中心的建设，国务院还特别允许上海在 10 个方面进行重点突破和先行先试，即研究探索鼓励创新创业的普惠税制，探索开展投贷联动等金融服务模式创新，改革股权托管交易中心市场制度，落实和探索高新技术企业认定政策，完善股权激励机制，探索发展新型产业技术研发组织，开展海外人才永久居留便利服务等试点，简化外商投资管理，改革药品注册和生产管理制度，建立符合科学规律的国家科学中心运行管理制度。国务院要求，上海要力争通过 2~3 年的努力，在上述 10 个方面先行先试重点突破，形成一批向全国复制推广的改革经验。同时，上海市要进一步加强政策研究，加快制订新一批改革举措，根据"成熟一项，实施一项"的原则，分批争取国家授权实施。

三是上海科创中心被纳入国家"十三五规划"，为其提供了中长期的战略保障。

根据 2016 年 3 月公布的"十三五规划纲要"，在"十三五"期间，实施创新驱动发展战略是确保中国可持续、创新性崛起的重要方面。在实施创新驱动发展战略中，打造区域创新高地则是重要一环。根据"十三五规划纲要"，国家将引导创新要素聚集流动，构建跨区域创新网络。充分发挥高校和科研院所密集的中心城市、国家自主创新示范区、国家高新技术产业开发区作用，形成一批带动力强的创新型省份、城市和区域创新中心。系统推进全面创新改革试验。纲要特别提及，将支持北京、上海建设具有全球影响力的科技创新中心。①

依据《中华人民共和国国民经济和社会发展第十三个五年规划纲要》、《国家创新驱动发展战略纲要》和《国家中长期科学和技术发展规划纲要（2006～2020年）》，国务院于2016年8月公布《"十三五"国家科技创新规划》；它是22个国家重点专项规划之一，共分8篇27章，明确提出了未来5年我国科技创新的指导思想、总体要求、战略任务和改革举措。《"十三五"国家科技创新规划》以深入实施创新驱动发展战略、支撑供给侧结构性改革为主线，提出"十三五"科技创新的总体目标，即国家科技实力和创新能力大幅跃升，创新驱动发展成效显著，国家综合创新能力世界排名进入前15位，迈进创新型国家行列，有力支撑全面建成小康社会目标实现。《"十三五"国家科技创新规划》明确提出到2020年，我国科技进步贡献率达到60%；研究与试验发展经费投入强度达到2.5%；规模以上工业企业研发经费支出与主营业务收入之比达到1.1%；知识密集型服务业增加值占国内生产总值（GDP）的比例达到20%。②

《"十三五"国家科技创新规划》围绕支撑国家重大战略，充分发挥科技创新在推动产业迈向中高端、增添发展新动能、拓展发展新空间、提高发展质量和效益中的核心引领作用，重点强化6方面的任务部署。一是构筑国家先发优势，加强兼顾当前和长远的重大战略布局；二是围绕增强原始创新能力，培育重要战略创新力量；三是围绕拓展创新发展空间，统筹国内国际两个大局；四是围绕推进大众创

---

① 《十三五规划纲要（全文）》，新华网，2016年3月18日，http：//www.sh.xinhuanet.com/2016－03/18/c_135200400_2.htm。

② 《"十三五"国家科技创新规划》，国务院，2016年8月8日，http：//www.gov.cn/zhengce/content/2016－08/08/content_5098072.htm。

业、万众创新，构建良好创新创业生态；五是围绕破除束缚创新和成果转化的制度障碍，全面深化科技体制改革；六是围绕夯实创新的群众和社会基础，加强科普和创新文化建设。《"十三五"国家科技创新规划》保障措施包括落实和完善创新政策法规、完善科技创新投入机制、加强规划实施与管理等三方面，强调要完善支持创新的普惠性政策体系，深入实施知识产权战略和技术标准战略，建立多元化科技投入体系等。①

上海在《"十三五"国家科技创新规划》中占据重要地位，第二章和第十一章专门就上海科创中心建设作专门论述。其中，"第二章确立科技创新发展新蓝图"再次明确"十三五规划"的政策，即"支持北京、上海建设具有全球影响力的科技创新中心，建设一批具有重大带动作用的创新型省市和区域创新中心，推动国家自主创新示范区和高新区创新发展，系统推进全面创新改革试验"。"第十一章打造区域创新高地"第一节以"支持北京上海建设具有全球影响力的科技创新中心"为标题，专门阐述了支持上海建设具有全球影响力的科技创新中心的具体举措："支持上海发挥科技、资本、市场等资源优势和国际化程度高的开放优势，建设具有全球影响力的科技创新中心。瞄准世界科技前沿和顶尖水平，布局建设世界一流重大科技基础设施群。支持面向生物医药、集成电路等优势产业领域建设若干科技创新平台，形成具有国际竞争力的高新技术产业集群。鼓励政策先行先试，促进国家重大科技成果转化落地，吸引集聚全球顶尖科研机构、领军人才和一流创新团队，引导新型研发机构快速发展，培育创新创业文化。推进上海张江国家自主创新示范区、中国（上海）自由贸易试验区和

---

① 《"十三五"国家科技创新规划》，国务院，2016 年 8 月 8 日，http：//www.gov.cn/zhengce/content/2016 - 08/08/content_ 5098072. htm。

全面创新改革试验区联动，全面提升科技国际合作水平。发挥上海在长江经济带乃至全国范围内的高端引领和辐射带动作用，打造全球科技创新网络重要枢纽，建设富有活力的世界创新城市。"①

此外，第十一章第三节还指出："加快推进创新型省份和创新型城市建设，推动创新驱动发展走在前列的省份和城市率先进入创新型省市行列，依托北京、上海等大科学装置集中的地区建设国家综合性科学中心，形成一批具有全国乃至全球影响力的科学技术重要发源地和新兴产业策源地，在优势产业、优势领域形成全球竞争力。"而第四节则提出，"围绕发挥科技创新在全面创新中的引领作用，在京津冀、上海、安徽、广东、四川和沈阳、武汉、西安等区域开展系统性、整体性、协同性的全面创新改革试验，推动形成若干具有示范带动作用的区域性改革创新平台，形成促进创新的体制架构"。②

从上海《关于加快建设具有全球影响力的科技创新中心的意见》到国务院《上海系统推进科创中心方案》，再到"十三五规划纲要"特别是《"十三五"国家科技创新规划》，上海科创中心的政策落实体系日益完善，真正成为中国实现"体系内创新型崛起"大战略的有机要素，上海也从服务国家复兴大战略高度，不断强化落实能力，推动上海科创中心的建设。

二　科创中心的政策实践

随着政策保障体系日渐完善，上海科创中心建设的落实不断推进，正不断取得新的进展。特别是，上海科创中心的政策保障体系正

---

① 《"十三五"国家科技创新规划》，国务院，2016 年 8 月 8 日，http://www.gov.cn/zhengce/content/2016 - 08/08/content_ 5098072. htm。
② 《"十三五"国家科技创新规划》，国务院，2016 年 8 月 8 日，http://www.gov.cn/zhengce/content/2016 - 08/08/content_ 5098072. htm。

迅速得以完善，而"一区多园"的具体落实战略也日益明晰。

就在习近平总书记提出上海要建设具有全球影响力的科技创新中心之后的短短一年内，上海便出台了科创中心建设"22条"，并形成了9个配套文件，建立了"2+X"工作推进机制，工作总体进展顺利、成效显著。此后，上述配套文件又得到进一步丰富和完善。具体而言，上海科创中心建设的配套政策主要包括如下方面。

一是人才政策，其核心是优秀科技创新人才的培育。根据2016年9月公布的《关于进一步深化人才发展体制机制改革加快推进具有全球影响力的科技创新中心建设的实施意见》，到2020年，上海科创中心应在人才发展体制机制的重要领域和关键环节取得突破性进展，基本形成与国际经济、金融、贸易、航运中心和具有全球影响力的科技创新中心相适应的科学规范、开放包容、运行高效的人才发展治理体系，率先确立人才国际竞争比较优势，使上海成为国际一流创新创业人才的汇聚之地、培养之地、事业发展之地、价值实现之地。[1] 此外，有关科技创新人才的引进、流动、居住、创业、出入境等，也出台了相应的实施办法，确保更具竞争力的人才聚焦制度得以形成，为上海科创中心的建设提供人才保障。

二是财政与金融政策保障。2015年9月，上海市出台《关于进一步加大财政支持力度加快建设具有全球影响力的科技创新中心的若干配套政策》，提出：加大聚焦投入力度，改革财政科技资金管理；尊重科技创新规律，完善财政资金投入方式；落实国家税收政策，发挥财政政策引导效应；切实推进简政放权，激励科技成果转移转化。[2]

---

[1] 《关于进一步深化人才发展体制机制改革加快推进具有全球影响力的科技创新中心建设的实施意见》，《解放日报》2016年9月26日。

[2] 《关于进一步加大财政支持力度加快建设具有全球影响力的科技创新中心的若干配套政策》，沪府办〔2015〕84号，2015年9月19日，http://www.stcsm.gov.cn/jdbd/jl/czyjrzc/343481.htm。

三是创新环境政策保障，涉及科技专项管理、科技成果转化、大众创新创业、提升公民科学素质等。

四是创新主体及产业发展政策，如加强知识产权保护、科技成果管理、科技成果转移转化、外资研发中心发展、社会组织与科创中心建设等。

五是重点创新区域政策，事实上是上海科创中心"一区多园"模式的具体落实，其中如张江、杨浦、临港等。例如，张江国家自主创新示范区围绕上海科创中心建设战略，制定了自身的行动计划和行动目标，即"建设世界一流科技园区"：到2020年，完成空间优化调整，构建张江核心园加浦东创新带、沪北创新带、沪西南创新带即"一核三带"的功能布局，并按照"一带一路"和长江经济带建设的国家战略发挥辐射作用。重点建成一个综合性国家科学中心和若干重大创新功能型平台，形成张江科技城；建成一批承载成果转化、技术转移、万众创新的示范区域；建成一批产学研用协同、龙头企业主导、创新生态良好的"四新"经济特色产业基地；建成双自联动的国家级人才改革试验区，形成创新创业人才的集聚高地；建成一批海外孵化基地和科技园区，形成走出去和引进来的国际合作载体。全面达到国务院批复的张江示范区发展规划纲要（2013～2020年）建设世界一流科技园区的各项规划指标。① 又如，杨浦区确立了建设国家大众创业万众创新示范基地的目标，预期到2018年，全面建成高水平的示范基地，营造更有效的鼓励创新、宽容失败的良好创业创新生态环境，发展壮大一批在新兴产业领域具有领军作用的创新型企业，为培育发展新动能提供支撑；到2020年，在政府管理服务创新、创

---

① 《张江国家自主创新示范区推进具有全球影响力科技创新中心建设的总体行动计划（2015～2020年）》，上海市张江高新技术产业开发区管理委员会网站，2015年7月31日，http://www.stcsm.gov.cn/jdbd/jl/zjzzcxqfgzc/343537.htm。

新资源市场配置、公共服务平台构架、产学研用相结合的技术创新体系等方面，形成制度体系和积累经验，引领辐射长三角区域的创业创新发展，创业创新走在全国前列。努力建成上海具有全球影响力的科技创新中心万众创新示范区。[①] 再如，临港地区也主动对标"中国制造 2025"国家战略和"互联网 +"时代要求，提出了自身中远期行动方案：2015～2020 年，初步建成国际智能制造中心框架，被评定为国家制造业创新中心，在若干智能制造重点领域取得重大突破，建成一批具有国际先进水平的智能制造服务平台，创建一批技术水平领先的国家级工程技术中心和重点实验室，打造一批生产过程智能高效的制造样板工程，成为我国参与全球智能制造竞争的战略高地。到 2020 年，基本建成具有一定影响力的国际智能制造中心，智能制造要素高度集聚，成为全球智能制造技术和服务输出的重要创新基地之一。基本形成智能制造创新服务体系，具备汇聚全球创新资源开展智能制造技术创新和成果孵化的能力；基本形成完整的智能制造产业链，形成一批具有较强国际竞争力的智能制造企业，技术、产品、服务具备全球竞争力；基本形成一批标志性智能制造示范点，智能工厂架构清晰，生产过程体现智能化，产品满足个性化需求；基本形成具有较高影响力的智能制造人才高地，促进领军人才和创新团队集聚、产学研合作紧密。[②]

在上海科创中心建设的推进过程中，不管是中心城区、郊区，还是科创中心核心承载区，都各自担负着不同的职责和定位。随着科创中心建设全面展开，全市 16 个区结合区域特点，探索出一系列科创

---

① 《关于全面建设杨浦国家大众创业万众创新示范基地的实施意见》，中国上海网站，2016 年 11 月 11 日，http：//www. stcsm. gov. cn/jdbd/jl/zjzzcxqfgzc/346581. htm。

② 《上海建设具有全球影响力科技创新中心临港行动方案（2015～2020）》，上海临港地区开发建设管理委员会网站，2015 年 10 月 14 日，http：//www. stcsm. gov. cn/jdbd/jl/zjzzcxqfgzc/343557. htm。

模式，呈现"百花齐放"的态势。其中，作为上海科创中心建设主战场的张江科学城建设正加快推进。张江地区引进了阿里云＋创客天地、跨国企业联合孵化器等一批境内外知名孵化器，CMO 试点取得突破性进展。2016 年 9 月 26 日，张江实验室挂牌成立，上海将聚焦具有紧迫战略需求的重大领域和有望引领未来发展的战略制高点，正在向国家实验室建设目标迈进。2017 年中，94 平方公里的张江科学城规划发布，73 个重点项目启动建设。张江综合性国家科学中心的集中度、显示度得到了有力提升。此外，通过与上海自贸试验区建设相结合，"双自联动"模式正逐渐浮现。2015 年 11 月，上海市发布《关于加快推进中国（上海）自由贸易试验区和上海张江国家自主创新示范区联动发展的实施方案》，要求既要利用国际规则聚全球资源、集世界智慧，成为创新资源的集聚地，又要实现从国际科技创新规则的追随者、跟跑者向制定者、领跑者转变，成为全球技术、产品、标准、品牌的输出地；率先探索创新驱动发展的制度安排，充分利用国际国内"两个市场、两种资源"，促进科技、金融、贸易、产业的多维度融合，推动人才、资本、技术、知识的多要素联动，加强产学研、内外资、政社企的多主体协同，着力打造国际化循环、全球化配置的创新创业生态系统，促进制度创新、开放创新、金融创新、科技创新的深度融合，不断提升自贸试验区和张江示范区的功能、质量、效益。根据这一规划，"双自联动"的具体目标是：到 2020 年，通过充分发挥自贸试验区和张江示范区叠加区域（以下称"双自"叠加区域）的核心优势，加快建成具有强大原始创新能力的综合性国家科学中心，着力打造创新环境开放包容、创新主体高度集聚、创新要素自由流动、若干创新成果国际领先的科技城；到 2030 年，着力把"双自"叠加区域打造成为具有全球影响力的创新资源配置中心、创业孵化中心、技术贸易中心、科技创新中心的重要载体和示范区域，推动全市成为全球创新网络的重要枢纽之一。①可以认为，"双自联动"对推动张江科技创新有重大助力。例如，张江跨境科创监管服务中心就是"双自联动"的成果。借助自贸区的便利通关政策，张江把原来设在机场口岸的海关、检验检疫等部门，搬到了园区和企业"家门口"。企业进口研发材料的通关时间，由原来的 2～3 个工作日，缩短为 6～10 个小时，对生物医药、集成电路等通关时限要求高的行业，是一个重要利好。

在张江之外，中心城市想方设法打破发展空间紧、商务成本高等各种瓶颈，整合优化资源，走出中心城区科创的新路。例如，虹口区将北部 13 平方公里确定为科创中心建设重要功能区，积极推进创新载体建设，打造创新服务特色，打造"硅巷"型科技创新区域。又如，静安区完善国际化、市场化和专业化的科创模式，着力优化和培育众创空间，引进了全球联合办公鼻祖 WeWork 公司、澳大利亚全球创新项目，上海数据交易中心正式落户，带动市北高新园区大数据产业基地建设。再如，徐汇区着力打造国家知识产权服务业发展示范区建设，枫林集团对接世界科技前沿，开展国际对外交流合作，推进生命健康产业集群建设，产业同比增长 26%。而宝山、普陀等区深化校（院、所）地创新合作，通过推动高校科研院所研发平台向企业开放、强化项目合作、成立创新联盟等方式，有效整合了区域产业链、创新链资源，增强了资源共享和企业协同创新能力。

相比中心城区，郊区也结合各自优势，走出了不同的路径和模式。例如，松江区优化科技创新要素全供给，聚焦科创要素供给，通过地方政府和开发区的合作开发，打造科技创新的"新桥模式"。政

---

① 《上海市人民政府印发关于加快推进中国（上海）自由贸易试验区和上海张江国家自主创新示范区联动发展实施方案的通知》，上海市人民政府，2015 年 11 月 24 日，沪府发〔2015〕64 号，http：//www.stcsm.gov.cn/jdbd/jl/zjzzcxqfgzc/343535.htm。

策要素方面，松江出台了先进制造业增资扩产、增容减免措施，设立产业发展和人才发展专项资金；土地要素方面，规划调整 1000 多亩土地用于先进制造业发展，探索用农村集体土地入股的方式实现园区资产增值，与当地农民共享开发成果；资本要素供给方面，主动对接多层次资本市场；制度要素供给方面，改革招商引资机制；创新资源要素方面，与松江大学城对接深化双创活跃区规划，引进一批创新平台。又如，嘉定区围绕四大产业集群，推进重大科技项目建设，新能源汽车、智能传感器、互联网金融、高端医疗器械设备等 4 个"四新经济"产业创新基地成为全市首批试点，设立了"科技创新创业发展专项资金"。再如，闵行紫竹高新区则以市场为导向，根据现代企业制度，运用民营企业特有的经营模式，与市经信委等签订六方合作框架协议，有序推进紫竹创新创业走廊、紫竹科创小镇、园区创新发展等工作，不断吸引区域总部、研发中心、孵化器、风险投资及高科技研发企业入驻，推动了上海南部科技创新中心核心区建设。崇明区着力提升农业经营主体内生创新动力，建立博士农场，聚焦农业资源高效利用、农业面源污染治理、农业生态高效种养、农业设施与装备、智慧农业等五大领域，探索发展机制，营造良好的创新创业氛围，加快提升生态农业科技创新能力。

到 2017 年底，上海科创中心在国务院授权的 10 个方面先行先试改革举措，有 8 个方面已落地或取得重要进展。例如，上海科创中心试行的外籍人才工作居留向永久居留转换制度已向全国推广。实施两批"22 条"海外人才出入境试点政策后，申请永久居留的外籍高层次人才增加约 8 倍。又如，上海科创中心率先开展了药品上市许可持有人制度试点，目前有 28 个药品品种申报试点，其中 11 个品种为尚未在国内外上市的一类创新药。已有 172 家科技创新企业在上海股权托管交易中心"科技创新板"挂牌，股权激励递延纳税政策和天使投资所得税政策落地实施，在国内率先实现首批成功案例，全市 14 户企业、516 人享受了递延纳税优惠，递延纳税额超过 8000 万元。在产业创新方面，上海正努力形成创新"场效应"，如到 2017 年底上海已在微电子、生物医药、集成电路、智能制造、类脑芯片、石墨烯等领域，推动了首批 6 个研发与转化功能型平台建设；2018 年又启动了其余 12 个功能型平台。聚焦国家战略，上海还在硅光子、国际人类表型基因组等领域，启动了首批市级科技重大专项。2017 年，中国创新创业大赛上海赛区共有 7302 家小微企业和创业团队参赛，连续三年全国第一。上海的外资研发中心约 422 家，居全国首位，其中世界 500 强企业的全球研发中心约占十分之一。为支持这些外资研发中心参与上海科创中心建设，上海出台了"16 条"政策，包括支持外资设立国家级技术中心，放宽外籍人才多次往返签证有效期限等。①

　　尽管科技创新非一日之功，但上海科创中心的确在较短时间内取得了明显成效。为衡量上海中心建设成果，上海市科学学研究所于 2016 年首次发布上海科技创新中心指数报告，即《上海科技创新中心指数报告 2016》。该报告以 2010 年为基期（基准值 100），逐年测算了上海科技创新中心指数，具体包括 5 个一级指标、30 项二级指标。报告总结了海内外高端人才集聚、科技服务业发展亮眼、全社会创新资本加速集聚、高科技对外投资抢眼等亮点，也分析指出企业研发投入亟待加强、中心辐射带动能力尚需提升等值得关注的问题。报告显示，上海科技创新中心指数呈现稳步增长趋势，2015 年指数值达到 183.3，科技创新中心建设开局良好、亮点纷呈。② 而《2017 上

① 黄海华：《刚刚过去的 2017 年，上海科创中心建设夯实基础先行先试》，上观新闻，2018 年 1 月 3 日，https://web.shobserver.com/news/detail? id =75804。
② 《我所发布〈上海科技创新中心指数报告 2016〉》，上海市科学学研究所，2016 年 12 月 19 日，http://www.siss.sh.cn/xwdt/xshd/xsjll/549374.shtml。

海科技创新中心指数报告》显示，2016 年上海科技创新中心指数达到 224.9 分，同比增长 22.7%，是目前上升幅度最高的一年。在反映上海科创中心发展的五个一级指标中，科技成果影响力的提升幅度最大，年均增长 16.1%，特别是 2016 年增速高达 34.0%，显示了上海在全球科技创新版图中的加速崛起趋势。新兴产业引领力和创新辐射带动力提升速度亮眼，年均增长率分别达到 15.6% 和 15.0%，体现上海近年来率先加速向创新经济转型，在越来越广阔的创新网络中发挥引领、枢纽作用。创新资源集聚力和创新环境吸引力稳步提升，年均增长率分别为 13.0% 和 12.3%，上海近年来城市创新生态不断完善优化。《2017 上海科技创新中心指数报告》还凝练概括了上海科创中心建设成效的三方面亮点。三个"三分之一"：全国三分之一的顶尖科研成果出自上海，超过三分之一国家高水平科技奖项花落上海，全国三分之一的一类新药由上海研发创制，上海科技成果显示度显著提高。"三大创新引领"：科技创新助推第二产业企稳回升，科技创新助推集成电路设计业成为产业龙头，信息、科技服务业成为第三产业领头羊，上海创新驱动发展成效加快显现。"三个显著"：知识经济特征显著增强，创新创业环境优势显著优化，创新辐射带动效应显著提升，上海创新生态全方位优化。[①]

　　上海科创中心取得的进展，与上海市的研发投入快速增长密不可分。由表 3-1 可以看出，上海对科技创新的投入增长速度始终高于上海 GDP 增速，研发投入在上海 GDP 中所占比重也逐年上升。

[①] 《2017 上海科技创新中心指数报告》，上海科学学研究所，2017 年 10 月 26 日，http://www.siss.sh.cn/kyxs/xlcbw/553645.shtml。

表 3 – 1   2011～2016 年上海市研发投入

年份	2011	2012	2013	2014	2015	2016
研发投入(亿元)	597.71	679.46	776.78	861.95	936.14	1049.32
上海市 GDP(亿元)	19533.84	20533.52	22257.66	24060.87	25643.47	28178.65
研发占比(%)	3.06	3.31	3.49	3.58	3.65	3.72
增速(%)		13.68	14.32	10.96	8.61	12.09

资料来源:《上海科技统计年鉴 2017》,上海科技统计,http://shsts.stcsm.gov.cn/home/njptcx_result.aspx? ModuleID = 3&id = 2819&param_ yearId = 28。

第二节   科创中心建设与体系内创新型崛起

自进入 21 世纪第二个十年以来,科技创新再度成为热潮。其根本原因在于两个方面:较为表层的是自 2008 年全球金融危机以来,世界经济发展动力欠缺,国际社会迟迟无法走出危机影响,对下一阶段世界经济发展动力的探寻推动了全球性的科技创新热潮;更深层次的原因或许在于,随着自冷战结束以来的国际体系转型日益深入且正呈加速态势,有关未来国际体系主导权的竞争正在加剧,而其中最为重要的一个方面便是如何实现对包括科技创新在内的国际潮流的引领和主导,进而使科技创新被提高至远远超出科技本身的层次加以讨论。也正因如此,上海科创中心的建设特别是"具有全球影响力"这一限定词,其战略意义远超出科技创新本身,使中国经济崛起能够抢占高端地位,更多是在为中国实现体系内创新型崛起提供保障。更为具体地,上海科创中心建设对于中国实现体系内创新型崛起的意义在于两个方面:一是提高中国的自主创新和学习创新的能力,从而使中国崛起实现可持续;二是准确判断世界历史潮流实现具有普遍意义的科技创新,提升中国崛起的外溢能力,进而推动中国崛起得到更为广泛的接受。

一　培育创新能力与中国创新型崛起

大国崛起需要诸多准备，其中技术创新是相当重要的环节，特别是依据乔治·莫德尔斯基（George Modelski）的理论观点，大国崛起的创新性与可持续性，很大程度上取决于其知识创新及学习知识创新的能力。如果一个国家能够率先取得具有世界历史意义的创新，那么它将很可能引领国际社会很长一段时间；如果一个国家不能率先实现具有世界历史意义的创新，那么其崛起就必须依赖于最早学习并掌握上述具有世界历史意义的创新，这样也可保证其在相当长时间内在国际体系中拥有较高的地位。正是在这一意义上，中国崛起的创新性与可持续性，很大程度上取决于中国的创新能力培育；而上海科创中心的建设本身，恰好是这一创新能力培育的重要举措。

回顾历史上大国崛起的历程可以发现，创新能力培育均是其崛起的重要环节。美国崛起的创新能力培育，最为核心的是各类智库建设。随着美国快速崛起而来的一个日益凸显的压力是，美国已经无法继续孤立主义的外交战略，相反需要以积极的态势介入国际事务。鉴于长期的孤立主义传统导致的对国际事务缺乏了解，美国发现自身正面临着重大的政策决策参考缺口，因此自伍德罗·威尔逊于1913年进入白宫以来，美国总统、总统候选人往往都要向政策专家——他们许多来自有声望的智库——咨询，以打造一个美国蓝图。[1] 美国智库的发展史是一个从更关注学术可信性到更关注接近权力核心的演变过程，大致上可以划分为三个阶段：20世纪30年代以前是美国智库的初创时期，学术型智库占据主导地位；20世纪40~60年代是美国智

---

[1] James A. Smith, *The Idea Brokers: Think - Tanks and the Rise of the New Policy Elite*, New York: The Free Press, 1991; Donald E. Abelson, *Do Think Tanks Matter? Assessing the Impact of Public Policy Institutes*, Ithaca, N. Y.: McGill - Queen's University Press, 2002.

库的转型时期，出现了较多的合同型智库；20 世纪 70 年代以后，美国智库发展进入第三阶段，即游说型智库逐渐占据主导地位，而学术型和合同型智库的增长明显放缓。① 在美国崛起的时代，智库的发展主要是以学术型和合同型为主，其核心任务或功能主要是两个方面，即为政府提供政策咨询建议和教育公众，宣传政府外交政策理念。这一时期最为重要的智库包括卡内基国际和平基金会（Carnegie Endowment for International Peace）、美国对外关系委员会（Council On Foreign Relations）、布鲁金斯学会（The Brookings Institution）、兰德公司（RAND）、海军分析中心（Center for Naval Analyses）和美国企业研究所（American Enterprise Institute for Public Policy Research）。

苏联崛起过程中将创新能力培育的重点放在了基础人才准备上。例如，在苏维埃政权创立初期，百废待兴，国家非常需要大量具有真才实学的建设型人才。1928 年斯大林强调，"现在我们需要大批大批的、成千上万的能够在各种知识领域成为行家的布尔什维克干部，否则就谈不上我国社会主义建设的高速度。"② 斯大林主要从三个方面准备基础性人才：一是建立人才培养制度，对工农干部进行大规模的轮训；③ 二是选拔和培养知识分子干部；三是后备干部培养制度化。到二战前夕，苏联的"领导干部集团已经达到相当的规模：高层领导干部达 3000 ~ 4000 人，包括联共（布）中央委员、各加盟共和国中央委员、省和边疆区委会委员；中层领导干部达 3 万 ~4 万人，包括市、区级党委委员；基层领导干部多达近 10 万 ~15 万人，包括基层党组织书记、委员等等"④。斯大林的这些人才准备措施，为苏联

---

① 张春：《美国思想库与一个中国政策》，上海人民出版社，2007，第 8 ~12 页。
② 《斯大林全集》（第 11 卷），人民出版社，1958，第 65 ~66 页。
③ 陈联璧：《苏联干部制度的演变》，《苏联东欧问题》1991 年第 3 期，第 35 页。
④ 冯佩成：《苏联干部制度的历史变迁》，《江西师范大学学报》（哲学社会科学版）2013 年第 10 期。

的崛起提供了数以百万计的忠诚于党的事业、熟悉党政工作也精通经济管理和工程技术的人才，有些人成为国家之栋梁。在苏联解体后，俄罗斯人才大量流失，为了保障人才安全，俄罗斯总统普京召集国家安全委员会、国务委员会和科技与高技术委员会等部门共同研究对策，并出台了《2010 年以前及未来俄联邦科技发展基本政策》，提出了一系列明确的政策措施：一是提高科研工作的社会地位，发掘科研活动的商业潜力，建立对人才的激励机制，改革科研机构的劳动工资制度；二是改革国家奖励制度，重奖有杰出贡献的科研人员；提高国家科研机构和公立高等院校的教授、副教授津贴，通过各种手段增加科技人员收入；三是加大对青年科技工作者的支持力度，将 3% 的联邦科技预算用于支持他们围绕优先科技发展方向开展的科研活动，扩大青年科学家住宅建设规模；四是通过创造良好的工作条件、提高社会福利待遇吸引在境外工作的科研人员回国；五是强化人才外流的控制制度，敏感部门重要专家出国需经上级主管部门和安全部门批准，重要专家团组在国外的活动需接受安全部门的监控，限制对国家具有战略意义的专家出国；六是通过法令明确保护归国家所有的科研成果，防止军事科技和敏感的军民两用科研成果外流。[1] 可以认为，普京总统的上述人才战略，对于恢复俄罗斯国家的创新能力有着重要的作用。

为配合国家创新发展战略，提升中国崛起长期可持续性，上海科创中心对自身定位不再仅限于上海自身。正如《上海市科技创新"十三五"规划》所指出的，"当前，世界范围的科技革命和产业变革正在孕育兴起，一些重要科学问题和关键核心技术呈现革命性突破

---

[1] 吕岩松：《提高福利改善条件——俄罗斯努力保障人才安全》，《人民日报》2004 年 2 月 5 日，第 7 版。

先兆……创新范式更加多样化，技术创新周期大大缩短。创新要素在全球范围加速流动重组，价值链面临重构，多节点、多中心、多层级的全球创新网络正在形成，主要国家纷纷推出创新战略，谋求和巩固在全球价值链中的有利地位。面对国际竞争新赛场、新规则，上海必须以更加积极开放的姿态，增强全球资源配置能力，成为全球创新网络中不可或缺的重要成员"。同时，"国际经验表明，把握科技革命和产业变革机遇而兴起的国家，都会在本国一个或多个区域产生世界级的科技创新中心，并占据了全球价值链高端。我国要建设世界科技强国，同样应该在世界创新版图中打造属于自己的科技创新中心，创造先发优势，提升我国在全球价值链中的位势和竞争力，牢牢掌握发展的话语权和主动权"。①

基于上述认识，上海科创中心首先强调创新治理体系与治理能力，其根本目标是创新能力培养。上海科创中心的短期目标是，"到2020年，创新治理体系与治理能力日趋完善，创新生态持续优化，高质量创新成果不断涌现，高附加值的新兴产业成为城市经济转型的重要支撑，城市更加宜居宜业，中心城市的辐射带动功能更加凸显，形成具有全球影响力的科技创新中心的基本框架体系"。到2020年，全社会研发（R&D）经费支出占全市生产总值（GDP）的比例达到4.0%左右，基础研究经费支出占全社会 R&D 经费支出比例达到10%左右，每万人研发人员全时当量达到75人·年，每万人口发明专利拥有量达到40件左右，全市通过《专利合作条约》（PCT）途径提交的国际专利年度申请量达到1300件，知识密集型服务业增加值占 GDP 比重达到37%，新设立企业数占比达到20%左右，向国内外

---

① 《上海市人民政府关于印发〈上海市科技创新"十三五"规划〉的通知》，上海市人民政府，2016年8月5日，沪府发〔2016〕59号，http://www.shanghai.gov.cn/nw2/nw2314/nw2319/nw12344/u26aw48459.html。

输出技术合同成交金额占比达 56%。①

　　围绕上述目标，上海科创中心确立了全面的落实部署。一是以培育良好创新生态为核心，激发创新创业活力。加快完善政府、市场和社会多元主体积极参与、相互配合、协调一致的创新治理体系。以良好的创新治理、公平的市场环境、完善的创新功能型平台等，吸引和集聚创新资源，提升创新效率，推进上海建设创新创业之都。二是以原始创新为重点，提升创新策源能力。聚焦世界科学发展前沿，通过原创性研究和重点突破，提升科学研究影响力，开辟新领域、新方向，增强发展的主动权和话语权，提升上海在全球知识创造中的贡献度。三是以产业需求为导向，培育高附加值产业。面向传统产业升级改造、战略性新兴产业培育发展等重大战略需求，掌握具有自主知识产权的核心关键技术，向全球产业价值链高端跃升，加快提升上海产业技术创新能级。四是以惠民利民为根本，支撑城市和谐发展。注重城市高品质生活，着眼民生需求和重大社会挑战，加快科技成果集成应用，为超大城市可持续发展提供创新型解决方案，推动上海成为宜居宜业与人文荟萃之城。②

　　更为重要的是，上海科创中心在强调自身创新的同时，还注重创新辐射带动能力建设和带入全球化创新。《上海市科技创新"十三五"规划》强调，要以落实长三角区域一体化、长江经济带战略为契机，发挥上海科技创新的辐射、引领、示范、服务功能，拓展区域科技创新合作新局面。在推进长三角协同创新方面，要发挥长三角区

---

① 《上海市人民政府关于印发〈上海市科技创新"十三五"规划〉的通知》，上海市人民政府，2016年8月5日，沪府发〔2016〕59号，http：//www.shanghai.gov.cn/nw2/nw2314/nw2319/nw12344/u26aw48459.html。

② 《上海市人民政府关于印发〈上海市科技创新"十三五"规划〉的通知》，上海市人民政府，2016年8月5日，沪府发〔2016〕59号，http：//www.shanghai.gov.cn/nw2/nw2314/nw2319/nw12344/u26aw48459.html。

域协调发展的体制和机制优势，强化区域间顶层设计和统筹协调，促进功能互补和协同联动。围绕长三角区域共同关注的公共管理、环境保护、医疗卫生服务等议题，聚焦一批重大科技创新工程和产业创新项目，加强区域科技协同创新、技术转移链接、产业配套合作，力争在基础研究领域取得原创性突破，在关键核心技术领域具备自主掌控能力，形成基于产业链和创新链的长三角城市群分工与协作体系。在积极服务长江经济带战略方面，要依托长江经济带协同创新工作机制，支持上海高等院校、科研院所和企业与长江经济带区域内的相关机构建立产学研合作联盟。发挥长三角协同创新联席会议等协同机制的辐射作用，支持资金、信息、技术、人才等创新要素跨区域流动，联合长三角创新资源主动服务中西部、东北部、东部沿海等地区的科技产业发展，进一步提升上海创新辐射效应。

《上海市科技创新"十三五"规划》还强调，上海科创中心要积极参与高端领域国际合作，成为我国融入全球化创新的深度参与者和主导者，进一步提升上海科技创新的国际影响力。在进一步深化国际科技创新合作方面，应服务"一带一路"建设等，代表国家参与全球重大科技问题的国际合作。结合自身需求，建立和完善跨国科技创新对话机制，加强与国外高水平研究机构的交流合作，积极发起和参与国际间的科技创新合作。大力吸引知名科技组织和企业来沪设立分支机构、区域总部，鼓励在沪外资研发中心升级成为参与其母公司核心技术研发的大区域研发中心和开放式创新平台，支持外资企业承接本市政府科研项目。支持有条件的上海企业参与跨国创新投资、并购，赴境外设立研发中心，主动融入全球创新网络。此外，要充分展示上海科技创新影响力。要依托浦江创新论坛、中国（上海）国际技术进出口交易会、上海国际工业博览会等重大国际性科技交流活动，打造具有国际影响力的创新思想交流互动平台和科技创新成果展示、发布、交易平台。鼓励相关机构承办各类高水平的国际学术会议、展览会等，丰富与拓展各类国际交流活动，进一步彰显上海科技创新影响力。

二　把握世界历史潮流与中国崛起的普惠性

如前所述，率先创新或率先掌握创新均可能为中国崛起的可持续性贡献重大力量；与此同时，创新的普遍意义对于中国崛起的可持续性也很重要。如果一项创新所能惠及的范围过于有限，那么其对中国崛起的可持续性贡献就可能很小。事实上，上海科创中心争取实现全球影响力，本身正是为了更为准确地把握世界历史潮流，通过提升中国崛起的普惠性，从而提升中国崛起的可持续性。

法国经济学家托马斯·皮凯蒂（Thomas Piketty）在其著作《21世纪资本论》中指出，对当代史或近代史的经验研究和复杂模型均无法把握人类社会的复杂性；要理解人类历史的类型及其背后的结构，除长时段的历史研究外别无他法。[①] 世界历史往往有其自身逻辑或规律，正如著名经济学家查尔斯·金德尔伯格（Charles Kindleberger）所说，"历史的用处更多在于抵制变革，而非帮助引导或预测变革"。[②] 换句话说，理解世界历史潮流的重要性，根本上在于理解它对于国际关系的整体性和结构性限制。如果说肯尼思·沃尔兹（Kenneth Waltz）曾正确地指出国际体系对国家行为的结构性限制，那么世界历史潮流对国家行为的结构性限制或许更为全面、更为深远。由于所有国家在特定时期都受特定的世界历史潮流制约，因此一

---

① Thomas Piketty, *Capital in the Twenty - First Century*, Cambridge, Mass: Harvard University Press, 2014, pp. 574 - 575.

② Charles Kindleberger, *Historical Economics: Art or Science?* Berkeley: University of California Press, 1990, p. 7.

国在时事起伏中长期保持较为重要和有利的地位，在很大程度上受制于国家总体战略与世界历史潮流的相互关系。

尽管不同的国际关系理论给出不同的国家总体战略处方，但就国家总体战略与世界历史潮流的相互关系而言，仍可结合以下三个方面加以考察。首先，一国国家总体战略是否符合当时的世界历史潮流。一般而言，一国国家总体战略与当时的世界历史潮流要么相向而行，要么背道而驰。其次，一国国家总体战略既可能领先，也可能落后于当时的世界历史潮流，无论它是否与后者在取向上相一致。最后，世界历史潮流也有自身的生命周期，[①] 它可能重大地不同于地区性或领域性的历史潮流，而这些地区性或领域性的历史潮流很大程度上仍从属于整个世界历史潮流，尽管因其地域或领域不同而存在较大的特殊性。世界历史潮流的生命周期至少可以分为上升期和下行期两个阶段。处于向上时期的世界历史潮流，意味着它可能在当时的技术条件下是积极的；反之，它可能是消极的。由此可以得出，一国国家总体战略与世界历史潮流可有七种相互关系（见表 3 - 2）。

当世界历史潮流处于上升期时，国家总体战略与世界历史潮流可有三种关系。第一，如果一国战略领先于当时的世界历史潮流，它极可能收获重大战略利益，而类同于莫德尔斯基所论述的世界历史长周期中的体系性创新的战略收益。[②] 第二，如果一国战略与世界历史潮流相吻合但却落后，它可能或主动或被动地卷入整个国际体系，但由

---

① 有关国际规范的生命周期的讨论，可参见潘亚玲《安全化、国际合作与国际规范的动态发展》，《外交评论》2008 年第 6 期，第 51～59 页。

② 莫德尔斯基将国际体系中的领导者地位与体系性创新有机联系起来，认为正是体系性创新者或最早学会此类创新的国家，拥有最大的可能成为世界领导者。参见 George Modelski, *Long Cycles in World Politics*, London: Macmillan, 1987; George Modelski and William R. Thompson, *Leading Sectors and World Powers: The Coevolution of Global Politics and Economics*, Columbia: University of South Carolina Press, 1996。

于其参与相对较晚，因此已经难以从参与国际体系中获得重大收益，有时甚至可能付出重大代价，因为与体系性创新相联系的边际收益已经明显下降甚至为负。第三，当一国战略与世界历史潮流相背且落后时，该国可能被国际社会视作"反动"或"修正"的典型，甚至可能面临国际社会的集体制裁。南非种族隔离政权在20世纪七八十年代面临日益严厉的国际制裁便是明显例证，因其根本上与正迅速上升的当代人权观念相背。

表3-2　国家总体战略与世界历史潮流的相互关系

国家总体战略与世界历史潮流			
相向		相背	
领先	落后	领先	落后
向上	居于引领地位 获益丰厚	主动或被动卷入		逆潮流而动 代价高昂
向下	提前调整战略 迎接新潮流 体面进入新潮流 顽固维护旧潮流	追随无作为 抓住尾巴 被新潮流击败 转型困难 落后的优势 跨阶段发展	代表新潮流 可能陷入国际和 国内孤立 可能成为未来 体系的引领者	不代表新潮流 国家方向迷失 付出多种代价

资料来源：笔者自制。

当世界历史潮流开始走下坡路时，国家总体战略与世界历史潮流可有四种关系。第一，当其与世界历史潮流相符并领先于后者时，该国可能最早理解世界历史潮流的未来走向，可能较早思考新的世界历史潮流方向并做出战略调整，从而在新的世界历史潮流来临时获得相对体面的地位，如果不是二次崛起的话；当然，此类国家也可能因其领先地位而丧失对潮流转变的敏感，从而顽固地坚持和维护既有潮流，但由于其处于潮流前端的特殊地位，这一可能性并不大。第二，当一国国家战略符合但落后于世界历史潮流时，其相互关系取决于落后的程度到底有多大及其对世界历史潮流发展方向的判断：大多数国家只是随波逐流，其战略更多的是无所作为的追随；少数国家错误地认为已经开始走下坡路的世界历史潮流仍如日中天，进而抓住"历史的尾巴"而最终陷于失败；当然，还有部分国家的落后可能成为一种战略优势，因为这有可能导致更快的转型，实现跨越式的发展。第三，如果一国国家战略与走下坡路的世界历史潮流相背，但事实上领先于世界历史潮流，极可能意味着它代表着新的世界历史潮流。但这本身也存在诸多困难，特别是此时该国战略既可能因国内缺乏共识而不仅在国际上孤立、同时也陷入国内孤立，尽管在顺利的情况下可能直接成为未来体系的引领者。最后，最为糟糕的情况可能是一国战略与走下坡路的世界历史潮流相背且落后，这很大程度上暗示着一国战略与世界历史潮流关联度不大，国家战略陷入迷茫，由此而来的战略代价可能极高。

上述国家战略与世界历史潮流的相互关系的理论性论述明显过于抽象，下面以自 1648 年现代民族国家体系诞生以来的大国兴衰史为例对此加以说明。自威斯特伐利亚体系诞生以来，主权国家作为此后世界历史潮流的核心要素，大致经历了以下三个阶段的发展：一是主权国家规范的巩固与扩散时期，大致到第二次世界大战为止，这一时期主权国家规范和制度首先在西欧诞生，逐渐扩散到美洲及亚洲的日本；二是主权国家规范和制度的全球普及，主要是冷战时期，广大亚非拉国家获得国家独立，主权国家规范和制度得以全球性的确立；[①]三是冷战结束后对主权国家规范的质疑或争论，是否会浮现出新的规范及相应的制度迄今为止尚不明朗。这三个时期中不同国家的战略选择，几乎能为前述理论讨论提供所需的全部例证。

---

① Inis L. Claude, *States and the Global System*, London：Macmillan, 1988.

在主权国家规范巩固与扩散时期，少数较早确立主权国家制度的国家，事实上成为整个国际体系的引领者。它们成为引领者的方式不只是率先确立或接受主权国家制度，还往往通过对外殖民，以世界历史潮流中的落后者的主权为代价实现其领导者地位的获得；而那些在这一潮流中落后的国家，除少数国家主动接纳并建立主权国家制度外，大多数被殖民，从而被动地接受主权国家理念和制度。需要指出的是，对落后于世界潮流的殖民地国家来说，代价远不止于此。事实上，诸多前殖民地国家直到今天仍深受殖民主义"遗产"所害，而前殖民国家也仍在利用那一历史"遗产"获取私利。①

在主权国家规范和制度全球普及时期，大量亚非拉的殖民地赢得独立。较早倡导非殖民化或放弃殖民主义的国家，也能在这一国际体系中占据优势地位。例如，美国不仅没有从事传统意义上的殖民主义开拓，还在第一次世界大战结束后首倡民族自决，这为其最终成为世界霸主赢得了重要的道义支撑。当然，在20世纪五六十年代席卷全球的非殖民化运动中，与较晚且较不情愿放弃殖民统治的法国相比，较早且较为主动地放弃殖民主义的英国总体上获益更多或受损更小。②

从国际规范生命周期的角度看，目前仍处于主权规范发展的上升期，因为主权国家规范的内化进程仍在继续。因此，现在谈论主权规范的侵蚀或许还为时尚早。这也正是缘何目前围绕干涉、"保护的责任"等否定主权规范的理念竞争和外交斗争仍相当激烈的规范性原因。

---

① 有关这一点的讨论很多，其理论代表是依附论和世界体系论，实践分析的代表则体现在欧非关系的诸多讨论中，如 Walter Rodney, *How Europe Underdeveloped Africa*, Nairobi: East Africa Educational Publishers, 1972。

② David Strang, "British and French Political Institutions and Patterning of Decolonization," in T. Janoski and A. Hicks, eds., *The Comparative Political Economy of the Welfare State: New Methodologies and Approaches*, Cambridge: Cambridge University Press, 1994, pp. 278 – 295.

对世界历史潮流的判断正确与否，可能会重大地影响一国的历史命运。总体而言，与特定世界历史潮流相悖的国家战略，可能遭遇重大挫败；反之，则有重大的获益。例如，大致从 1887 年柏林会议达到顶峰之后，对外殖民便已不再符合世界历史的发展方向；或者说，殖民主义正逐渐为新的国家平等主义所取代。这样，主要基于殖民主义仍是主导性的世界历史潮流的错误假设，德国两次发动世界大战争取"阳光下的地带"、日本试图通过二战建立大东亚共荣圈，其失败也就不可避免。① 相比之下，美国在反殖民主义方面可能有些超前并曾在一段时间内陷入国际和国内孤立，但观察其此后的历史命运，仍不能不承认美国的获益颇丰。

那么，如何正确地判断世界历史潮流，并通过科技创新予以把握呢？的确，世界历史潮流本身难以捉摸；尽管如此，我们仍需尽可能地把握并预判世界历史潮流的未来发展方向。总体上，世界历史潮流的发展方向取决于三个要素的互动：一是人类社会最基本的单元，即个人的基本需求的发展态势；二是保障个人基本需求的政治制度的发展态势；三是连接个人与政治制度的中介，即技术的发展态势。这很大程度上与当代国际关系中的三大传统②，即个人主义、民族国家和技术进步——是相吻合的。这三大传统在可预见的时间内的主要发展方向及其互动方式，将很大程度上决定世界历史潮流的基本发展方向。

---

① 张春：《中国实现体系内崛起的四步走战略》，《世界经济与政治》2014 年第 5 期，第 57 ~ 58 页。

② Vincent Ferraro, "The Challenge of Tradition," A Talk to the Mount Holyoke College European Alumnea Council, Amsterdam, March 22, 1997, http://www.mtholyoke.edu/acad/intrel/amster.htm. 霍布斯鲍姆在其《革命的年代》一书中也对这三大传统作了论述，见〔英〕艾瑞克·霍布斯鲍姆《革命的年代：1789 ~ 1848》，王章辉等译，江苏人民出版社，1999，第 12 ~ 15 章。

个人是包括国际关系在内的全球社会的最基本单元。根本上，所有参与人类交往的行为体都是由个人所组成的形式或规模不一的团体，这在当今各类非国家行为体快速发展的时代体现得尤为明显。自启蒙运动起，个人主义传统便成为国际关系的重要传统之一；根据这一传统，个人是且应当是政治事务因而也是国际事务的中心角色。[①]依照国际关系的个人主义传统，国际关系的最根本问题或使命，是如何满足个人层次的基本需求，也即基本人权问题；由于其根本重要性，满足个人基本需求进而也成为世界历史潮流的核心问题。

尽管由于国家或其他政治制度的存在，生活于不同国家或政治制度下的个人需要可能存在差异，但总体上仍被认为存在一些基本的共同需求，特别是如衣食住行等物质性基本需求，言论、思考、人权等非物质性基本需求；前者更多表现为经济性权利，而后者则表现为政治性权利。[②]当前国际社会中对这两类权利或个人基本需求孰先孰后的争论，其背后很大程度上有关对世界历史基本潮流的价值判断。需要指出的是，这两类基本需求的相互关系事实上可从两个层次加以考察。在国家或政治制度的层次上，对个人来说，当物质性基本需求或经济性权利得到基本满足之后，对非物质性基本需求或政治性权利的关切可能明显上升；个人基本需求在跨越特定的物质—非物质性需求门槛后的转向，对政府或政治制度有着近乎相反的影响，即随着物质性基本需求的满足水平提高，提供更多更为丰富的物质性需求的边际收益特别是政权合法性，可能呈明的下降态势，这就要求国家必须调整自身满足个人基本需求的基本方向，或实现国家功能的重大转

---

① John P. McKay et al. , *A History of Western Society*, Boston：Houghton Mifflin Co. , 1979, pp. 558 – 569.

② 有关人权的相对主义与自然主义观念的争论，可参见〔英〕R. J. 文森特《人权与国际关系》，凌迪等译，林地校，知识出版社，1998，第 74 ~ 79 页。

型。而在全球层次上，随着时代进步和技术发展，尽管诸多国家、地区人民的物质性基本需求仍未得到充分满足，但考虑到以联合国千年发展计划和 2030 年议程等全球发展努力，物质性基本需求的满足事实上正逐渐从核心关切中移除，或至少其重要性或优先程度正经历大幅下降，而技术发展和信息自由导致的全球大众政治觉醒将使非物质性基本需求受到更大关注，如更大的政治自由、政治参与、言论自由等；而对个人来说，对自身物质性基本需求的特殊性的关切，也正逐渐上升为一种非物质性关切。全球层次的个人需求转变，可能导致部分团体在物质性基本需求尚未得到充分满足的情况下就转而追求非物质性需求，这也对国家或政治制度满足个人需求的能力提出了新的挑战——它事实上是当前诸多落后地区的政治极端化发展的重要逻辑之一。例如，当前席卷全球的宗教极端主义，其参与人员中有很多甚至处于相对严重的物质性需求匮乏之中，推动其政治立场极端化发展的重要原因之一便是其将非物质性需求置于更为优先的地位。①

从整个人类发展史可以看出，个人基本需求的满足一贯需要特定的政治制度加以保障。其最为基本的原因在于，由于生产力和技术水平低下，在相对恶劣的生存环境面前，个人必须集合其力量建立各式政治制度，确保个人能从自然状态中生存下来。换句话说，个人的基本需求很大程度上不是通过"自助"而获得的，而是通过集体的力量或者说通过让渡权力予霍布斯所倡议的"利维坦"而得到保证。即使是在洛克或卢梭所认为的相对和谐或理想主义的自然状态中，个人的力量仍不足以完全保护个人权利，因此主权国家或政治制度之所

---

① 根据挪威建设和平资源中心（NOREF）的一项研究，贫困与恐怖主义没有必然联系。See Atle Mesoy, "Poverty and Radicalisation into Violent Extremism: A Casual Link?" *NOREF Expert Analysis*, January 2013.

以必要正是为了更好地保障个人权利。[①] 这也正是当代国际关系中的主权国家传统的起源及其得以持续到今天的根本原因。

需要指出的是，任何集体性的制度一旦确立，随之会产生相对于个体的独立性。就保障个人基本需求的政治制度特别是当代的主权国家而言，它极可能因此产生自身的相对逻辑，甚至与其本应保障的个人基本需求相背离。其中最基本的原因在于，主权国家或政治制度存在的根本逻辑是将个人从国际无政府状态或自然状态中解放出来；这意味着，对主权国家或政治制度的存续而言，消灭国际无政府状态或自然状态意味着其不再具有继续存在的意义，因此设法维持某种程度的国际无政府状态或自然状态——这本是其理应消除的——便成为其延续存在的合乎逻辑的需求。当前有关主权国家合法性的外部承认或内部治理何者更为重要的争论本身，便体现出上述逻辑：强调外部承认重要性的，更多是基于主权国家自身的生存逻辑；而强调内部治理重要性的，则重点强调主权国家对个人基本需求的满足。[②] 事实上，当有效的外部承认主导合法性来源时，主权国家对其创设要求即满足个人基本需求的关注就不那么重要了；而当有效的内部治理主导国家主权合法性来源时，个人基本需求的满足便提到了更为优先的议事日程上。这也正是主权国家演变史上的一个基本趋势，它也影响着对何种政治制度更能满足个人基本需求的理解：尽管目前是西方式民主制度总体上占据优势，但在对政治制度的早期讨论中，对不同类型的政治制度的优劣次序排列可能是完全不同的。例如，柏拉图便认为，民

---

① Hedley Bull, "Society and Anarchy in International Relations," in Herbert Butterfield and Martin Wight eds., *Diplomatic Investigation*, Cambridge, Mass.: Harvard University Press, 1966, pp. 40–45.

② 有关这一点的讨论，可参见张春《秩序抑或正义？——自决原则对主权合法性》，《国际环境与中国的和平发展》（上海社会科学院世界经济与政治研究院《国际关系研究》第三辑），时事出版社，2006，第 201~209 页。

主制度仅比暴政略好，是倒数第二差的政治制度。

如果说个人基本需求与保障个人基本需求的政治制度处于两个对立端的话，那么联系这两者的便是技术进步。技术变革最经常地被当成一种"外部震撼"——它是一种外部力量，赋予体系一个启动力量，从而发动体系内的一系列变革。这是因为：第一，技术构成了宏观历史考察通常所要关注的大的"结构性力量或条件"；第二，技术变革本身是个复杂的历史进程，它会激发其他的大规模结构因素，如人口、市场等；第三，技术变革经常被认为具有中层的社会效应，这与其最初的目的并不相同。[1] 当代世界信息和通信技术的迅猛发展及其广泛传播和应用使收集信息、制定决策和执行决策的过程几乎可以同时完成，不必再考虑自然地理位置上的差异，真正形成吉登斯所谓的"脱域机制"。[2] 但就世界历史潮流而言，所有的技术发展本身都是中立的，它既可能有利于个人基本需求的更好满足，但同时也可能为政治制度提供压制个人基本需求的更好工具。一方面，由于重大的技术突破往往需要重大的组织能力支撑，或者说更多的是国家或组织性努力，因此最终的技术成果通常是被国家或大型组织（企业）利用，进而总体上不利于个人基本需求的满足。另一方面，在全球化特别是现代通信技术快速发展的时代，技术发展极大地降低了政治活动的组织规模和动员资本要求，同时极大地提高了动员效率和动员速度，从而朝向有利于差异化与个性化的方向发展，[3] 这将更有利于个人基本需求的满足。

---

[1] Daniel Little, "Explaining Large - Scale Historical Change," *Philosophy of the Social Sciences*, Vol. 30, No. 1, March 2000, pp. 89 - 112.

[2] 关于"脱域机制"内涵的论说，参见〔英〕安东尼·吉登斯《现代性的后果》，田禾译，黄平校，译林出版社，2000，第18~26页。

[3] 〔美〕克莱·舍基：《未来是湿的：无组织的组织力量》，胡泳、沈满琳译，中国人民大学出版社，2009，第5章。

世界历史潮流根本上是由上述三个要素的互动所决定的。如果将个人需求与政治制度视作一座天平秤的两个托盘，那么技术发展便是其中的砝码。天平秤朝向个人需求一端或政治制度一端的倾斜，很大程度上取决于技术发展这一砝码。就整个世界历史潮流本身的发展而言，其发展路径很大程度上并非如同科学主义或进步主义所宣称的线性进步，而是在天平秤两端来回摆动或此升彼降；得益于技术进步，这一钟摆式摆动并非低水平式重复的循环，而是一种螺旋形上升的摆动，也即在这一摆动中无论是个人需求，还是政治制度的道德性或合法性门槛都在上升。

更为具体地，迄今为止的世界历史潮流主要经历了两个发展阶段：在相当落后的原始社会阶段，主要由于人口稀少、政治意识薄弱及技术落后，大型的政治组织难以形成，因此当时更多以个体力量为主导；随着人口增多、技术发展及资源稀缺的出现，政治组织逐渐出现，世界历史潮流进入第二个发展阶段，即技术发展更多地有利于政治制度，进而使个人利用技术维护或追求自身基本需求的能力受到重大制约。进入20世纪后半期，随着全球化、技术革命和个人政治觉醒的相互结合，当代根本性的技术、经济和社会变革正推动人类交往的根本目的从追求生存必须逐渐转变为维护生存质量，个人正日益回归国际事务的中心。世界历史潮流正朝向第三个发展阶段迈进，即朝向更高水平的个人基本需求满足一端回摆。

从上海科创中心的实施意见及配套举措可以看出，上海科创中心的建设很大程度上是基于当前世界历史潮流的准确把握，进而对中国崛起的普惠性和可持续性都有重要的促进作用。例如，《上海市科技创新"十三五"规划》围绕打造发展新动能确立了4个方面的20项重点任务和方向，即构筑智能制造与高端装备高地、支撑智慧服务发展、培育发展绿色产业、提升健康产业能级等4个方面，涵盖智能制造集成、机器人、深远海洋工程装备、民用航空发动机与燃气轮机、导航与遥感、网络安全、大数据及云计算、高端核心芯片、智能电网、新能源汽车和智能汽车、新一代核能、高性能医疗设备、移动医疗等20个重点任务和方向。更为重要的是,《上海市科技创新"十三五"规划》特别提出要应对民生新需求,凸显"科技,让生活更美好"的理念,围绕保障城市安全运行、营造绿色宜居环境、共享健康安心生活、实现高效便捷出行等4个方面,提出城市综合安全运行与智慧管理、城市地下空间的综合利用与安全、水资源保护与高效利用、绿色建筑与生态社区建设、食品营养与安全保障、健康老龄化、精准医学与个性化医疗、交通设施智能化等12个重点任务和方向,着力体现民生问题的科技支撑系统解决方案,让市民切身感受到"医、食、住、行"的安心、便捷、可靠。[1]

第三节　科创中心建设的新作为

上海科创中心建设的新作为,不仅要实现科技创新本身的新作为,更要在为中国实现体系内创新型崛起方面做出新贡献。而这就要求做出两个方面的突破:一是突破科技创新本身,实现在科技方面的创新,特别是创新思维、创新方向等方面;二是突破科技创新与经济发展的思维,从国家实现体系内创新型崛起的角度思考科技创新,建立科技创新与国家崛起的联动机制。

---

[1] 《上海市人民政府关于印发〈上海市科技创新"十三五"规划〉的通知》,上海市人民政府,2016年8月5日,沪府发〔2016〕59号,http://www.shanghai.gov.cn/nw2/nw2314/nw2319/nw12344/u26aw48459.html。

一 抢占全球科技创新新高地

大量科技创新更多是从技术突破角度思考问题，但上海科创中心要实现"新作为"，就必须突破单纯的科技创新本身，从更为宏观的角度思考全球科技创新的新高地。而这又必须从对前述的世界历史潮流的判断与把握入手。回顾人类发展历史，可以认为，个人正逐渐回归国际政治，诸如人权、"保护的责任"等理念都是其证明；由此而来，科技创新应当围绕两个方面展开：一是如何使其更加有利于个人；二是如何控制这种高度个性化的技术的消极影响。

尽管对个人是否已经或正在回归国际事务中心存在大量讨论，但诸如以人为本的发展、人类安全等理念的兴起，仍表明这一事态有强化趋势；换句话说，在经历了较长时期的更有利于政治制度的独立性之后，当代技术发展正朝向更有利于个人基本需求的方向发展，从而使得世界历史潮流也从政治制度一端向个人需求一端回摆。如果连续地看，就国际政治的基本行为体而言，存在一个从大写的、抽象的人转变为小写的、具体的人的发展趋势。类似地，回顾政治哲学发展史，可以发现其关注对象的长时段的相似变化：从一开始的神到半神半人，再到集体的人，当前的关注核心已逐渐转向具体的个人。世界历史潮流向个人一端的回摆对当前的国际体系特别是中国的体系内创新型崛起有着重大的理论和现实意义。

第一，个人回归对整个国际关系的未来发展有着重大影响。一方面，主权国家合法性正逐渐从先前的国际承认或外部合法性，转向当前的国内公众承认和接受或内部合法性。如前所述，主权国家本身的规范生命周期刚进入第三阶段。在其规范生命周期的前两个阶段，出于规范扩散的要求，新生的主权国家的合法性根本上来自已成功确立主权制度的国家的承认，其标准是前者对特定领土的有效统治。例如，《联合国宪章》事实上对主权国家的这一外部承认的合法性来源更为有利。随着主权国家规范和制度的全球性普及，外部承认对一国主权已经不再重要，或者说外部承认对主权国家的增生来说已不再稀缺，于是主权国家的合法性逐渐转向内部承认，即得到被统治者或国内公民的承认。这明显是一种有利于个人基本需求而非主权国家制度的发展。另一方面，国际事务中个人道德规范与国家道德规范的日益交织甚至混淆。传统意义上，国家无须应用与个人相同的道德体系；或者说，国家的道德是中立于个人道德的。但随着对具体个人的关注增多，诸如人权、人道主义干涉、保护的责任、人类安全等概念的发展，使得国家行为必须将个人置于更为重要的地位，进而适用于个人的诸多道德原则正日益渗透到国家间关系或全球事务中，并导致了一种"权利即权力"（right is might）① 的逻辑逐渐主导国际事务。这样，对全球事务中的议题关注也逐渐从传统的生存议题转向尊严议题。② 这尤其明显地体现在当代的人道主义干预中，考虑到人道主义危机背景下的"国家失灵"，采取个人道德标准行事似乎有相当的合理性。③ 当前的全球化和技术发展，更进一步加剧了这一从生存议题向尊严议题的转变进程，特别是导致了一种就传统行为体而言的"权力终结"和就具体个人而言的"权力扩散"效应，对传统的治理机制而言，权力在现时代越来越难以获得，同时维持或保有此等权力

---

① 有关"权利即权力"的逻辑源于这样的推理，即由于个人拥有特定的权利但往往缺乏相应的保证权利得以兑现的手段，因此个人有权要求拥有相应的权力，其结果便是因有权利而有权力。较早提出这一逻辑的西方思想家是雨果·格劳秀斯（Hugo Grotius）。参见 *The Politics Book*, London: Dorling Kindersley Limited, 2013, pp. 94 – 95。

② ZHANG Chun, "Managing China – U. S. Power Transition in a Power Diffusion Era," Conference Proceedings, The International Symposium on The Change of International System and China, September 27 – 28, 2013, Fudan University, Shanghai, pp. 171 – 172.

③ Malene Mortensen, "Individual Morality in Humanitarian Intervention," *E – International Relations Studies*, April 13, 2013, http://www.e – ir. info/2013/04/13/individual – morality – in – humanitarian – intervention/.

的难度越来越大、时间越来越短。① 个人道德标准日益渗入国际关系领域，或个人道德标准日益用于指导主权国家间关系，对整个国际体系的运转及单个国家的战略选择有着重大影响，也同样重大地塑造着中国实现体系内创新型崛起中的道德崛起要素，② 因其根本上标志着国际社会的道德标准的重大历史性转向。

第二，世界历史潮流中的个人回归，将促进国际体系从早期的封闭性、独占性国际体系向着开放性、包容性和共享性的国际体系转变。由于技术发展相对落后，早期的国际体系往往被天然地分割为不同的相互独立的区域，因此早期的大国崛起更多地集中于建立相对孤立、封闭和独占的"俱乐部"。但这些努力最终大多以失败告终，最为明显的案例便是欧洲大陆上的多次帝国尝试与中国封建时代的相对开放和包容的朝贡体系的对比。欧洲大陆真正走向开放体系的建设，是在第二次世界大战之后。在此之前，从早期的古希腊、斯巴达和雅典帝国、古罗马帝国、神圣罗马帝国、拿破仑帝国直到威廉一世和希特勒德国，都是建立封闭帝国的尝试，其失败也是明显的，尽管有的帝国在创建之初也颇具开放性进而延续的时间相对较长。③ 相比之下，封建时期中国的开放性和包容性远非欧洲大陆的历次帝国努力所能比拟的，因此其延续时间相对长得多，其朝代更迭也远不如欧洲帝国征战的残酷与壮烈。可以认为，封建时期的中国在强调武力的同时

① 〔美〕莫伊塞斯·纳伊姆：《权力的终结：权力正在失去，世界如何运转》，王吉美、牛晓萌译，中信出版社，2013，特别是第五章"国家政治中的权力衰退"。
② 有关中国的道德性崛起的讨论，可参见张春《建构中国特色的国际道德价值观体系》，《社会科学》2014年第9期，第11～21页。
③ 这方面的典型是雅典帝国和古罗马帝国，可分别参见〔古希腊〕修昔底德：《伯罗奔尼撒战争史》，谢德风译，商务印书馆，1960；〔美〕爱德华·勒特韦克《罗马帝国的大战略：从公元一世纪到三世纪》，时殷弘、惠黎文译，商务印书馆，2008；〔日〕盐野七生《罗马人的故事I：罗马不是一天建成的》，计丽屏译，中信出版社，2011，第二章，特别是有关罗马公民权与雅典公民权的对比。

对于道德力量的使用也远比欧洲大陆的历次帝国尝试高明得多。[①] 当然，从西方体系的发展过程中也可以看到类似发展：英国人创建的体系远比荷兰人的更为开放；而美国之所以能从英国人手中接过霸权，原因不仅在于其实力超过英国，更在于其体系比英国的更为开放和包容。

今天，在全球化和当代技术革命的推动下，国际社会不再是封闭的，相反其开放性、可渗透性、包容性和共享性都正与日俱增。其中，最为重要的是当代技术发展导致的"时空压缩"效应：一方面，传统上静止的空间正日益动态化，包容现实和虚拟空间的扩大和因时间静态化发展而日益明显的"脱域机制"；另一方面，传统上动态的时间呈现明显的静态化趋势，特别是在即时通信技术推动下的共时性明显强化，这使传统的线性叙事结束面临愈益严峻的冲击，而各种平行叙事则迅速扩张——尽管往往严重缺乏生命力。[②] 静态空间的动态化与动态时间的静态化的结合，使任何当代的国际交往都更少秘密可保，都更难以独占，进而变得日益开放和包容；它不仅使得国际社会"地球村"意识日益强烈，而且要求各国战略和外交更加具备适应"环球迅疾同此凉热"的应变速度和能力。对中国的可持续崛起而言，其最为核心的逻辑便是要求中国崛起的成果不仅要在国内实现平等共享，而且更要在全球范围内实现平等共享；正是在这一意义上，当前中国"一带一路"倡议所强调的"共商、共建、共享"原则具

---

① 正如周恩来总理所指出的，"凡文事者必有武备"。因此，尽管封建时期的中国对道德性力量的使用远较西方早并在维持其朝贡体系中有过重要作用，但缺乏强力支持的中国最终仍只能在殖民主义列强的坚船利炮面前屈服。

② 相关讨论可参见〔美〕道格拉斯·洛西科夫《当下的冲击》，孙浩、赵晖译，中信出版社，2013，第1、3章。著名社会学家安东尼·吉登斯也对此有过类似探讨，他称之为"脱域"机制，参见〔英〕安东尼·吉登斯《现代性的后果》，田禾译，黄平校，译林出版社，2001，第18~25页。

有显著的时代引领性，或者说站在了世界历史潮流的前列。

第三，世界历史潮流朝向个人一端的回摆，不仅促使世界历史的天平逐渐向个人一侧倾斜，也对国家自身实力的使用产生了重要影响，特别是军事武力的使用逐渐出现道德化趋势。回顾伯罗奔尼撒战争，当时对力量使用的概念相当明确：大国或拥有军事武力的国家都认为"实力就是权力"（might is right），大国对于小国仅有的选择，即道德呼吁往往不屑一顾。其最明显的体现便是雅典人与弥罗斯人的辩论。当弥罗斯人借助道德理由拒绝雅典人的吞并时，雅典人回应道，大家"都知道正义的标准是以同等的强迫力量为基础的；同时也知道，强者能够做他们有权力做的一切，弱者只能接受他们必须接受的一切"。① 随着人类国际生活的发展，有关权力的使用被添加了越来越多的道德限制。这可以非常明显地从战争的演变中看出。从一开始近乎无所节制的战争——包括目的和手段使用两方面，到宗教神学对"正义战争"的强调，再到以意识形态为战争贴上合法性标签，直到今天战争或军事手段必须在符合一系列的条件下才能使用；② 这可简单地总结为"战争的道德化"发展。与此同时，战争背后的逻辑演变还有另一主线，即从寻求生存必需品到维护特定的生存质量的发展。③ 可以认为，国家力量的单一使用已经非常罕见——如果不说已然消失的话。无论是大国还是小国，都会将硬实力与软实力，特别是抢占道德高地当作重中之重。也正是由于这种国家权力使用的道德性限制的增多，才使得诸如软实力、巧实力等打开权力"黑箱"的

---

① 〔古希腊〕修昔底德：《伯罗奔尼撒战争史》，谢德风译，商务印书馆，1960，第413～417页。

② 有关正义战争的理论及其发展，可参见 Michael Walzer, *Just and Unjust Wars: A Moral Argument with Historical Illustrations*, New York: Basic Books, 1977。

③ 有关战争性质的演变，可参见潘亚玲、张春《战争的演变：从寻求生存必需到维护生存质量》，《国际论坛》2002年第4期，第14～21页。

努力得以被接受并普及。国家实力使用的道德化或道德门槛提升，对于中国崛起的创新性也有着重要的启示意义。中国一贯强调自身崛起的和平性，但这恐怕还不够充分；中国应当更进一步强调，中国在崛起过程中，经济权力、政治权力、军事权力、文化权力等各类权力的行使及其相互转换的合道德性，或更有利于不只是国内民众个人基本需求的满足。这很大程度上是当前中国崛起过程中遭遇的最重大挑战，尤其明显地体现在亚太地区"经济上靠中国、安全上靠美国"的二元结构上。

由上可以看出，随着个人日益回归国际政治，科技创新战略也应及时加以适应，特别是如何促进个人权益，同时也应关注对个性化技术的规范与管理。一方面，随着个人变得日益重要，科技创新不能再简单地聚焦大项目、战略项目和经济项目，而应思考创新的个性化、人性化与开放性。仅以智能手机并不长的发展历史就能看出，但凡更具个性化、开放性的手机，其市场占有率、受欢迎程度等都更高。例如，在苹果手机问世前，智能手机相对而言更多以机器为主，用户需要适应机器而非相反；而苹果手机的问世则颠覆了智能手机的既有设计理念，真正以用户为主，从而也带动了其他智能手机的技术转型与创新。要实现这一创新理念的转型，一个重要的手段便是真正推行大众创业、万众创新，使广大个体参与上海科创中心的建设，引入更多个性化的创新理念。总体而言，目前无论是上海地方还是国务院的有关上海科创中心的相关规划，都对此不够重视，并未真正将广大个体纳入上海科创中心的建设中。普通大众在当前上海科创中心建设中的作用，更多是被动的接受者。例如，上海科创中心"22条"只是简单地提及，要"秉持开放理念，弘扬创新文化，培育大众创业、万众创新的沃土，集聚国内外创新企业、创新要素和人才，共同推进科技创新中心建设"，"各区县要因地制宜、主动作为，利用中心城区和郊区不同区位条件和资源禀赋优势，创新政府管理，搭建开放创新平台，完善创业服务体系，提升环境品质，营造大众创业、万众创新的良好环境，闯出因地制宜、各具特色的创新发展新路"。国务院《上海系统推进科创中心方案》也仅提出要"打造开放便捷的众创空间，形成对全社会大众创业、万众创新的有力支撑"，但仍缺乏相对具体的针对大众参与的举措。很大程度上，无论是上海科创中心还是中国的科创战略，都应当加大力度鼓励发展面向大众、服务中小微企业的低成本、便利化、开放式服务平台，引导各类社会资源支持大众创业。

在激发大众参与科创事业、确立创新型科创思维的同时，上海科创中心的新作为也要体现在自身规范、管理科创的能力建设上。所有的技术创新本身都更多是中立的，但可能产生具备道德意义的政治、经济、社会影响。政府部门必须对技术之外的政治、经济和社会影响加以管理，而非一味鼓励创新，就此而言也需要有创新思维，同时也要配备相应的技术创新。具体而言，这些创新更多是制度层面的技术创新，如政府放管服的技术创新、财政投入与管理技术、科技创新评价技术、知识产权保护等技术创新。

二 科技创新与体系内创新型崛起的联动机制

任何科技创新都与国家发展有着重大关联，在大国崛起的过程中，科技创新具有更为重要的战略意义。例如，19世纪末20世纪初，正是由于德国将军事技术突破特别是海军技术创新放在首位，英国的海上霸权地位受到直接和公然的挑战，使英国转而与美国建立特殊关系、遏制德国崛起。从更为长期的历史轨迹看，正是由于德国不恰当的科技创新战略，英德关系、英美关系发生转变，进而直接引发了一战，并为更为长期的美国崛起直至当今世界霸权奠定了基础。就此而言，上海科创中心的战略方向、战略举措等可能对中国长期的体系内创新型崛起产生重要影响。在这一背景下，上海科创中心如何与国家体系内创新型崛起形成良性的联动机制，有着重要意义。

一方面，上海科创中心的战略取向，与中国崛起的四个维度之间的优先次序有着紧密关联。如前所述，鉴于当前国际体系转型进程和中国崛起的特殊性、时代性，中国不应当将军事硬实力的崛起优先于制度、道德性的崛起，尽管必须强调经济崛起的基础地位。由此而来，上海科创中心建设的战略选择，应当注意两个方面的问题。一是创新行业产业的选择或优先次序的确立，不应将那些具有高度战略重要性且较为明显的军民两用性行业产业创新置于过高地位，避免对美欧等形成刺激；换句话说，围绕诸如航空航天航海等与军事建设关系密切的行业的创新，应当更多强调其经济性、商业性，避免过度宣传使之成为所谓"国之重器""国之利器"，进而予人明显的进攻性印象。二是无论是上海科创中心建设还是更大的国家科技创新战略，都不应过度宣传其军事性、战略性，更不能自吹自擂，避免刺激美欧对中国崛起的敏感心理。需要指出的是，任何技术突破都可能推动一国甚至民族的心理、文化等的变化，并极大地改变其政治行为。因为技术发展不仅构成了宏观历史考察通常所要关注的大的"结构性力量或条件"，它本身还是个复杂的历史进程，可能会激发如人口、市场等其他的大规模结构因素；此外，技术变革经常被认为具有中层的社会效应，这与其最初的目的并不相同。当代世界信息和通信技术的迅猛发展及其广泛传播和应用使收集信息、制定决策和执行决策的过程几乎可以同时完成，不必再考虑自然地理位置上的差异，真正形成安东尼·吉登斯（Anthony Giddens）所谓的"脱域机制"。[1]

---

① 关于"脱域机制"内涵的论说，参见〔英〕安东尼·吉登斯《现代性的后果》，田禾译，黄平校，译林出版社，2000，第18～26页。

　　另一方面，要切实理解中国崛起的未来方向，特别是与历史上大国崛起的根本差异，从而将上海科创中心建设纳入其中，思考中国崛起的创新性和可持续性。其一，要及早理解、掌握甚至引领当代技术进步的历史性趋势及其对世界历史潮流的意义，深入分析当代技术革命对于个人基本需求满足的促进和遏制因素，进而发展出合理的技术使用战略，既做到有力地促进个人基本需求的满足，同时又能使其服务于国家机器的建设、完善和转型。其二，由前一点而来的，中国与国际社会一道寻求主权国家的长期、合理的转型之路，这一转型不应涉及制度性质之争，而应聚焦于国家提供特别是满足个人基本需求方面的公共产品的功能优化。更为具体的，主权国家不应再全面垄断所有公共产品的供应，而应对公共产品的核心要素（对主权国家的存续至关重要）和非核心要素加以区分，并在确保甚或提升核心类公共产品供应质量的同时，外包但有效监管非核心类公共产品的供应，从而实现国家的合理转型；在此过程中，推动一种新型国际关系的构建。其三，中国还应发挥自身社会主义制度在大众动员方面的传统优势，设计出适应新环境、新条件的大众动员机制，合理引导国内民族主义和更为具体的个人基本需求的发展，将个人基本需求与国家长远发展利益有机结合起来。最后，进一步强化对世界历史潮流发展态势与国家战略设计的研究，在平行叙事日益渗透的背景下，应组织足够力量并提供充分保障使其有可能坐"冷板凳"、搞"冷研究"，围绕一些世纪性、战略性问题提前筹划、长期攻关，提出能适用较长时期的长远、全面和综合性的战略设计，进而推动中国实现体系内创新型崛起。

第四章 社会治理：创新体系内创新型崛起的社会动员

　　简单地对比改革开放 40 年来中国与非洲的发展轨迹便可看出，社会稳定是一国可持续发展的根本前提。1978 年，中国的人均国内生产总值（GDP）仅为 156 美元，是非洲（453 美元）的 1/3 左右，不到肯尼亚（352 美元）的一半、尼日利亚（527 美元）的 1/3，更是不到南非（1652 美元）的 1/10。但在 2017 年，情况发生了重大变化，中国人均 GDP 已达到 8827 美元，是 1978 年的 57 倍；反观非洲，增长最快的肯尼亚也仅为 4.3 倍，中国人均收入已经超过绝大多数非洲国家；2017 年，中国人均 GDP 是撒哈拉以南非洲和肯尼亚的 5 倍多、尼日利亚的 4 倍多、南非的 1.4 倍。[①] 是什么导致中国与非洲的发展水平在短短 40 年里发生了如此巨大的"逆转"？可提供的解释很多，但一个相当重要的解释是，中国在过去 40 年里保持了社会的较长时期稳定，而非洲则在经历了独立后头十年的快速发展后陷入了各种危机、冲突甚至战争之中。正是社会稳定水平的重大差异，导致中国和非洲的发展路径产生了根本性差异：中国在过去 40 年里

---

① 笔者根据世界银行数据库计算得出，https：//data. worldbank. org/。

得以专注于社会经济发展，并迅速崛起为世界第二大经济体；相比之下，非洲大多数国家由于社会不稳定，国家安全形势严峻，其原本有限的资源更是被过多地分配到和平安全领域，不仅整个国家思维围绕安全，而且也严重欠缺用于发展的资金资源，这又会导致另一个恶性循环，即由于缺乏发展思维和发展资源，欠发展只会进一步加剧安全挑战，其结果是更加不安全和不发展。正是在这一意义上，中国始终将确保社会稳定、为可持续崛起创造有利的内部环境放在相当关键的地位；更为重要的是，有效的社会治理不仅能提供稳定的社会经济发展环境，更可促进推动中国可持续崛起，这也正是中国特色社会主义的重要特征之一，即"集中力量办大事"。但需要指出的是，随着我国社会主要矛盾转变为人民日益增长的美好生活需要和不平衡不充分的发展之间的矛盾，加上网络时代的平行叙事正日益占据主导，因此必须围绕社会治理作重大创新，改变既有的社会动员方式，推动中华民族伟大复兴事业继续前进。由此而来，上海实现社会治理新作为，不仅需要从地区经济社会发展的角度思考问题，更应思考当前社会治理的国内国际环境的变化，特别是中国实现体系内创新型崛起的社会动员方式转型。

第一节　上海社会治理的战略与政策实践

作为一个超大型城市，要创建卓越的全球城市，上海就必须创新社会治理模式。特别是，在当前的社会转型期内，公民对社会治理的要求日益提高，新群体、新行业、新组织不断涌现，老龄化程度加剧，高层次人才比例偏低，城市发展的软环境仍待改善，市民素质和城市文明程度需要提高，国际化、市场化和法治化水平需进一步提升。因此,习近平总书记提出上海要实现社会治理新作为,就是要求上海创新城市治理方式,加强精细化管理,在精治、共治、法治上下功夫,走出一条符合超大城市特点和规律的社会治理新路子。要强化依法治理,善于运用法治思维和法治方式解决城市治理顽症难题,努力形成城市综合管理法治化新格局。提高城市管理标准,更多是运用互联网、大数据等信息技术手段,逐步提升城市科学化、精细化、智能化管理水平,激发全社会活力,群众的事同群众多商量,大家的事人人参与。继续强基础、补短板,聚焦影响城市安全、制约发展、群众反映强烈的突出问题,加强综合整治,形成常态长效管理机制。①在习近平总书记提出新作为要求后,上海迅速行动落实并出台了上海社会治理的战略规划,全市也大力配合,正开创上海社会治理的创新格局。

一 上海社会治理的战略设计

2014 年 3 月 5 日,习近平总书记参加十二届全国人大二次会议上海代表团审议时指出,加强和创新社会治理,关键在体制创新,核心是人,只有人与人和谐相处,社会才会安定有序。此后,上海迅速展开全面调研,落实部署实现社会治理的战略规划。随着基层力量增强、服务管理能力提升、法治保障不断完善,党建引领下的自治共治格局基本形成,上海探索出一条符合超大城市特点和规律的社会治理新路。特别重要的是,上海于 2017 年 3 月公布《上海市社会治理"十三五"规划》,这不仅是上海实现社会治理新作为的战略纲领,更是全国首个省级社会治理五年规划。

---

① 《国务院关于上海市城市总体规划的批复》,国务院,2017 年 12 月 15 日,国函〔2017〕147 号。

在习近平总书记提出上海要实现社会治理新作为后，上海通过2014 年的全面调研，于 2015 年 1 月公布《关于进一步创新社会治理加强基层建设的意见》以及 6 个配套文件，包括深化街道体制改革、完善居民区治理体系、完善村级治理体系、组织引导社会力量参与社区治理、深化拓展网格化管理提升城市综合管理效能及社区工作者管理等。这 1 份意见、6 个配套文件的公布与实施，推动了基层治理大改革，街镇赋权增能，取消招商引资，回归管理服务本位；激发社区工作者队伍积极性，积聚社会治理"倍乘效应"；明确职能理顺机制，依靠网格化去除城市管理顽症。此后，上海先后从补短板、精细管理、战略规划、法治建设等角度展开工作，推动上海社会治理水平不断提高。①

在 2015 年"1 + 6"文件公布后，上海便启动了首个社会治理五年规划的编制工作，大量咨询、研讨在全市范围内展开。例如，上海市政协社会和法制委员会于 2015 年 6 月召开专题座谈会，围绕市社会治理"十三五"规划建言献策，加强多元主体协商被认为是社会治理的必由之路。② 又如，由于社会治理是城市治理体系中的重要领域，有很强的专业性，规划编制必须以科学性为保障。作为牵头单位的上海市社会工作党委、市社会建设委员会办公室提出了"站位要高、立意要新、归纳要准、设计要实"的工作要求，广聚专家、广集资料、广撒调查、广做研究，"上下联动、左右协同"开展编制。市社会工作党委成立了由主要领导牵头、分管领导具体负责的规划编制组，组建了由来自上海市委党校、复旦大学、上海社科院、华东政

---

① 《上海社会治理时间轴》，《人民日报》2017 年 8 月 16 日，第 12 版。
② 《多元主体协商：社会治理必由之路　市政协召开"编制市社会治理'十三五'规划征求意见"专题座谈会》，《联合时报》2015 年 6 月 9 日，http://shszx.eastday.com/node2/node5368/node5376/node5390/u1ai95132.html。

法大学等中青年学者组成的专家组,并邀请部分社会组织作为外援。在编写过程中,编制组与国家统计局上海调查总队合作,采用抽样调查方式,面向全市 148 个社区、3700 户家庭开展入户调查,就"十三五"期间市民群众关心的问题和需求广泛采集了相关数据,同时也在人大代表、政协委员、专家学者、社会组织、区级层面等代表中倾听民意。数十位核心写作组成员通力合作,经历 700 余个日日夜夜,20 多次修改稿件,最终把一份科学、专业的规划呈现在社会公众面前。①

2017 年 3 月,中共上海市委办公厅、上海市人民政府办公厅印发了《上海市社会治理"十三五"规划》,这是上海第一个社会治理五年专项规划。《上海市社会治理"十三五"规划》以习近平总书记对上海提出的"走出一条符合特大城市特点和规律的社会治理新路"的要求为指导,以"基层社会治理更加有活力、社会组织发展更加健康、社会治安综合治理体系更加完善、城市运行体系更加安全、社会工作人才成长环境更加优化"这"五个更加"为目标,分析了"十三五"时期上海社会治理面临的形势和挑战,阐明了"十三五"时期上海社会治理的总体目标、基本思路、重点任务和保障措施,是"十三五"时期上海创新社会治理、加强基层建设、推进社会建设的发展蓝图和行动纲领。②

《上海市社会治理"十三五"规划》提出了上海社会治理的中近期目标,在"十三五"期间,上海社会治理要在保障和改善民生的基础上,建设管理有序、服务完善、民主自治、文明祥和的新社区,

---

① 童潇:《上海首个社会治理五年规划如何诞生》,《文汇报》2017 年 4 月 7 日,http://sh.people.com.cn/GB/n2/2017/0407/c134768 - 29982101.html。

② 《上海发布社会治理"十三五"规划》,东方网·上海政务,2017 年 3 月 15 日,http://shzw.eastday.com/shzw/G/20170310/u1a12792100.html。

基层社会治理更加有活力；加快形成政社分开、权责明确、依法自治的现代社会组织体制，社会组织发展更加健康；健全利益诉求多渠道表达、矛盾防控和多元化解的新机制，社会治安综合治理体系更加完善；创新潜在风险排摸、预警应急、处置有序的城市管理机制，城市运行更加安全；着力打造结构合理、素质优良、敬业高效的社会工作人才队伍，人才成长环境更加优化。不断完善党委领导、政府主导、社会协同、公众参与、法治保障的社会治理体制，进一步提升政府公信力、社会活跃力、文化感召力、城市吸引力，确保人民群众获得感和满意度全国领先，社会治理能力和水平走在全国前列。

　　基于上述中近期目标设定，《上海市社会治理"十三五"规划》从社会活力、城市管理、社会安全、社区建设、社会文明五个方面，明确提出了"十三五"时期社会治理 17 项发展指标（见表 4-1）；围绕"进一步提升政府公信力、社会活跃力、文化感召力、城市吸引力"，提出了"十三五"时期上海社会治理的十个方面主要任务和五个重点项目。十个方面主要任务包括：一是完善社区共治自治机制，夯实基层治理基础；二是构建现代社会组织体制，激发社会治理活力；三是创新城市管理服务模式，解决治理短板问题；四是健全矛盾预防化解体系，维护社会有序发展；五是加强城市安全监督管理，确保城市平安有序；六是完善互联网治理格局，营造健康清朗的网络空间；七是加强基础制度建设，营造诚信友善氛围；八是坚持法治思维和法治方式，维护社会公平正义；九是加强社会工作人才队伍建设，完善社会治理人才保障；十是推动政府职能转变，提升社会治理能力。①

---

　　① 《上海发布社会治理"十三五"规划》，东方网·上海政务，2017 年 3 月 15 日，http：//shzw. eastday. com/shzw/G/20170310/u1a12792100. html。

表 4−1 上海市社会治理"十三五"主要指标

类别	序号	指标	单位	2020 年	属性	牵头部门
社会活力	1	每万人拥有社会组织	个	6 个以上	预期性	市民政局
	2	社会组织接受政府购买服务收入增长率	%	力争较"十二五"末增长 60 左右	预期性	市财政局
	3	四类社区组织增长率	%	力争较"十二五"末增长 15 左右	预期性	市民政局
	4	社会组织党组织应建已建率	%	100	约束性	市社会工作党委
	5	社会工作人才数	万人	10	预期性	市社会工作党委
城市管理	6	新增违法建筑查处率	%	100	约束性	市住房城乡建设委
	7	"12345"市民服务热线办结率	%	>98	约束性	市信访办
社会安全	8	劳动人事争议仲裁结案率	%	>92	预期性	市人力资源社会保障局
	9	人民调解调处成功率	%	>90	预期性	市司法局
	10	单位生产总值生产安全事故死亡人数	人/亿元	<0.038	约束性	市安全监管局
社区建设	11	平安示范社区数	个	100	预期性	市综治办
	12	示范性智慧社区数	个	30	预期性	市经济信息化委
	13	已成立业委会小区占符合成立条件小区比例	%	>90	预期性	市住房城乡建设委
	14	组建社区基金(会)的街镇数	个	>100	预期性	市民政局
	15	街镇社区代表会议/街道社区委员会建成率	%	100	预期性	市民政局
社会文明	16	文明小区创建率	%	>90	预期性	市精神文明办
	17	注册志愿者人数占常住人口数比例	%	>10	预期性	市精神文明办

资料来源:《上海发布社会治理"十三五"规划》,东方网·上海政务,2017 年 3 月 15 日,http://shzw.easxday.com/shzw/201701310/ula12792100.html。

《上海市社会治理"十三五"规划》也确立了"十三五"时期上海社会治理的重点项目,具体包括以下五个方面。(1)建立社会治理信息平台。打破部门信息壁垒，整合部门信息资源，将与社会治理相关的市级职能部门公共基础资源信息统一纳入，建立全市统一的社会治理信息平台，并连接区、街镇的城市网格化综合管理信息平台，完善相应的信息采集、决策分析和支持系统。（2）成立上海社会组织国际交流促进会。在党和政府与广大社会组织之间建立协调联系的桥梁，通过民间平台，协调指导社会组织参与国际非政府组织活动和开展对外合作交流，加强社会组织能力建设。（3）开展社会组织人才"百千万"工程。实施以"百名社会组织带头人"激励计划、"千名社会组织专门人才"成长项目、"万名社会组织人才"能力培训活动为主要内容的社会组织重点人才培养工程。（4）建立上海市社会治理指标体系。探索建立以社会治理客观评价指标与主观满意度评价指标相结合的上海市社会治理指标体系，并形成社会治理指数，对上海市社会治理能力和水平实行年度监测、评价、发布。（5）建立社区治理综合考评体系。研究制定以社区居民群众满意度为主要内容的社区治理工作评价标准，并在此基础上试点建立全市街道社区治理综合考核评价制度。

《上海市社会治理"十三五"规划》是上海首个社会治理5年专项规划，既充分考虑了时代背景、现实起点，也预测了五年期后的发展需求、实现可能。作为改革开放先行者、创新发展排头兵，上海社会治理一直走在全国前列，《上海市社会治理"十三五"规划》把此前上海社会治理的主要成效总结为五个方面。社会治理工作合力基本形成、基层治理改革有序推进、社会组织培育力度持续加大、城市管理水平逐步提高、社会矛盾风险基本可控。《上海市社会治理"十三五"规划》着眼未来，看准方向，设计好上海社会治理领域未来发展的目标任务。在目标上提出了"五个更加"，也就是"基层社会治理更加有活力、社会组织发展更加健康、社会治安综合治理体系更加完善、城市运行更加安全、人才成长环境更加优化",同时提出了"一个领先""一个前列",也就是"确保群众获得感和满意度全国领先,社会治理能力和水平走在全国前列"。考虑到五年期发展中的挑战,《上海市社会治理"十三五"规划》预留了相应空间,确保了战略规划的灵活性。

《上海市社会治理"十三五"规划》坚持问题导向,有限目标,在内容上具有八个鲜明亮点,即突出基层基础,强调要完善社区共治自治机制,夯实基层治理基础;突出激发活力,提出要构建现代社会组织体制,激发社会治理活力;突出短板治理,提出要创新城市管理服务模式,解决治理短板问题;突出和谐发展,强调要健全矛盾预防化解体系,维护社会有序发展;突出底线思维,提出要加强城市安全监督管理,确保城市平安有序;突出法治建设,提出要坚持法治思维和法治方式,维护社会公平正义;突出人才队伍,提出要加强社会工作人才队伍建设,完善社会治理人才保障,重点突出社会组织人才、社区工作者、社区活动团队骨干等三个方面;突出量化指标,提出了17项指标,分为社会活力、城市管理、社会安全、社区建设和社会文明等五个方面,既有约束性指标,也有预期性指标。总之,《上海市社会治理"十三五"规划》围绕"核心是人、重心在城乡社区、关键是体制创新",着力于夯实治理基础,着力于释放制度活力,着力于维护社会和谐,着力于突破治理短板,着力于创新治理方式,从而提升社会治理能力,增强社会发展活力。①

2017年7月,《上海市居民委员会工作条例》实施,这是全国首部有关居委会工作的地方性法规。它与《上海市街道办事处条例》

---

① 何海兵:《走出一条符合超大城市特点的社会治理新路》,《文汇报》2017年4月7日,http://sh.people.com.cn/GB/n2/2017/0407/c134768-29982164.html.

和《上海市实施〈中华人民共和国村民委员会组织法〉办法》一起，初步形成上海基层社会治理法治保障体系。

二　上海社会治理的政策实践

为推进上海社会治理新作为，落实贯彻《上海市社会治理"十三五"规划》，上海各区、街道及各类社会行为体不断创新，推动社会治理不断迈上新的台阶。需要指出的是，基于自身在上海"四个新作为""五个中心""四个品牌"等建设中的不同地位，各区发展出不同的社会治理战略规划，推动了上海社会治理的多样化发展，也为上海社会治理的创新奠定了重要基础。

上海社会治理创新的第一类是"四个新作为"的重要承载区，典型体现为浦东新区。作为上海四个新作为的重要承载区，浦东新区也于 2017 年 8 月公布《浦东新区社会治理"十三五"规划》。根据该规划，浦东将围绕"核心是人、重心在城乡社区、关键是体制创新"，着力于夯实治理基础、释放制度活力、突破治理短板，不断提升治理水平和为群众办事能力，增强人民群众的认同感、参与感、获得感。新区将以党建引领基层社会治理创新，切实发挥党委在社会治理大格局中总揽全局、协调各方的领导核心作用。以此健全区域化党建区、街镇、居村的组织网络，构建区、街镇（开发区）党建服务中心和居村、楼宇、园区党建服务工作站三级党建服务阵地体系，完善区域化党建组织体系和协同模式。在街镇层面，新区将推动街道"1+2"领导体制和镇管社区体制有效运转，推进党组织领导下的群众自治机制，推广"1+1+X"工作法，坚持完善"三会一代理"制度，健全完善基层民主协商机制。对于居民区而言，浦东将全面落实居民区"大党委制"，大力推动居民区党组织与居委会、业委会双向进入、交叉任职。同时深化完善"双报到""双报告"机制，动员区域内党组织和党员广泛参与社会治理。在此基础上，新区将推进"以社区为平台，以社会组织为载体，以社工人才为支撑"的"三社联动"机制，倡导服务向下补齐，建立需求回应以及分类治理机制。这需要进一步健全社区多元共治的组织构架，建立健全以居民区党组织为领导核心，居委会为主导，居民为主体，业委会、物业公司、驻区单位、社会组织等共同参与的治理架构。塘桥街道"潮汐式停车"、陆家嘴街道"居民自治金"等"创新社会治理，加强基层建设"的成功经验将进一步推广。同时，新区将建设"互联网＋社区政务服务"体系，推进社区事务受理全区通办，不断提高政务服务的便捷度、透明度和亲和度。①

浦东新区计划在"十三五"期间，积极推进行业协会商会与行政机关脱钩工作，建立政府主导、政会互动、协会主导等多类型的社会组织管理服务工作体系和运行模式。其中，社会组织建设与管理工作联席会议的作用将得到放大，以强化部门间的合作联动，加强培育发展和监督管理的工作力度。浦东将完善政府购买服务管理办法，制定政府转移职能、政府购买社会服务、建立社会组织优选目录，推进新区政府购买服务统一平台建设。完善政府购买服务的运行机制、流程和绩效评估办法，鼓励并推动社会组织跨区域承接政府购买服务项目。同时，新区将推进社会组织规范化建设评估工作，引导社会组织规范、优质发展。在社会组织中推进社会组织诚信自律建设，探索建立异常名录制度，提升社会组织法人治理水平和能力，并完善社会组织退出机制。为了帮助社会组织生长，浦东将拓展集公益服务园、基金会服务园、浦东公益街及社区公益服务

---

① 《浦东社会治理"十三五"规划出炉》，浦东新区社建办，2017 年 8 月 23 日，http://www.shjcw.gov.cn/shjs/node6/node31/u1ai110483.html。

（塘桥）园为一体的"三园一街"公益示范基地，打造社会组织成长的生态园、公益项目研发的集散地、政社合作的供需对接平台。同时扩大区级公益服务园区和基地，鼓励各街镇建立街镇层面的公益服务园区。在人才培养方面，新区鼓励社会组织引入专业社工人才，在服务中运用专业社工方法，增强社会力量的专业优势和服务特长。为此，浦东将进一步完善社工薪酬体系和职业化成长体系，探索社工薪酬合理增长机制，改善社工人才的工资收入、福利待遇和工作条件，重视并加强社工高层次人才引进的后续管理和跟踪服务，完善社工人才服务、管理、评估、使用的长效机制，不断拓展社工人才的发展空间。[1]

《浦东新区社会治理"十三五"规划》也规划了浦东新区在"十三五"期间的一系列重点项目。值得一提的是，浦东新区将在全市范围内率先启动统筹核心发展权和下沉区域管理权改革工作，这一工作将直面区、街镇发展中的"痛点""难点""阻点"，适应经济社会发展新阶段新要求，重点统筹 5 个方面的发展权，强化与下沉 8 个方面的管理权。努力解决发展不平衡、事权责任不匹配、缺乏统筹各自为战、基本公共服务不均、社会治理精细化程度不够等突出问题，建设高品质浦东。[2]

上海社会治理创新的第二类是中心城区，它们是上海人口和经济活动最为集中的地区，因此社会治理的难度也相对较大，其典型是静安区。作为上海最为核心的地区，静安区对自身社会治理面临的挑战有着清醒的认识。2017 年 2 月公布的《静安区社会治理

---

[1] 《浦东社会治理"十三五"规划出炉》，浦东新区社建办，2017 年 8 月 23 日，http：//www.shjcw.gov.cn/shjs/node6/node31/u1ai110483.html。

[2] 《浦东社会治理"十三五"规划出炉》，浦东新区社建办，2017 年 8 月 23 日，http：//www.shjcw.gov.cn/shjs/node6/node31/u1ai110483.html。

"十三五"规划》指出，伴随着改革开放的不断深入和静安经济社会的高速发展，一些深层次问题不断显现，成为制约社会协调发展的"短板"，基层社会治理也面临着新的形势和挑战。静安区所面临的社会治理挑战主要体现为三个方面，即制度设定相对滞后，综合管理效能有待提升；多元治理意识缺乏，自下而上的需求反馈机制有待形成；公共资源布局不尽合理，公共资源利用效率有待提高。①

在总体评估自身社会治理成绩与挑战的基础上，《静安区社会治理"十三五"规划》提出了本区社会治理战略规划。该规划要求，坚持党委领导、政府主导、社会协同、公众参与、法治保障，注重激发社会活力、维护社会秩序，创新社会治理方式，更多运用社会化、法治化、精细化方法，努力走出一条符合静安特点的社会治理新路，实现全市创新社会治理新标杆的目标。《静安区社会治理"十三五"规划》预期，在"十三五"时期，完善与现代化国际城区发展相适应的党委领导、政府负责、社会协同、公众参与、法治保障的社会治理体制，构建并完善政府主导、覆盖全区、均衡均质的可持续基本公共服务体系和基层公共服务网络，构建并完善政社分开、权责明确、依法自治的现代社会组织体制，构建并完善源头治理、动态管理、应急处置相结合的社会治理机制，努力成为全市社会治理的新标杆，营造"国际静安、圆梦福地"良好局面。具体的目标包括区域化党建格局更加完善，条块关系更加清晰，居委会自治功能更加突出，社会组织发展更加蓬勃，基层队伍素质更加优化，社区服务水平更加优

---

① 《上海市静安区人民政府办公室关于转发区社建办〈静安社会治理"十三五"规划〉的通知》，静安区府办，2017 年 2 月 10 日，静府办发〔2017〕13 号，http://www.jingan.gov.cn/xxgk/016002/016002002/20170210/2a0b31cd－d172－4982－a5a7－fc4f24ec845e.html。

质，网格化管理更加完善等。①

　　根据《静安区社会治理"十三五"规划》，静安区在"十三五"期间，将认真贯彻落实"1＋6"文件精神，立足区域实际，紧扣"中心城区新标杆，上海发展新亮点"的发展定位，围绕五个维度，聚焦重点领域，不断推动静安基层社会治理迈上新台阶。这五个维度具体是：以"区域化"党建为引领，搭建共治平台，提升综合服务管理效能；以"扁平化"管理为手段，明职赋权、加强联动，建立健全综合协调的运行机制；以"组织化"建设为保障，加快形成良性自治格局，优化基层能力素质；以"社会化"运作为导向，培育社会组织，激发基层治理活力；以"法治化"治理为目标，强化依法保障，推进基层治理法治化。②

　　上海社会治理创新的第三类是相对偏远的郊区县，尽管其人口、经济活动相对不如中心城区，同时在"先行先试"上不如浦东新区等，但这也赋予其重要的创新空间，其典型是金山区。金山区是上海各区县中较早制定社会治理"十三五"规划的。2016 年 11 月，《金山区社会治理第十三个五年规划（2016～2020 年）》发布，将规划定位为：指导金山区未来五年社会治理的总体性路线，是完善社会治理体制，创新社会治理体系，提高社会治理能力的重要依据，对协调社会关系，维护社会秩序，激发社会活力，促进金山人民平安幸福生活，为保障"三个金山"建设，实现金山科学发展创造良好社会环

---

① 《上海市静安区人民政府办公室关于转发区社建办〈静安区社会治理"十三五"规划〉的通知》，静安区府办，2017 年 2 月 10 日，静府办发〔2017〕13 号，http：//www. jingan. gov. cn/xxgk/016002/016002002/20170210/2a0b31cd － d172 － 4982 － a5a7 － fc4f24ec845e. html。

② 《上海市静安区人民政府办公室关于转发区社建办〈静安区社会治理"十三五"规划〉的通知》，静安区府办，2017 年 2 月 10 日，静府办发〔2017〕13 号，http：//www. jingan. gov. cn/xxgk/016002/016002002/20170210/2a0b31cd － d172 － 4982 － a5a7 － fc4f24ec845e. html。

境，具有重要意义。对金山来讲，社会治理的最重要挑战是地区经济社会发展较快与转型发展的势头并存，其产业结构、人口结构、城乡结构、社会结构等将发生诸多变化和调整，进入多层战略实施的机遇叠加期、产业转型升级的加速调整期、城乡一体化的关键突破期、可持续发展的多重挑战期。因此，金山区社会治理必须完善党委领导、政府主导、社会协同、公众参与、法治保障的社会治理体制，推进社会治理精细化，构建全民共建共享的社会治理格局，实现共享发展。①

根据《金山区社会治理第十三个五年规划（2016～2020年）》，金山区计划通过5年的努力，形成符合金山实际，具有金山特色的基层社会治理领导体系、工作体系、保障体系、评价体系，以协商共治与合作治理为方式的多元主体参与社会治理格局。金山区所识别的社会治理主要任务具体包括十个方面，即加强党的领导，打造良好治理生态；转变政府职能，切实承担主导责任；引导社会组织参与，着力激发社会活力；深化社区治理，不断夯实基层基础；强化防范化解，有效保障平安有序；推进综合施策，全力解决短板问题；创新社会思维，营造良好的社会氛围；运用互联网思维，有力提升治理效能；坚持法治思维，深入推进依法治理；注重培育培养，提升治理人才专业素养。②

需要指出的是，尽管地处偏远，但金山区社会治理明显有重要创新。一是金山区是少数发展出自身社会治理指标体系的区，也充分体现出郊区县在社会治理方面的重要创新。如表4-2所示，金山区社会

---

① 《金山区社会治理第十三个五年规划（2016～2020年）》，金山区委办，2016年11月24日，http：//www.shjsdw.cn/html/qjhzxgz/qwjcjy/qwxfdygwj/401457801689.html。

② 《金山区社会治理"十三五"规划》，金山区委办，2016年11月24日，http：//www.shjsdw.cn/html/qjhzxgz/qwjcjy/qwxfdygwj/401457801689.html。

表4-2　金山区社会治理"十三五"规划主要指标

类别	序号	指标	单位	目标	属性
社会活力	1	社会组织接受政府购买服务收入及政府补助收入(较"十二五"末)增长	%	80	预期性
	2	每万人拥有社会组织数量(常住人口)	个	10	预期性
	3	社区四类社会组织增长率(较"十二五"期末)	%	30	预期性
	4	每万人拥有专业社会工作者人数(常住人口)	人	11	预期性
城乡管理	5	城市网格化综合服务管理覆盖率	%	100	约束性
	6	历史存量违法建筑拆除面积	万平方米	400	约束性
	7	每平方千米图像监控数量	个	15	约束性
	8	"12345"市民服务热线按期办结率	%	98	约束性
社会安全	9	劳动人事争议仲裁法定时限内结案率	%	100	预期性
	10	矛盾纠纷调解成功率	%	98	预期性
	11	亿元国内生产总值安全事故死亡率(属地)	%	0.022	预期性
	12	主要食品风险监测平均合格率	%	>97	预期性
	13	药品质量监督性抽查总体合格率	%	>96	预期性
社区建设	14	创建成为上海市平安示范社区	个	6	预期性
	15	已成立业委会小区占符合条件小区比例	%	80	预期性
	16	街镇(金山工业区)社区公益基金会组建数	个	3	预期性
社会文明	17	城市文明指数	分	>85	约束性
	18	文明小区创建率	%	>80	约束性
	19	规模以上企业年度社会责任报告发布率	%	20	约束性
	20	常住人口志愿服务注册率	%	10	预期性
	21	注册志愿者志愿服务活动参与率	%	70	预期性
	22	成功跨入全国文明城区行列		是	预期性
社区服务	23	每千名老人拥有养老机构床位数(户籍人口)	张	36	约束性
	24	家庭医生签约率(户籍人口)	%	40	预期性
	25	人均公共体育设施面积(常住人口)	平方米	2.8	约束性
	26	人均公共文化设施面积(常住人口)	平方米	0.19	约束性

资料来源:《金山区社会治理"十三五"规划》,金山区委办,2016年11月24日,http://www.shjsdw.cn/html/qjhzxgz/qwjcjy/qwxfdygwj/401457801689.html。

治理"十三五"规划的主要指标总体遵循《上海市社会治理"十三五"规划》,但仍有重大差异,更强调城乡治理而非城市治理,对社区服务的强调也是市级规划中所没有的；同时，金山区社会治理的指标数量比上海市多 9 个，达到 26 个，其精细化程度也更高。二是金山区社会治理对社会动员的强调是其他区县少有的。《金山区社会治理第十三个五年规划（2016～2020 年）》特别提及，要"善于运用道德的软力量，把道德力量的示范和引导嵌入社会治理的思想中"，具体包括构建社区教育工作格局，强化公民意识教育，营造良好道德风尚。这里最值得一提的是"强化公民意识教育"，这事实上是爱国主义教育，是中国可持续崛起的重要社会动员基础。《金山区社会治理第十三个五年规划（2016～2020 年）》指出，要"大力传播社会主义核心价值观，持续推进法治精神、人文精神和优秀传统文化的教化与培育。确立人民群众在社会治理中的主体地位，鼓励群众积极参与社区事务和公益事业，树立社会责任意识。鼓励群众参与社区民生议题的讨论，形成用协商民主的方式解决社区问题的共识，提高议事能力"。"加强思想引导，深入推进以社会主义核心价值观为中心的社会主义道德教育，营造良好的社会道德氛围，打牢社会治理的共同价值基础。推进公民道德建设工程，提升群众对公共空间的认识和认同，引导群众自觉履行公民义务和责任。"[①] 所有这些，都是当前阶段下中国实现体系内创新型崛起的社会动员中不可或缺的要素。

在各区县积极落实上海社会治理新作为的战略规划过程中，也涌现了大量的社会治理成功案例。例如，徐汇区虹梅街道汇总分析日常工作中的问题和经验，依托高校"外脑"，形成"资源匹配度""群体结构""治理结构""治理取向""居民参与"五维指标。引导居

[①] 《金山区社会治理"十三五"规划》，金山区委办，2016 年 11 月 24 日，http://www.shjsdw.cn/html/qjhzxgz/qwjcjy/qwxfdygwj/401457801689.html。

委会运用五维调研方法，从补足资源短板、加强社区营造、优化"三驾马车"关系、提升规则意识和吸引公众参与等多方面着手，自主调整治理实践和提升治理成效。① 又如，社区自治"三会制度"——听证会、协调会、评议会于 2000 年在黄浦区萌芽；2006年，申城开始在居民区试行"三会制度"，对涉及居民切身利益的居民区公共事务，听证会、协调会、评议会各司其职，通过"三会制度"广泛听取居民意见和建议，推动社区党组织引导居民有序参与自治事务。"三会制度"对社会治理有重要的促进作用。仅 2010年，五里桥街道就召开听证会 39 次、协调会 45 次、评议会 15 次，化解、缓解矛盾 21 起，其中群体性矛盾 9 起，受理信访同比下降12%，实现社区外"零上访"。近年来，五里桥街道党工委立足居民区的创新实践，在"三会"前置阶段，探索设立新"三会"，即议题征询会—听证会（配套公示制）、民主恳谈会—协调会（配套责任制）、监督合议会—评议会（配套承诺制），有效提升了自治参与的有效性、完善了自治程序的系统性、增强了自治领域的完整性。②

第二节　上海社会治理与体系内创新型崛起

　　上海是中国最为发达的国际化大都市之　，其卓越的全球城市创建对中国实现体系内创新型崛起有着重要意义。特别是，上海不

① 《虹梅街道梳理社区治理经验，探索构建社区治理"五维"工作方法》，徐汇区，2018 年 7 月 24 日，http://www.shanghai.gov.cn/nw2/nw2314/nw2315/nw15343/u21aw1330348.html。
② 《五里桥街道"三会"制度引领居民参与公共事务自治》，黄浦区，2018 年 8 月 2 日，http://www.shanghai.gov.cn/nw2/nw2314/nw2315/nw15343/u21aw1330982.html。

仅在中国的经济崛起中有着重要作用——通过上海自贸试验区夯实中低端经济基础、通过科创中心建设探索高端经济基础，更应为中国崛起的非物质层面，特别是"中国特色"起到"先行先试"的创新性作用。这同样可从中低端和高端的视角加以分析；这里的中低端，即基层群众动员，或社会治理问题；而高端则是下一章将聚焦的"四个新作为"的最后一个，即从严治党。上海社会治理的新作为如何推动中国的体系内创新型崛起？这是一个迄今为止思考相对较少的话题，事实上也正是上海可大有作为的领域。从上海社会治理的既有实践看，当前上海社会治理的创新对中国体系内创新型崛起的贡献主要在于两个方面，即推动指标化治理逐渐深入社会，探索多层次联动式治理。

一 指标化治理

传统上，包括社会治理在内的治理更多是一种自上而下的规范化方法。但随着各类数据技术特别是当前大数据技术的发展，治理也面临深刻的长期的转型，原来更多应用于自然科学的量化方法正日益普及，推动了指标化治理的发展。对社会治理而言，指标化治理有着其重要的优势，那就是可较为明晰地识别出问题所在，尽管有时可能导致对定性问题的忽视。

正是由于冷战结束后全球范围内的权势扩散及由此而来的"权力终结"效应，包括国家在内的几乎所有行为体在面对快速增生的各种治理问题时往往束手无策。尽管这凸显了从"统治"转向"治理"的重要性和紧迫性，但自威斯特伐利亚体系诞生以来甚至更早时期，人类交往的核心逻辑便是权势竞争，由此产生的路径依赖使冷战结束后迅速兴起的国内和全球治理仍很大程度上遵从权势竞争逻辑，强调行为规范和规则的设定①，旨在自上而下地影响行为体的行为而实现治理目标，可称作规范化治理方法。

尽管规范化治理方法为各行为体预设了具体的行为规范，但现实中很难奏效，导致规范化治理方法失灵的原因主要有以下四方面：一是该方法的自上而下性质，这典型的源于此前主权国家体系的统治经验，无论是在国家层面还是在国际层面，由于权势高度集中、参与统治或治理进程的行为体少之又少且相互间存在重大的实力差距，因此自上而下的治理方法能够相对容易地得以落实，但随着全球性权势扩散的发展，这种自上而下的方法越来越难以贯彻，哪怕是在设定了相应的服从和惩罚机制之后；二是规则制定的滞后性，规则的制定只能晚于其所规范的对象，因此无论规则制定本身多么及时都不可避免地具有滞后性，更不要说由于规则制定过程中权力博弈进一步迟滞了规则制定的努力；总体上，规则可能滞后于国际和国内权力结构的变化、滞后于安全挑战的变化、滞后于相互依赖的深化；②三是规则制定与各类挑战的错配，规则制定所指向的是具体的行为规范而非特定的政策目标，其政策目标是某种挑战，但在规则制定过程中它很大程度上被忽视了，或被模糊化了；四是规则制定的合法性日益遭到全球性权势扩散的挑战，传统上规则制定往往由少数行为体特别是国际体系中的大国所主导，但随着参与全球治理的行为体不断增加，其关切和呼吁无法在既有规则或新制定的规则中得到有效体现，规范化治理方法的合法性危机也就出现了。③

---

① Freidrich V. Kratochwil, *Rules, and Decisions: On the Conditions of Practical and Legal Reasoning in International Relations and Domestic Affairs*, Cambridge: Cambridge University Press, 1989.

② 秦亚青：《全球治理失灵与秩序理念的重建》，《世界经济与政治》2013 年第 4 期，第 8～9 页。

③ 〔美〕艾伦·布坎南、〔美〕罗伯特·基欧汉：《全球治理机制的合法性》，赵晶晶、杨娜译，《南京大学学报（哲学·人文科学·社会科学）》2011 年第 2 期，第 39～42 页。

规范化治理的失灵呼吁一种替代性的治理思维和方式，它主要基于双重考虑。

一方面，考虑到规范化治理的自上而下逻辑，这一替代性的治理思维和方式可以从相反方向，即通过自下而上的方式展开，这也符合当前权势扩散对治理的内在要求。自下而上的治理往往在两种情况下发生。一是在特定议题尚未得到各国政府的高度重视，相应的治理处于相对低级阶段时，这时对该议题的治理更多停留在议题倡导或安全化议题①阶段。在这一模式下，科技专家或知识共同体很大程度上主导相关规范的建构，是一种科学或知识驱动的自下而上模式。二是在全球性权势高度扩散的情况下，大量非国家行为体参与到全球和国内治理中。由于参与行为体多，预设强有力的行为规范日益困难，各行为体在推动治理时更多从自身利益出发，因此只能通过道德性、舆论性和规范性力量督促各行为体为全球治理做出志愿性贡献，各类国际监督机制、道德黑名单等就变得相当重要。

可以认为，自下而上的治理对于治理的合法性、开放性有重要的促进作用。所有的治理努力都面临两类合法性问题，即输入端和输出端的合法性挑战。就输入端合法性而言，主要涉及各类行为体的参与度或代表性，决策过程是否透明、公开和包容，是否所有或至少是重要的行为体都有恰当的表达机会，且其合理关切均被纳入最终的决策和治理努力中。就输出端合法性而言，根本上取决于治理努力最终是否有效解决或缓解了特定挑战，它可能涉及治理过程中的操作方法、评估方法及奖惩机制等。自下而上的全球治理努力对提高这两类合法

---

① 有关特定议题被"安全化"并最终进入全球治理议程的案例性分析，可参见潘亚玲《国际规范的生命周期与安全化理论》，《欧洲研究》2007 年第 4 期，第 68～82 页。

性挑战均有助益。通过提高治理参与度，公共和民间行为体能够在全治理挑战的应对或公共产品的供应上共享责任、共同参与，治理的输入性合法性将得到明显提升。一是纳入来自公民社会和商业部门的行为体，可增加决策过程中利益、信仰体系和价值观的数量和质量，从而有效降低参与鸿沟，哪怕参与这一进程的私人行为体未必达到民主合法性的标准。二是纳入来自公民社会和商业部门的行为体，也可能对相应治理机制的有效性产生积极影响，促进其他相关行为体对治理规范和规则的更大程度接受，① 从而以提高输入端合法性的方式提高了治理努力的输出端合法性。从直接提高输出端合法性的角度看，各类非国家行为体的参与或自下而上的治理努力，可为治理努力的落实、评估等提供重要的外部监督，从而促使具体负责的行为体特别是国家能够在执行过程中及时调整政策，获得最新的绩效信息，甚至获得来自非国家行为体的直接参与和帮助，从而使最终的政策产出更符合预期或更接近目标。②

　　另一方面，考虑到规范化治理方法使最终治理目标陷于模糊化，因此需要对治理目标予以重新强调，这催生了结果导向的治理探索。尽管结果管理方法在 20 世纪 90 年代得到广泛讨论甚至采纳，但其具体运用仍是到 2000 年《联合国千年宣言》（*United Nations Millennium Declaration*，简称"《千年宣言》"）签署之后，援助有效性问题成为发展合作的关注焦点。联合国千年发展目标（MDGs）框定国家发展

---

① Karl – Oskar Lindgren and Thomas Persson, "Input and Output Legitimacy: Synergy or Trade off? Empirical Evidence from an EU survey," *Journal of European Public Policy*, Vol. 17, No. 4, 2010, pp. 449 – 467; Mijke Boedeltje and Juul Cornips, "Input and Output Legitimacy in Interactive Governance," NIG Annual Work Conference 2004 Rotterdam, October 2004, https://repub. eur. nl/pub/1750.

② Vivien A. Schmidt, "Democracy and Legitimacy in the European Union Revisited: Input, Output and 'Throughput'," *Political Studies*, Vol. 61, No. 1, 2013, pp. 2 – 22.

目标的大量实践，事实上也推动国际发展机构发展出新的数据方法，使特定领域的进步得以证明。① 2002 年 3 月举办的墨西哥蒙特雷发展资助国际会议（International Conference on Financing for Development）凸显援助有效性与结果之间的联系，该会议上形成的"结果"共识标志着发展合作进入一个新的时代，使援助国得以摆脱对即时性发展成效的传统聚焦。蒙特雷共识奠定了一个宏大框架，用以重置援助政策，指向基于证据的决策，更加关注发展干预计划的表现和所取得的后果及其长期影响。援助国呼吁发展中国家和伙伴做出切实的努力，发展出一种结果文化；根据这一文化，规划者和管理者都被要求将结果融入其计划的设计、执行和报告等过程中。2002 年 6 月，世界银行在华盛顿主持了第一轮结果圆桌会议，呼吁发展中国家及其伙伴将"结果"当作其首要政策优先，要求他们强化其衡量、监督和管理结果的能力。圆桌会议上的诸多讨论围绕着理解和衡量结果的概念与实践问题进行。两年后，即 2004 年在摩洛哥马拉喀什（Marrakesh）举行的第二轮圆桌会议上，参与者们旨在协调发展结果管理一致的全球倡议。该会议同意，使结果管理方法成为一项组织原则，进而成为所有发展行为的管理哲学。② 联合国开发计划署（UNDP）将其称作"结果文化"（culture of results）。③ 正是基于结果，国际社会逐渐发展出一种结果管理方法（Results – based Management）。如图 4 – 1 所示，结果管理方法往往以促进基于表现的规划、结果导向的管理和基

---

① Patrick Bond, "Global Governance Campaigning and MDGs: From Top – down to Bottom – up Anti – poverty Work," *Third World Quarterly*, Vol. 27, No. 2, 2006, pp. 339 – 354; Ashwani Saith, "From Universal Values to MDGs: Lost in Translation," *Development and Change*, Vol. 37, No. 6, 2006, pp. 1167 – 1199.

② OECD, *Managing for Development Results: Draft Policy Brief*, 2007, http://www.oecd.org/dataoecd/52/25/41178251.pdf, p. 1.

③ UNDP, *Evaluation of Results – Based Management at UNDP*, New York: UNDP Evaluation Office, 2007.

于表现的评估为基础。① 与传统实践不同，结果管理方法将规划视作实用主义或现实主义的理解发展干预计划的风险、机会和潜力的过程。规划者和管理者都被鼓励依赖于现实主义方法，无论是在规划还是在管理中，他们更多聚焦于表现性指标，而非流行的观念和规范。援助国的优先事项和目标往往为规划者和管理者都设定了目标，以判定项目和计划的明确和可信的目标，其目的在于保证稀有的发展资源的有效利用。

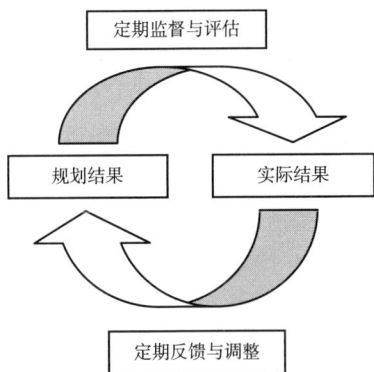

图 4 - 1　结果管理方法

资料来源：笔者自制。

随着结果管理方法引入治理努力，国际社会正出现一种新的治理方法，即把结果管理方法与自下而上方法相结合形成指标化治理方法。传统的规范化治理方法更多涉及各种规制性安排，强调规则发展，聚焦与规则贯彻相关的问题，特别是规则遵守问题。② 换句话说，规范化治理方法强调的是为行为体的行为设定边界，指出服从和

---

①　Hussein M. Amery, "Viewing the Role of Colleges in Community Economic Development through the Results - Based Management Lens," *ACCC International*, Vol. 5, No. 2, 2000, pp. 5 - 6.

②　Abram Chayes and Antonia Handler Chayes, *The New Sovereignty：Compliance with International Regulatory Agreements*, Cambridge：Harvard University Press, 1995.

强制的具体方向，但对于此类行为可能产生的具体后果并没有明确指明。而新型的指标化治理方法的主要逻辑包括如下四个方面：一是确立政策优先，以便为行为体的注意力和稀缺资源的分配提供标准；二是鼓励那些致力于实现目标的努力；三是界定目标并提供用于追踪目标进展的指标；四是设法确保前述政策优先、资源分配等在目标落实过程中的一致性，或设法平衡其他可能导致注意力或资源转移的短期利益。

从行为体致力于推动治理的角度看，规范化治理是一种自上而下的方法，因其首先描述了一套行为规范，并设定服从和制裁机制，目标是诱导行为体相应地调整行为；而指标化治理则是一种自下而上的方法，通过确立合理的政策优先及相应的可追踪、可衡量的进展指标，进而鼓励行为体为实现上述目标而采取相应的自愿性努力。由此可以发现，指标化治理方法与规范化治理方法存在重大的差别（见表4–3）。从政策取向看，规范化治理侧重行为规范的制定，主要管理行为体的行为；而指标化治理则是结果导向，是一种目标管理方法。从动员方式看，规范化治理是自上而下的努力，而指标化治理则是自下而上的努力。从落实机制看，规范化治理强调集体一致行动，而指标化治理则强调行为体根据自身实际情况做自主贡献。从奖惩机制看，规范化治理强调服从行为规范，进而有较强的强制服从和惩罚性安排，而指标化治理更强调结果正义，对于如何实现结果本身并没有太多要求，因此不朝向最终目标的行为更多面临的是道德、舆论和社会性压力。由此而来的，规范化治理的机制化水平远高于指标化治理，从而为伙伴关系预留的空间相对较小。

指标化治理往往通过设定明确的目标—具体目标—指标（goal – target – indicator，GTI）体系，对各行为体的行为提供充分暗示；同时，指标化治理方法并不预设具体行为规范，而是将目标实现的重任交予各行为体自行落实，既获得了自下而上的合法性，又避免了"一刀切"目标导致的整体目标与个体现实差距过大的风险。指标化治理之有效性在于，尽管没有设定行为规范，但由预期实现的程度可以实现某种比较，而这恰好是数据充分、网络开放时代下的最佳衡量方法。一旦特定行为体没有完成指标化治理所确立的各种指标，那么其声誉可能遭受影响，进而对其各个方面产生影响。

表 4-3　规范化治理与指标化治理的比较

类别	规范化治理	指标化治理
政策取向	行为管理	目标管理
动员方式	自上而下	自下而上
落实机制	集体努力	自主贡献
奖惩机制	强制服从与惩罚机制	道德、舆论与社会压力
机制化水平	高	低
伙伴关系空间	小	大

资料来源：笔者自制。

指标化治理很大程度上仍是一种相对较新的治理逻辑和方法，尽管在国家经济发展体系中早已运用。但一方面是经济活动更容易衡量，另一方面则是简单化的 GDP 衡量方法事实上已经遭到诸多批评，因此在社会治理等以人类活动为主的领域引入指标化治理，仍具有重要的创新意义。如前所述，上海社会治理已通过确立其治理指标体系，而初步引入指标化治理，这的确不失为上海社会治理的重要创新，对中国的体系内创新型崛起和崛起可持续性均有重要意义。最为重要的是，一方面，通过引入指标化治理，上海可为中国改革开放和崛起过程中的各种主观层面提供客观证据，避免国际社会特别是美欧对中国崛起的恶意抹黑；另一方面，通过引入指标化治理，上海也可系统地说明国家发展对社会稳定、公民福利等的客观贡献，从而为更大程度地动员社会群众参与民族复兴大业提供支撑。

二 多层次联动式治理

随着经济特别是技术的发展，当代治理面临的最大问题是时间与空间的关系复杂化发展。正是这一时空关系的变化，使中国崛起面临的难度超乎想象。一个简单的事实便能说明这一切：美国于1898年超过英国成为全球制造大国，或者说是经济上的世界第一；但美国真正成为世界霸主是在1945年第二次世界大战之后，或者更准确地说是1947年杜鲁门主义出台之后。在此期间，美国的崛起在长达50年时间里并未得到过多关注。反观中国，早在冷战结束后不久，美国便开始炒作"中国威胁论"，而那时中国的GDP还不到美国的20%。即使是在2010年，中国的GDP也不到美国的30%；到2017年，中国的GDP也不过是美国的60%。那么，是什么导致美国如此早地担忧中国的崛起？可能有很多原因，但其中相当重要的一个方面是当代技术条件下的时空关系变化，它导致了与此前时代完全不同的崛起逻辑，对中国而言则是社会治理、崛起管理等的创新性逻辑要求，即如何采取多层次联动式治理。

受限于技术的发展水平，传统的时空逻辑是相对固定和简单的。第一，空间总体上是稳定且静止的。这似乎是不言自明的，迄今为止的大多地理政治理论，都对空间持近乎相同的观念，即地理位置是给定的——尽管从不同的视角看地图可以有所变化。源于世界地理结构本身固定不变——至少就可观察到的历史而言——的基本事实，发生于其中的国际关系本身便始终明确，任何国家、地方都受制于其所处的特定地理位置，进而所关注的治理问题都必须与其所处地理环境相关联。

第二，与空间静止假设相并行，时间的流动性可谓地缘政治理论的另一前提。无论是考察世界历史的演变，还是虑及理论建构的需要，地理政治理论都不可能被空间稳定性或静止性所约束，那样理论将无从诞生，同时也无法解释世界本身的变化。考虑到地理空间的相对稳定性和静止性，任何政治、社会的发展都根本上取决于这一地理空间内的科学技术、人口结构和政治组织等要素，特别是使地理空间能够最大限度地发挥其作用的交通和通信技术。科学技术是基础，政治组织负责动员其地理空间内的人口最大限度地利用既有科技能力。科学技术可能有两种功能，即破坏和创造；前者的手段是战争，后者的手段是开化。交通与通信是这两种功能都要借助的工具。无论是发展经济还是发动战争，交通与通信都是必需的。① 必须指出的是，科学技术、人口变化、政治组织等附着于特定空间，但却是时间流动的产物。换句话说，在地缘政治中，时间的重要性并不是直接体现的，而是间接通过少量依附于地理的要素发挥作用。

第三，由前述两点决定的，地理政治理论根本上是一种单维决定且循环发展——也可以说是静止——的理论。地理政治理论的单维性，在于其认为世界政治根本上是由空间或地理位置所决定的，但在不同时期推动地缘政治格局及各国地缘政治战略变化的，是依附于这一空间因素的科学技术、人口结构、政治组织等的变化；更为抽象地，可归结为时间流动性的后果。这种时间流动—空间静止的关系模式，始终主导着地理政治及相应理论的发展。例如，无论是马汉，还是麦金德，或是斯皮克曼的地缘政治理论，尽管其政策取向存在重大

---

① Debrbrata Sen, *Basic Principles of Geopolitics and History*: *Theoretical Aspect of International Relations*, Dehli: Concept Publishing Company, 1975, p. 68.

差异，但其对地理空间的认识都近乎相同，其差异不过在于对技术、社会和政治环境——或者说时间变量——的评估发生了变化。① 地理政治理论的循环性，最为明显地体现为，海权论和陆权论的辩论长期主导着地缘政治理论的发展②，尽管也有其他一些流派存在。

但随着当代技术发展，传统的时空关系正发生根本性变化，进而对治理逻辑产生了深远影响。随着全球性技术革命特别是互联网技术的发展，过去相对单一和稳定的时空关系正被根本性地动摇。在大多数技术发展只是拓展了物理空间的同时，互联网的发展使虚拟空间获得了实质性甚或"实体性"的发展，在使时间得以"静止"的同时，也使空间得以"流动"。这与全球性的政治意识觉醒、人口爆炸等相结合，正根本性地改变传统的地理政治结构，一种复合性的地理政治格局正逐渐浮现。当代技术革命对传统地缘政治的挑战主要体现为三个方面。

首先，空间的相对稳定或静止长期以来是地理政治理论的基石，但在当代技术革命下正日益动摇，表现为物理空间和虚拟空间的同步拓展。当代技术发展对物理空间的拓展相对易于理解。例如，第一次和第二次世界大战事实上都以欧洲为主战场，但被赋予"世界"的空间意义，这在某种程度上印证了当时的空间概念的有限性。相比之下，今天的世界——如果从超越地球本身的角度思考——可能要宽广得多：它早已不再是平面的五大洲和四大洋，而是平面延伸至极地、向下深入地球内部、向上（外）直到无限的外太空。这可非常明显地从国际关系中对极地治理、海洋治理、外太空治理等议题迅速兴起

① 邵永灵、时殷弘：《麦金德与盎格鲁—撒克逊民族的恐惧》，《欧洲》1997 年第 6 期，第 4~10 页。
② 有关海权与陆权的竞争历史，最经典的论述参见〔英〕哈·麦金德《历史的地理枢纽》，林尔蔚、陈江译，商务印书馆，2010。

的关注中得到验证，也可从地缘政治理论对空权、天权等的讨论中看出端倪。

但物理空间的拓展或延伸并非当代技术革命对地缘政治的空间概念的最大冲击，虚拟空间的发展甚至实质化的影响可能更大——尽管仍并非最大。互联网的快速发展，使得各种虚拟空间迅速拓展，至少迄今为止少有人能明确描述其可能的边界。如果说互联网仅仅是为人类社会提供了一个看不见、摸不着的虚拟空间，那么其意义似乎并不重要。至少历史上有着远比互联网更重要的虚拟空间，那就是宗教信仰。从某种意义上讲，由于其所赋予的精神意义，宗教信仰所提供的虚拟空间对人类社会的发展曾有过重要的或积极或消极的影响。[1] 但互联网所提供的虚拟空间之进步在于，它很大程度上使虚拟空间得以实质化了：网络游戏可为游戏者提供真实的体验；网络购物能带来真实的商品与交易；虚拟社区能够实现真实的治理；等等。[2] 所有这些，都是宗教信仰的虚拟空间所无法提供的；当然，虚拟社会的实质化也为宗教虚拟空间的更新提供了新的手段，进而不只是对跨境安全治理而是对整个国际关系带来了重大的挑战。[3]

---

[1] 有关宗教信仰的虚拟空间社会作用的讨论，可参见〔澳大利亚〕玛格丽特·魏特罕《空间地图：从但丁的空间到网络的空间》，薛绚译，台湾商务印书馆。1999，第一章。

[2] 有关论述可参见〔美〕曼纽尔·卡斯特尔《网络社会的崛起》，夏铸九等译，社会科学文献出版社，2006；Jose Van Dijck, *The Culture of Connectivity: A Critical History of Social Media*, Oxford: Oxford University Press, 2013；等等。

[3] 这里的典型是"伊斯兰国"恐怖主义组织的兴起，相关论述可参见曾向红、陈亚州《"伊斯兰国"的资源动员和策略选择》，《国际展望》2015 年第 3 期，第 103 ~ 122 页；Chaeyoon Lim and Robert D. Putnam, "Religion, Social Networks, and Life Satisfaction," *American Sociological Review*, Vo. 75, No. 6, 2010, pp. 914 – 933; J. M. Berger and Jonathan Morgan, "The ISIS Twitter Census: Defining and Describing the Population of ISIS Supporters on Twitter," *The Brookings Project on U. S. Relations with the Islamic World*, No. 20, March 2015, pp. 1 – 58。

其次，时间的流动性对传统地理政治理论的重要性，也正面临着当代技术革命特别是互联网革命的严峻挑战。一方面，时间流动性本身得到了加强，表现为其流动速度正变得越来越快。自1965年摩尔定律提出以来，它似乎正日益得到验证。摩尔定律告诉我们，计算机运算速度每两年就能提升一倍。更重要的是，其他事物的变化速度似乎也不断加快，如网速、股价、流行语、移民、传染病等。现在，对整个国际关系和人类发展而言，重要的不是"变化"本身，而是"变化的速度"甚至"速度本身的速度"。① 事态变化过快，导致政策调整的节奏被迫加速，人们往往疲于应付转瞬即逝的现实。国际社会不能再仅依赖于对流动的历史的理解来解决现实问题，而是必须更多地从瞬息万变的当下变化来展望未来发展。在这里，时间似乎被拉长了，短时间内必须完成很多事情——技术条件也某种程度上提供了这种可能，因为变化的速度越来越快。这对信息往往不完整且不对称的社会治理来说，挑战尤为明显。

另一方面，时间正获得绝对意义上的静止效应，其重要性正迅速上升并危及时间流动性的传统重要地位。从相对角度看，时间始终存在某种静止性或循环性：就整个宇宙的构成单元来说，如人、家庭、家族、国家、朝代、人类、地球等，从更大体系角度看更小单元，后者的生命周期都可能是静止的——因为其循环周期相对后者而言可谓短暂。尽管如此，从具体单元本身看，时间从未停止。但随着互联网技术的发展，时间静止的可能大大提升：就个体单元而言，可能在较短时间内经历在现实中需要极长时间才能经历的事态，如游戏者在各类模拟游戏中所经历的人生百态；就超个体层次来说，由于网络的即时性，各类信息特别是其他相似个体的生存状态的信息可以即时获

---

① 〔美〕道格拉斯·洛西科夫：《当下的冲击》，孙浩、赵晖译，中信出版社，2013，第3页。

得，从而强化了相似个体的跨时间可比性，时间得以静止下来。这可非常明显地从 2011 年"阿拉伯之春"的快速地区性甚至全球性扩散中看出；也可以从后来的全球同步的"占领运动"中看出。与其他地区相比，时间静止对不同地区的平行比较及由此而来的不安或躁动心理的影响可能远为真实和快速。

如果说时间流速加快只是使传统地缘政治理论所面临的事态变得更复杂的话，那么其挑战并不算巨大。事实上，日益强化的时间静止属性，对传统地缘政治逻辑的动摇更为根本。当然，这必须与第三点相结合才能更好地说明，即现在时间与空间的组合方式变得不再单一，其中最具挑战性的是时间和空间的同步压缩。如前所述，当代技术发展一方面使空间不断拓展，另一方面使时间流速在加快的同时其静止性也日益强化。这两方面结合的后果之一是极大地强化了安东尼·吉登斯所论述的"脱域"机制①，形成一种全新的时空压缩机制。时间的日益静止使传统的历时性或线性叙事遭到严峻挑战，全球各地的时间同步变得日益可能。如果从考察国际关系中的叙事发展可以看出，早期的国际关系史绝大多数是历时性的或线性叙事逻辑，讲述的是一件历史事实的具体发展流程，严重缺乏不同地点、不同群体之间的互动和比较性。但自历史学家兰克在《论大国》中首次尝试采用共时性或平行交叉叙事以来，国际关系的共时叙事正日益强化。今天，技术发展使共时性或同步时间成为现实，一地变化可即时通过各种社交媒体、新闻传播而波及全球，几乎没有什么时间差。全球化和社会信息化的突飞猛进，不仅使得国际社会"地球村"意识日益强烈，而且要求各国的外交更加具备适应"环球迅疾同此凉热"的

---

① 〔英〕安东尼·吉登斯：《现代性的后果》，田禾译，黄平校，译林出版社，2000，第 18~26 页。

应变速度和能力。尽管是时间静止的产物，但平行交叉叙事对空间逻辑也产生了重大的影响，即尽管物理空间和虚拟空间都在持续拓展，但平行交叉叙事或时间静止对空间产生了重大的压缩要求；因为，在平行交叉叙事逻辑下，最遥远的空间也被集中到同一时间点上讨论或关注，从而使空间距离本身不再具有意义。

由于技术发展而来的治理时空挑战，对中国崛起而言有着重要意义。如何平衡中国崛起的积极和消极影响，特别是在中国并非西方传统文明的成果且采用完全不同的社会政治道路的情况下，如何平衡中国崛起的现实和虚拟溢出，等等。就此而言，上海社会治理已经试图推动多层次联动式治理，这或许对中国崛起的创新性有积极的参考意义。其一，上海市及区县的社会治理规划中，都将"互联网＋"纳入其中。例如，长宁区周家桥街道仁恒河滨花园居委会结合社区服务工作，以"互联网＋"开启社区治理微时代，运用"互联网＋"打开反映社情民意的"议事通道"、社区居民互动参与的"自治通道"、解决居民急难愁问题的"诉求通道"。"互联网＋"促成了部门间的"跨界共享"，增强了相互了解，在工作上形成了合力。其二，社会治理的数据化、智能化取得重大进展。例如，在徐汇区，由于形成了有力的物质基础和制度环境，数据共享和开放已经破题。区行政服务中心不仅是数百项政务服务的对外服务主体，而且还牵头建设了区级政务大数据池。今后新建的信息化系统，数据所有权将归区政府，并在部门间按需共享，而此前分散在各处的政务数据，也将逐步在大数据池里互通、互认。又如，"十三五"时期，上海希望实现城市全面智慧化，政府全面智慧化也应当是重要的组成部分。通过强化制度供给，借助大数据、人工智能等技术，政府的市场监管可以更精准，社会治理可以更精细，经济也可以运行更高质量。其三是创新各种协同联动治理机制。例如，上海市探索形成了"以回应居民需求为目标，以社区为服务平台，以社会组织为服务载体，以社会工作为服务手段"的"三社联动"机制。这一探索事实上始于 1994 年前后，到 2003 年底开始总结提炼"三社联动"模式。自 2007 年以来，上海市政府相继出台《关于完善社区服务促进社区建设的实施意见》等文件，加强社会组织建设，鼓励公益性社会组织参与社区民生服务，重点培育发展专业社会工作机构，开展社会工作服务，为"三社联动"实践提供了有效指引。自 2014 年底以来，上海出台了一系列文件，为"三社联动"实践拓展了新的空间，包括打造社区联动平台、增强社会组织承载功能、强化专业人才支撑等。

第三节　上海社会治理的新作为

尽管已经做出诸多创新，但虑及两个方面的紧迫性，上海社会治理实现新作为仍大有空间。一方面，中国崛起已经引发美欧普遍性担忧，进入 21 世纪第二个十年便已经启动了提前管理中国崛起的战略努力，而当前的中美贸易摩擦更是其升级版，如何寻找治理新思维、识别社会动员新方法，上海社会治理承担着重大的使命；另一方面，无论是在中国还是在全球范围内，一种对政府不信任的思潮正广泛蔓延，在中国则由于美欧提前管理中国崛起所导致的诸多困难而呈加剧态势，因此正凸显了社会治理和社会动员的重要性。因此，上海社会治理的新作为，不能仅限于上海本地的社会治理，也不能仅限于社会稳定这一相对消极的目标；而是应当着眼于整个中国崛起的创新性和可持续性，着眼于社会动员而不只是社会稳定的积极目标。就此而言，上海社会治理的新作为应当从如下两个方向作战略性思考。

一 网络时代的境内外多层次联动治理

如前所述,随着传统地理政治的基本逻辑正逐渐被抽离,复合地理政治逐渐浮现,既有的社会治理面临着根本性的挑战:不仅传统边界已变得千疮百孔、极易渗透,作为新型时空关系下的"重划疆界"(reterritorialisation)现象[①]也正迅速扩散,这导致社会治理不得不面对新的政治空间——它们往往与既有的物理边界相区别,并呈现出复杂性、碎片化、相互依赖、不确定性和高风险性等特征。[②]社会安全治理的对象正日渐模糊,时空拓展与时空压缩的同时发生正快速侵蚀跨境安全治理传统的"空间感"和"时间感"。

第一,传统边界的虚化与新型"疆界"的复合结构使社会治理对象变得模糊。一方面,由于技术发展、人口变化、政治结构等原因,传统的地理边界正变得日益脆弱。技术特别是互联网技术的发展,使真实的边界可以被"虚拟性"地跨越,如网络社区就大大超越了国家有形边界的范畴。诸如跨国犯罪、恐怖主义等活动已经不再依赖于实际跨越边界便能轻易实施,从而为相关安全问题的侦测、跟踪、预防和应对等带来前所未有的困难。主要由人口流动难度明显降低而来的人口结构变化,也使传统的社会治理面临更大困难。传统上,物理边界因其与种族、历史、文化甚至信仰等联系,为社会治理提供了某种基本的框架——尽管有时也表现为一种复杂性。但随着人口流动日益简便和频繁,各地人口结构都可能不再稳定,进而使传统

---

① Neil Brenner, "Globalisation as Reterritorialisation: The Re - scaling of Urban Governance in the European Union," *Urban Studies*, Vol. 36, No. 3, 1999, pp. 431 - 451.

② Brian Jacobs, "Networks, Partnerships and European Union: Regional Economic Development Initiatives in the West Midlands," *Policy and Politics*, Vol. 25, No. 1, 1997, pp. 39 - 50; Bob Jessop, "The Regulation Approach, Governance, and Post - Fordism," *Economy and Society*, Vol. 24, No. 3, 1995, pp. 307 - 333.

的调查特定地区内陌生人口流动变得困难甚至不再重要，社会治理正丧失重要的传统人力资源优势。而就政治结构而言，由于复合地理政治的兴起，无论是单一制国家还是联邦制国家，传统的行政等级关系模式正面临越来越大的挑战；其核心原因在于时间加速和时间静止双重逻辑下的各级行政部门的传统沟通模式可能不再有效或至少是反应迟缓，如何更新互动模式以适应新的跨境安全需求，是一个摆在各级政府面前的重大课题。

另一方面，在传统边界虚化的同时，各种新型疆界、无形疆界因"疆界的重划"现象正迅速浮现，使社会治理平添复杂性。在城市化特别是超大型城市的背景下，社会治理由于复合地理政治的兴起而出现因议题、行为体、兴趣等的多样联盟或"重划疆界"现象，同时这些不同的联盟间又可能在时间、空间上相互重叠或交叉。传统的线性叙事逻辑与条块分割方法，极可能发现自身陷入一个全新的迷宫，难以找到出路。在面对诸多新兴甚至是无形疆界的复杂组织时，既有社会治理逻辑发现，不仅难以识别其治理对象，更可怕的是难以理解其治理对象。这样，出于一种糟糕的"做最坏准备"心态，跨境治理可能陷入"草木皆兵"的"泥沼"。

第二，空间的拓展与时间的加速/静止相结合，可能导致传统社会治理丧失最为重要的"空间感"。尽管地理政治最基础的要素是空间，但使特定空间发挥作用的始终是时间。因此，尽管物理空间和虚拟空间的拓展可能使社会治理对象变得模糊，但至少仍存在大致的边界。而当时间的加速效应和静止效应同时作用于已然大幅拓展的既有空间时，传统社会治理便发现自身处于一个不确定的空间之中，进而无法确定真正的"治理区"在哪里。就具体的威胁或危机而言，时间的加速或静止可能导致其扩散产生全新的形态：它可能在极短的时间内向全球、国内其他地区的无差别扩散。基于一种防范心理和路径依赖，一国/地区往往在特定危机爆发时通过技术手段将危机限制在其管辖地之外，同时尽可能采取各种协调措施将危机控制在最小范围和最低水平，以利于进一步的解决。但时间因素可能使这一传统措施失效：技术发展可能绕开现有的控制和封锁努力，首先向外即全球扩散，然后从其他方向进入该国，最后再次回到事发地并推动事态升级；由此下一个循环开始。需要强调的是，在当代技术的支持下，这一过程并不需要多长时间，甚至可能就是几分钟的事情。由此而来的，社会治理的空间演变为两个：一是问题在本地的控制和治理问题，二是其全球和国内扩散导致的本地治理问题。前者的核心不再是传统社会治理所假设的在该地区的控制，而是扩至全球范围，但当前的挑战是其速度之快、动员成本之低和影响面之广，更经常的情况却是传统应对方式难以生效或来不及生效前便已形成严重后果。后者则更可能影响一国国内治理甚至其政权合法性，因为既有社会治理努力的消极后果或者失败，可能引发国内其他地区人民的同情、对中央政府的批评或失望，更不要说问题本身在国内的扩散。

第三，复合地理政治的兴起还会对既有社会治理的"时间感"产生重要冲击。一方面，在传统的时空关系模式下，社会治理的有效性体现在其对时间的追求上：缓解甚至解决相关安全挑战所用的时间越短，相应治理努力的成效便越大。但随着时空关系模式的多样化，这一时间感可能遭受两方面冲击：一是它的确很难再如同以前一样实现对跨境安全问题的快速治理，不仅因为问题本身的复杂性大大增加，还因为全球同步时间所导致治理危机效应的消除远比危机缓解或解决本身要更为缓慢；二是由于全球同步时间导致异地效仿效应及由此而来的相互声援效果，相同或相似的治理问题呈现出"此起彼伏"态势，相应挑战显现出"飘忽不定"特征，又使几乎所有努力都难以声称获得了成功，并为事发地的危机重燃埋下了伏笔，从而使社会治理努力始终无法放松。在危机事态后相当长时间内仍致力于消除其形象影响，且无法从精神上真正放松对相应危机的预防或预警态势，进一步强化了危机本身的"常态化"，社会治理最终彻底丧失了其"时间感"。

另一方面，传统社会治理在强化边界管理的同时，也试图通过推动积极的发展—安全关联来实现治理功能。但在复合地理政治兴起背景下，既有的经济尝试甚至可能产生负面效果。在传统的线性叙事结构中，不同地区的差异可通过经济发展努力逐渐消除或拉平。但在空间和时间的同步压缩效应下，特定地区人口对经济发展的期待也可能全部聚集到当下，期待能够在最短时间内见到最大效果——但这显然不可能。① 其结果便是各种微权力运动的"权利"主张，同时可能伴随着各种"权力滥用"指控，其结果是以环境、劳工、社会等标准为由对经济发展努力进行阻挠。尽管传统的经济发展努力对发展差异的消除并没有明确的时间表，但此类阻挠仍可能使社会治理努力进一步丧失其本已模糊的"时间感"。

在治理对象、治理空间、生效时间等均变得模糊不定的情况下，如何确保社会治理的创新和可持续？这一问题本身就暗示着一个困境：一方面，传统单一时空关系下的地理政治的崩溃，的确正呼吁社会治理的根本转型；另一方面，复合地理政治的最终形态尚无法确定，社会治理的转型方向也无法明确。因此，只能给出一些初步的构想。

首先，需要从催生复合地理政治产生的时间逻辑入手，推动社会治理做到"攻守平衡"。一方面，社会治理行为体需要在抢夺同步时

---

① 有关当代技术发展"把过去和未来都压缩到当下"的精彩讨论，参见〔美〕道格拉斯·洛西科夫《当下的冲击》，孙浩、赵晖译，中信出版社，2013，第3章。

间的起点方面保持进取态势，做到"攻得下"。随着时间静止导致对同步时间下的跨地区比较的关注，社会治理必须确保这一比较本身不会或较少发生，或至少尽可能降低其发生后的消极效应。就特定地区的社会治理举措而言，核心是社会性早期预警机制建设。目前，国际上对预警机制的关注重点仍在冲突早期预警，但随着国际范围内安全挑战从"结构性暴力"向"非结构性暴力"的转变，[①] 社会性早期预警正变得日益重要。就社会治理而言，社会性早期预警机制要求转变对抗性思维，通过一种融入性与和解性思维，强化当地人口、社区、商业等自下而上的社会治理功能，加大社区民警、协管、居委会等的社会情报收集功能，第一时间获取相关信息，并利用当代技术发展特别是大数据技术，绘制本地风险地图，提前设计危机预防、管理与转型方案。

另一方面，社会治理行为体需要强化其在时间流动性或线性叙事方面的传统优势，确保"守得住"。社会治理面临的诸多危机事态，很大程度上是利用同步时间的压缩效应，将诸多历史问题或矛盾（线性时间的产物）置于特定时间点予以集中释放。针对此类恶意利用同步时间或平行交叉叙事的努力，核心逻辑是揭露其背后的线性叙事目标，并将其重新置入线性时间逻辑下解决。这一方法有三个优势：一是可为政府或官方反应争取有效应对时间；二是可有效增加危机制造者的组织动员成本；三是可为各种临时"声援"力量提供反思和冷静所需的时间，瓦解危机制造者的"激情联盟"。但需要指出的是，如果没有"攻"的配合，"防"极可能产生负面效果，即被误解为政府或官方使用"拖字诀"。

---

① 有关"结构性暴力"与"非结构性暴力"的此消彼长的讨论，可参见张春《非结构性暴力增生与非洲动荡的常态化》，《当代世界》2014 年第 9 期，第 44～46 页。

其次，需要回归地理政治的本源即空间，推动社会治理做到"收放自如"。所谓"收"是指社会治理应将重点放在应对安全危机的长期性根源解决上，强调"发展是解决所有问题的总钥匙"。一方面，各种社会治理危机都有其现实的利益根源，既可能因为发展不足、也可能因为发展过快而产生的，还可能因为发展的其他如资源后果、传统文化保护、环境破坏等问题而导致的。另一方面，与其他地区进行比较产生的积极或消极反应，如平行交叉叙事逻辑下的心理落差，事实上都有其经济发展根源。

所谓"放"，是指社会治理需要充分虑及其所面临的治理空间的有形和无形拓展，从更为宏观的空间视角思考跨境安全治理问题。具体而言，是要从空间拓展的角度思考社会治理挑战的复杂化：一是要识别出相关的行为体，建立相关行为体的大数据，特别是国内行为体、其他地区的同类行为体和支持性行为体、更大的国际倡导运动团体等；二是要分类管理潜在的社会治理挑战，识别不同类型的挑战的相互关联、相互转化可能，并确立不同类型挑战的重点地区、潜在地区及各地区联动可能；三是要建立社会治理挑战在国内和次地区扩散的重点地区、重点群体、重点时间节点等识别体系；四是建立全方位的情报收集、共享体系，信息发布系统，共同应急应对机制，实现本地区、国内乃至更大范围的应急机制同步；等等。

最后，需要重视复合地理政治背后的叙事逻辑变化，推动社会治理做到"松紧合理"。如前所述，复合地理政治的兴起导致传统历时叙事或线性叙事遭遇重大挑战，共时叙事或平行交叉叙事现在更为流行。由此而来的，传统历时叙事或线性叙事对社会治理的静态、历史性叙述难以传递出有效的治理理念，也无法实现对治理效果的有效宣扬。在共时叙事或平行交叉叙事下，听众所需要的不是纵向比较，而是横向比较，并（可能是无理地）要求消除或至少是缩小横向差距。

但需要指出的是，平行交叉叙事的兴起本身并未真正取代线性叙事；很大程度上，各类危机背后的叙事逻辑却是利用平行交叉叙事追求线性叙事的目标，或者是使线性时间下的目标能够加速实现，如极端分子追求"快速"进入"天堂"。但对于社会治理而言，同样重要的是，由于复合地理政治导致的叙事逻辑变化，必须"放松"对平行交叉叙事的控制，因为这很大程度上是当代时空环境下个人释放激情的主要方式；同时，社会治理努力也必须"抓紧"传统线性叙事，因为这是此类努力最终生效的基本倚仗。

二 社会治理的风险预警能力建设

随着人类社会进入"风险社会"①，对威胁与风险的区分日益模糊；但必须认识到的是，威胁很大程度上已是一种现实存在并可能已产生某种后果，而风险则往往是潜在的，其后果尚未充分显现；潜在风险是否会转化为现实威胁，很大程度上取决于对风险的早期预警和早期响应是否及时和有效。随着现代技术的发展，潜在风险转化为现实威胁的速度已大大提高②，迫切需要将风险管理置于比威胁应对更为优先的议事日程上，以避免产生更严重的后果和更大的成本。对上海社会治理的新作为而言，建设和健全社会治理的风险预警模式，提升社会治理风险预警能力，正变得越来越重要。

有关社会治理的风险预警模型总体较为欠缺，大多与国家治理、社会发展等评价体系相联系。自 1966 年美国社会学家罗蒙德·鲍尔

---

① 有关风险社会的讨论，可参见〔德〕乌尔里希·贝克《风险社会》，何博闻译，译林出版社，2004。

② 有关从风险到威胁的转变速度加快的讨论，可参见〔智利〕西萨·希达戈《资讯裂变：iPhone、超跑、无人机，全球经济与想象力结晶的发展之路》，戴至中译，台北日月文化2016年，第5、11章；〔美〕道格拉斯·洛西科夫：《当下的冲击》，孙浩、赵晖译，中信出版社，2013，第5章。

（Raymond A. Bauer）发表《社会指标》（*Social Indicators*）[①] 一书起，各类早期预警模型便迅速兴起，并逐渐从一开始的经济、卫生、自然灾害等领域，向社会、安全、暴力冲突等领域扩散，日益成为各类集体决策的必不可少的要素之一。对上海社会治理的风险预警而言，理解早期预警的基本概念与操作方式，吸取早期预警模型发展的经验与教训，并借鉴与冲突预警和响应相关的模型发展自身的独特模型，相当重要。

早期预警和响应被认为是一个阻止各类危机以保护人民生命的手段，是就潜在冲突或危机的爆发、升级和复发提出预警信号，深化决策者对冲突或危机的原因、发展和影响的理解，并提出响应方法的一个连续过程。顾名思义，早期预警和响应模型包含早期预警和早期响应两个要素。所谓早期预警就是围绕各类议题通过定量、定性或混合方法实现系统性的数据收集、分析和/或提出建议的努力，包括风险评估和信息共享。[②] 一般而言，早期预警包括三个要素：一是对正出现的威胁风险的时间与规模进行评估；二是分析这些威胁风险的性质并描述可能的场景；三是与决策者就早期预警分析进行沟通。[③] 与此相应，早期响应是指将想象的风险转化为威胁的各个阶段所展开的旨在减少、消除或改变风险的各种努力。早期预警和早期响应存在多个相互关联的环节，而数据收集、数据编制、数据分析等则贯穿整个过程。[④]

①　Raymond A. Bauer, *Social Indicators*, Mass.: The MIT Press, 1967.

②　Alexander Austin, "Early Warning and the Field: A Cargo Cult Science?" *Berghof Handbook*, Berlin: Berghof Research Center for Constructive Conflict Management, 2004, p. 2.

③　Lawrence Woocher, "The Effects of Cognitive Biases on Early Warning," paper presented at the International Studies Association Annual Convention, March 29, 2008, p. 3, http://www.usip.org/specialists/bios/current/docs/effects.pdf.

④　Alexander Austin, "Early Warning and the Field: A Cargo Cult Science?" *Berghof Handbook*, Berlin: Berghof Research Center for Constructive Conflict Management, 2004, p. 23.

经过 40 余年三个阶段的发展后，早期预警和早期响应的模型建构已日益全面和完整。第一阶段是 20 世纪 60 年代以经济风险为主的早期预警努力，其中既有当时对经济增长重视而来的对经济风险预警意识强化的原因，也有经济学本身的定量研究方法更为成熟的技术背景。当时较具代表性的经济风险早期预警模型包括美国的哈佛景气动向指数和先行指数及日本企划厅提出的景气动向指数等。第二阶段发生在 20 世纪 70~80 年代，风险预警逐渐向社会、政治、生态等其他与经济高度关联的领域扩散，理查德·艾斯特斯（Richard Estes）和约翰·莫根（John Morgan）于 1976 年提出一个相对完整的国家不稳定衡量指标体系[1]，而定量研究技术的深入发展使 20 世纪 80 年代提出的诸多风险早期预警模型的可操作性大为增强。[2] 冷战的结束推动早期预警和响应模型建设进入第三阶段，即全球系统性预警和响应时期，以联合国、世界银行、国际货币基金组织等为代表的国际组织围绕自然、健康、社会、经济及环境等建立的大量风险早期预警和响应模型是其典型。

早期预警和早期响应模型的发展呈现四个重要特征：一是从相对短期的重在治标的操作性预警，逐渐向相对长期的旨在标本兼治的结构性预警，及更为全面的超越特定国家或地区的系统性预警发展；[3] 二是从单一领域、单一视角向着日益全面的领域、视角方向发展，特别是逐渐从经济学向社会学、政治学、管理学、环境科学、系统科学等综合性预警方向发展；三是研究方法经历了从定性到定量再到定

---

① Richard J. Estes and John S. Morgan, "World Social Welfare Analysis: A Theoretical Model," *International Social Work*, Vol. 19, No. 2, 1976, pp. 3 - 15.

② 转引自鲍宗豪、李振《社会预警与社会稳定关系的深化——对国内外社会预警理论的讨论》，《浙江社会科学》2001 年第 4 期，第 109~113 页。

③ Barnett R. Rubin and Bruce D. Jones, "Prevention of Violent Conflict: Tasks and Challenges for the United Nations," *Global Governance*, Vol. 13, No. 3, 2007, pp. 391 - 408.

性、定量相结合的混合方法的发展，其可计算性、可操作性不断强化，对数据收集、处理和分析的重要性越来越强调；四是从一开始更多强调预警朝向预警与响应并重的方向发展，强调预警对象、响应针对性等的重要性。

尽管可以追溯至 20 世纪 50 年代的情报和军事侦察努力，但与其他领域的早期预警和响应模型的建设相比，与安全、冲突、社会治理等更为相关的冲突早期预警和响应模型的建设仍相对较新。到 20 世纪 80 年代，联合国难民事务高级专员开始预测政治性的人道主义危机，而 1994 年的卢旺达种族大屠杀则是当代意义上的冲突早期预警和响应模型建设的主要触发事件。自此以后，逐渐发展出三代冲突早期预警模型，每代都有所差异且各有所长，形成目前三代模型并存的格局。第一代冲突早期预警模型建立于 20 世纪 90 年代后半期，根本上是集中化的并主要关注冲突预测和为决策提供分析和支持。第二代冲突早期预警模型则更接近其所关注的地区，增设了现场的监控人员或协调人员，在关注预测和分析的同时，对于早期响应也开始有所涉及。而自 2003 年起的第三代冲突早期预警模型根本上是当地化的，现场监控人员与响应者的角色往往由同一行为体扮演，其关注核心是如何有效利用当地的具体信息，根本目的仍是预防特定地区的暴力冲突。①

为更好地构建社会治理风险早期预警和响应模型，需进一步识别冲突或安全类早期预警和响应模型的类型差异。尽管并没有统一认识，但对冲突早期预警和响应模型的分类主要有以下方法：一是以模型建构行为体的性质为标准，将其分为政府型、国际组织型、研究

① Patryk Pawlak and Andrea Ricci, eds. , *Crisis Rooms: Towards A Global Network?* Paris: European Union Institute for Security Studies (EUISS), 2014.

（包括学术、非政府组织和智库）型以及私营型;[①] 二是依据方法论可分为定量与定性模型;三是根据使用目的分为早期预警模型和政策模型;[②] 四是依据功能范畴,区分为条件与因果模型（conditional and causal models）、预测模型（predictive models）和总体风险与能力模型（general risk and capacity models）;[③] 还有学者从应然角度,将其区分为相关性模型（correlation models）、顺序模型（sequential models）、链接模型（conjunctural models）和响应模型（response models）。[④] 事实上,上述分类方法均有可借鉴之处。首先,上海社会治理风险早期预警和响应模型应当由相对更加了解情况的智库创建,并为政府所用,特别是为社会治理预防和早期响应的决策提供信息和决策输入;其次,上海社会治理风险早期预警和响应模型应当结合定量与定性方法,同时兼顾早期预警和早期响应两种功能;再次,上海社会治理风险早期预警和响应模型也应当在提供预警和响应的基础上,通过积累发现风险的因果关联,尤其是要识别风险转化为威胁或危机的门槛或临界点;最后,上海社会治理风险早期预警和响应模型应当基于历史趋势而发展其预测能力,同时重点强调其外溢性。

目前,国际上已有不少涉及对象国内部政治、经济、社会状况的早期预警和响应模型,其中绝大多数以判断对象国稳定与否为核心,

---

① Frederick Barton and Karinvon Hippel, "Early Warning? A Review of Conflict Prediction Models and Systems," *PCR Project Special Briefing*, Washington, D. C.: Centre for Strategic and International Studies (CSIS), 2008.

② David Nyheim, *Can Violence, War and State Collapse be Prevented? The Future of Operational Conflict Early Warning and Response*, Paris: OECD/DAC, 2008.

③ Monty G. Marshall, "Fragility, Instability, and the Failure of States: Assessing Sources of Systemic Risk," *Center for Preventive Action Working Paper*, New York: Council on Foreign Relations, 2008, pp. 9 – 11.

④ Suzanne Verstegen, "Conflict Prognastication: Toward a Tentative Framework for Conflict Assessment," *Clingendael Institute CRU Occasional Paper*, 1999.

最为典型的是失败国家或脆弱国家指标，对上海社会治理风险早期预警模型的建构有重要的参考意义（见表4-4）。

表 4-4　外交风险预警模型建构相关的主要模型

创建方	模型名称
欧盟	冲突结构性风险清单（Checklist for Structural Risks of Conflict）
	武装冲突风险评估定量全球模型（Quantitative Global Model for Armed Conflict Risk Assessment）
德国发展署（GIZ、BMZ）	和平与冲突评估（Peace and Conflict Analysis）
荷兰外交部	稳定评估框架（Stability Assessment Framework，SAF）
	脆弱国家评估框架
	冲突与政策评估框架
	脆弱国家评估方法
经合组织（OECD）	NiGEM 模型
美国	转型冲突分析跨部门共同框架（Common Inter - Agency Framework for Conflict Analysis in Transition）
美国国际开发署（USAID）	冲突评估框架 2.0 版
英国国际发展部（DFID）	战略冲突评估（Strategic Conflict Assessment）
世界银行	世界治理指标（Worldwide Governance Indicator，WGI）

资料来源：笔者自制。

一是美国系统和平中心（Center for Systemic Peace）所发展出的一系列评估各国政治稳定、社会冲突等的指标。系统和平中心成立于1997 年，旨在对全球体系这一结构条件下的政治暴力进行研究。该中心对世界上主要国家的政治行为加以监控，对所有与国家失败、政治暴力等相关的发展加以汇总并提出预警，在 2014 年时涵盖 167 个国家。①

①　"Our Mission," Center for Systematic Peace, http：//www. systemicpeace. org/mission. html.

系统和平中心主要有四个数据库，即武装冲突与干预数据库（Armed Conflict and Intervention database，ACI），其中最重要的指标体系是政治不稳定指标（Political Instability Index），对 1955～2015 年全球的国家失败问题加以研究；政体五（Polity V）数据库，对各国自 1800 年到 2015 年的政治体制发展和转型加以统计分析；国家脆弱性指标（State Fragility Index）；印度冲突数据库。

尽管其使命看似中立和客观，但系统和平中心建立之初的最核心使命为美国外交决策提供预警性研究，特别是目前已更名为政治不稳定工作组（Political Instability Task Force）的国家失败工作组（State Failure Task Force）。该小组以经验研究为基础，对自 1955 年以来主要国家的政治不稳定加以解释，主要应用逻辑回归、网络分析、事件历史模型等方法。尽管数据量很大，但"只有少数变量、没有复杂互动的相对简单的模型，能够准确地区分 80% 甚至更多的历史数据中的不稳定和稳定国家"。[①] 还需要指出的是，政治不稳定工作组所确立的全球性模型，很大程度上也能够在地区背景下适用，如撒哈拉以南非洲。同时，尽管有的变量影响力并不明显，但由于涉及主权国家的政治敏感性问题，特别是如政权类型、政府性种族清洗、地方分裂、领导人在位时间等，对早期预警和响应而言仍相当重要。

二是美国政府钟爱的脆弱国家指标（Fragile States Index，FSI），原名失败国家指标（Failed States Index，FSI），是由与美国政府和国会关系密切的美国和平基金会（Fund for Peace）所制作。通过将社会科学技术与信息技术相结合，和平基金会发展出一套冲突评估系统

---

① Jack A. Goldstone, Robert Bates, Ted Robert Gurr, Michael Lustik, Monty G. Marshall, Jay Ulfelder, and Mark Woodward, "A Global Forecasting Model of Political Instability," Political Instability Task Force Phase V Findings, George Mason University Center for Global Policy, 2005, http：//globalpolicy. gmu. edu/pitf/PITFglobal. pdf.

工具（Conflict Assessment System Tool，CAST），每年依据 12 项指标对全球 177 个国家依据其国家脆弱程度进行排名，其结果由《外交政策》（*Foreign Policy*）杂志进行发布。脆弱国家指标的 12 个指标主要分为三类：社会性指标主要包括人口增长、难民和国内流离失所者（internally displaced person，IDP）、社会不满团体及人民抗争；经济性指标则由群体性发展不均衡和经济快速下跌两个指标组成；最重要的是政治性指标，涉及如国家合法性、公共服务质量、人权侵犯、安全机构、政党派系、外部介入等。脆弱国家指标以来自 150 多份国内和国际媒体报告为基础，每月对其研究所覆盖的国家进行打分（0 ~ 10），最终形成年度得分。得分越高，国家脆弱性就越大，120 分为峰值，90 分即达到脆弱国家预警线。[①] 脆弱国家指标自 2005 年起发布，很大程度上是在美国遭受 "9·11" 恐怖主义袭击后认识到所谓失败国家或脆弱国家对美国国家利益的重大威胁而展开的，因此其对外交风险的早期预警和响应有着不言而喻的重要意义。

三是国际危机小组（International Crisis Group）每月更新的《危机观察》（*Crisis Watch*）。[②] 国际危机小组在早期预警和响应领域被认为是个成功案例，主要通过田野调查收集相关预警信息。国际危机小组于 1995 年由世界银行副行长马克·布朗（Mark Malloch Brown）等及少数美国前外交官共同创建，旨在通过预警致命冲突，推动战争的预防，塑造更为和平的世界。国际危机小组最具影响力的早期预警和响应产品是其《危机观察》，该出版物每月就各类全球冲突提供最新跟踪信息，事实上是为决策、媒体、商业、公民社会及感兴趣的公众提供的早期预警榜单。《危机观察》于每月月初出版，围绕全球 70

---

① 有关脆弱国家指标的情况，可参见其网站 http：//fsi. fundforpeace. org。
② 有关《危机观察》的情况，可参见其网站 https：//www. crisisgroup. org/crisiswatch。

余处冲突、危机及脆弱国家提供简短和单独的月度更新，对每个案例是恶化还是改善等做出趋势性评估，就新危机或危机升级等做出预警，并围绕早期冲突预警和解决努力提出政策建议。该指标自2003年9月推出以来，成为整个国际危机小组最受欢迎的产品，对于各种类型的行为体而言都有重要的早期预警和响应参照。

四是世界银行的世界治理指标。[①] 该指标从六个方面对全球超过200个国家和地区自1996年以来的治理情况进行排名。这六个要素包括：公众意见与政府问责、政治稳定与暴力水平、政府效率、管治质量、法治、腐败程度。该指标于1999年创建，对外交风险预警和响应有着重要的参考意义。

与聚焦对象国内部稳定或风险的早期预警和响应努力相比，对外交风险的直接预警努力远为不足。目前，此类努力主要有两个：一是旨在为加拿大政府提供信息的国别外交指标（Country Indicators for Foreign Policy, CIFP），由加拿大卡尔顿大学（Carlton University）负责研发。[②] 该指标是迄今为止最全面的政策导向型项目，评估良治与民主进程及暴力冲突和脆弱国家风险的能力。它涵盖六类结构性指标，即法治、人权、政府透明度和问责、政府与市场效率、民主参与、政治稳定与暴力等。结构性指标通过指标化方法加以评估，从而得出各国的国家风险水平。目前，国别外交指标项目事实上有三套评估体系，即冲突风险评估、治理与民主进展、失败和脆弱国家评估。国别外交指标项目所确立的早期预警和响应模型对东非地区组织伊加特（Intergovernmental Authority on Development, IGAD）建立其冲突早期预警和响应机制（Conflict Early Warning and Response Mechanism,

---

① 有关世界治理指标的情况，可参见其网站，http://info.worldbank.org/governance/wgi/。
② 有关国别外交指标，可参见其网站，http://www4.carleton.ca/cifp/。

CEWARN）有重要影响，后者的不少社会、政治和经济指标是在效仿前者的基础上建立的。

二是美国国务院发展的基于各国与美国的联合国投票一致性及一致程度高低而来的指标，即每年一版的《联合国投票实践》（*Voting Practice in United Nations*）报告。该报告是迄今为止少有的对外交一致性的评估报告，尽管其方法相对简单，即比较每个国家与美国在联合国大会和安理会的投票是否一致，特别是在对美国而言重要的议题上投票是否一致。该报告自1984年起正式出版（即1984年的情况），到2016年已经连贯出版32年。该报告对评估美国与他国外交关系、预测潜在的外交风险等有重要意义，也是建构中国外交风险早期预警和响应模型的一个重要参照。①

借鉴上述有关社会治理、社会稳定的早期预警模型，上海社会治理风险早期预警模型的建构应遵循简单、可衡量、一致和准确四个基本要求，其核心要素应当包括至少两个方面：一是参照主要的国际早期预警与响应模型，重点聚焦上海社会内部稳定，即建构"上海社会稳定指标"；二是注重其对中国崛起的影响，建构"上海治理与国家稳定指标"。尽管这在很大程度上是主观性的，但这一早期预警模型的建构，对提升上海社会治理的风险预警能力将有重大助益。

---

① 自2000年以来的《联合国投票实践》报告均可从美国国务院网站上下载，http://www.state.gov/p/io/rls/rpt/index.htm。

第五章 全面从严治党：永葆体系内创新型崛起的中国特色

中国的全面崛起只能依赖于创新型路径和可持续性提升，而其中最为重要的一个方面则是"中国特色"的保持。回顾中国革命和改革开放的成功经验，其中最重要的一条便是"党的领导"。但随着时间推移，如何永葆党的先进性，使中国共产党能真正有效地领导中国实现体系内创新型崛起，正面临各类挑战，其中既有外部压力，更有内部问题。正是在这一意义，习近平总书记提出了"全面从严治党"要求，其意义远非相对消极的肃清党内腐败、建立风清气正的政治环境，更有相对积极的永葆中国崛起的创新特色和道德高地的战略前瞻。因此，习近平总书记要求上海实现从严治党新作为，也不只是为了确保上海"先行先试"过程中党自身的纯洁性和领导力，更是在为中国崛起的创新性与可持续性展开试验，特别是探索中国共产党对治国理政道路的探索、对中国特色国际道德价值观的建构等。

第一节 上海全面从严治党的战略与政策实践

作为一个超大型国际化大都市，上海的人口规模甚至超过世界上许多小国。如何在创建卓越的全球城市过程中，强化对中国特色社会主义的理论自信、道路自信、制度自信和文化自信，不仅对上海自身品牌、特色建设至关重要，更对中国崛起、民族伟大复兴有重要意义。这进一步凸显了党的执政能力、领导水平的重要性。自 2017 年习近平总书记提出上海要在从严治党方面实现新作为之后，上海始终站在中华民族伟大复兴和"四个自信"的高度，推出系统举措，推动全面从严治党迈上新台阶，为上海卓越的全球城市建设保驾护航，同时也积极探索中国体系内创新型崛起的特色保持路径。

一　上海全面从严治党的战略设计

党的十九大仍提出了民族伟大复兴的战略目标——全面建成小康社会，基本实现现代化，建设富强民主文明和谐美丽的社会主义现代化国家的目标打好基础，为实现中华民族伟大复兴的中国梦而奋斗。这对党的执政能力和领导能力提出了更高的要求，进而使"全面从严治党"变得更加迫切和现实。

"治国犹如栽树，本根不摇则枝叶茂荣。"治国理政的根本是什么？中国实现可持续崛起的根本是什么？这些问题的共同答案都是，中国共产党的领导和社会主义制度是根本。"打铁还需自身硬。"2012 年 11 月 15 日，习近平总书记在十八届中央政治局常委与中外记者见面会上做出庄严承诺。刚当选总书记，习近平同志就提出要坚持从严治党。2014 年 10 月 8 日，习近平总书记在党的群众路线教育实践总结大会上，首次提出"全面推进从严治党"。2014 年 12 月，习近平总书记在江苏调研时，第一次将"全面从严治党"同全面建成小康社会、全面深化改革、全面推进依法治国并列提出。2015 年 2 月，习近平总书记在省部级主要领导干部学习贯彻十八届四中全会精神全面推进依法治国专题研讨班的讲话中，第一次提出全面建成小康社会、全面深化改革、全面依法治国、全面从严治党的"四个全面"战略布局。

自党的十八大以来，以习近平同志为核心的党中央把全面从严治党纳入战略布局，兑现打铁必须自身硬的承诺，以壮士断腕的勇气坚决惩治腐败，为党和国家各项事业发展提供了坚强政治保证，全面从严治党成为十八届党中央工作的最大亮点。习近平总书记多次强调，铲除不良作风和腐败现象滋生蔓延的土壤，根本上要靠法规制度。制度带有根本性、全局性、稳定性、长期性。对于一个有8800多万名党员、440多万个党组织的党，必须靠制度管好自己的队伍，保持先进性和纯洁性。

十八大以来，中央积极回应从严治党现实需要，加强党内法规制度建设。2013年5月27日，《中国共产党党内法规制定条例》和《中国共产党党内法规和规范性文件备案规定》发布。2015年6月，中央出台《中国共产党党组工作条例》；10月，中共中央印发《中国共产党廉洁自律准则》《中国共产党纪律处分条例》；2016年6月28日，中共中央政治局审议通过《中国共产党问责条例》。党的十八届六中全会审议通过了《关于新形势下党内政治生活的若干准则》《中国共产党党内监督条例》，这是党中央着眼全面从严治党、坚持思想建党和制度治党相结合的重要安排。五年来，中央共出台或修订近80部党内法规，超过现有党内法规的40%，使从严治党、从严治吏越来越有规可循、有据可依。

十八大以来，从严管理干部队伍制度体系日益完善，良好的用人导向和制度环境正在逐渐形成。在2013年6月28日的全国组织工作会议上的讲话中，习近平总书记指出，"用一贤人则群贤毕至，见贤思齐就蔚然成风。选什么人就是风向标，就有什么样的干部作风，乃至就有什么样的党风"。2014年1月，中共中央印发《党政领导干部选拔任用工作条例》，为新时期做好干部选拔任用工作提供基本遵循，为选拔任用好干部提供制度保证。此外，党内还先后制定实施了规范党政领导干部在企业兼职（任职）、个人有关事项报告抽查核实、配偶已移居国（境）外的国家工作人员任职岗位管理、领导干部能上能下等一系列制度规定；突出问题专项整治持续开展。集中清理超职数配备干部，集中清理裸官、档案造假等问题；党员干部日常管理监督更加严格。制定和落实对领导干部进行提醒、函询和诫勉的实施细则，制定防止干部"带病提拔"的意见。

自习近平总书记提出全面从严治党，特别是要求上海在从严治党方面实现新作为以来，上海展开了全面努力。

首先是创新全面从严治党机制，即"四责协同"机制。2018年5月，上海市全面从严治党"四责协同"机制建设推进会举行。上海市委书记李强强调，要进一步落实习近平总书记对上海提出的在全面从严治党上有新作为的指示要求，在实践中不断健全完善"四责协同"机制，知责明责更清晰、履责尽责更到位、督责问责更有力，以管党治党责任的落实推动各项工作责任的落实，着力营造风清气正的政治生态和干事创业的良好氛围。会议指出，十八大以来，上海的发展以全面从严治党的创新实践为大背景，不断加强党的建设，起到了保驾护航的作用。上海在落实管党治党责任上深化细化，建立了党委主体责任、纪委监督责任、党委书记第一责任、班子成员"一岗双责"的"四责协同"机制并扎实推进，体现了对落实党委主体责任、纪委监督责任的具体化，体现了责任落实中的问题导向，体现了在全面从严治党上的改革创新精神，实现全面从严治党从"一家做"到"大家做"、从"要我做"到"我要做"，推动走出一条管党治党责任落实的新路子。会议要求在实践中要不断健全完善"四责协同"机制，加快构建主体明晰、有机协同、层层传导、问责有力的责任落实机制；促进四个责任有效衔接，形成项目清单和责任清单；以落实"四责协同"推动全面从严治党实现新作为（见图5-1）。①

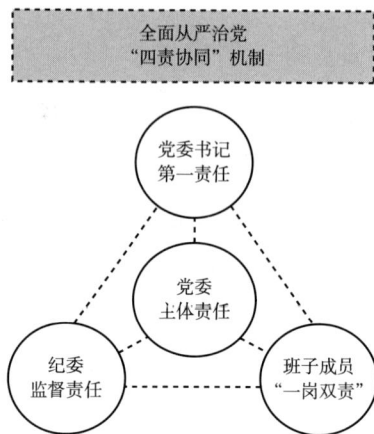

图5-1 上海全面从严治党"四责协同"机制

资料来源：徐炳文、陈琼珂：《重磅！上海探索四责协同机制建设，树立全面从严治党责任"共同体"》，上观新闻，2018年5月9日，https://www.jfdaily.com/news/detail？id=88765。

其次是抓好基层党建，将全面从严治党与社会治理有机结合起来。上海社会治理的多层次联动模式事实上强调以党建引领基层社会治理创新，切实发挥党委在社会治理大格局中总揽全局、协调各方的领导核心作用。以此健全区域化党建区、街镇、居村的组织网络，构建区、街镇（开发区）党建服务中心和居村、楼宇、园区党建服务工作站三级党建服务阵地体系，完善区域化党建组织体系和协同模式。例如，《上海市社会治理"十三五"规划》提出要完善社区共治自治机制，夯实基层治理基础。一是坚持党建引领。完善区、街镇、村居三级区域化党建组织体系，健全社区党委运行机制，做实社区党建服务中心，

① 《上海：以"四责协同"推动全面从严治党新作为》，中央纪委国家监委网站，2018年5月16日，http://www.ccdi.gov.cn/yaowen/201805/t20180511_171689.html。

发挥党组织的政治引领、指导协调和资源整合作用。二是加强协同联动。理顺条块关系，实现条块对接，形成工作合力。推动群团组织改革。推动驻区单位、"两新"组织、社区群众等各类力量共同参与。三是提高自治能力。完善村居治理架构，健全自下而上的自治议题形成机制和居村工作评价体系。完善三会制度，建立多种形式的基层协商机制。① 又如，《金山区社会治理"十三五"规划》在总结党在社会治理中的作用时就指出，各级党的组织高度重视社会治理工作，充分发挥领导核心作用，动员整合政府、市场、社会各方资源，牢牢把握社会治理的政治方向；《金山区社会治理"十三五"规划》的基本原则中第一条便是"坚持党的领导、凝聚共识。坚持加强党对社会治理工作的领导，改进领导方式，有机整合政府、市场、社会各类主体资源，广泛凝聚社会共识，服务社会治理总体需求"。其主要任务的第一条也是"加强党的领域，打造良好治理生态"，要求"通过加强党对社会治理工作的领导，保证社会治理正确的政治方向，把基层党组织和广大党员组织起来引领和服务群众，把党的政治优势、组织优势转化为治理服务优势，提高引领社会、组织社会、治理社会、服务社会的能力，努力将党的领导渗透到社会治理的各方面、各环节，特别是要在党的领导下加强社区发展重大问题和涉及群众切身利益问题的协商。"②

再次是完善党内执纪体系。一是深化国家监察体制改革。这是以习近平同志为核心的党中央做出的重大决策部署，是事关全局的重大政治体制改革。根据中央总体部署和市委有关要求，在市深化监察体制改革试点工作小组领导下，市纪委牵头制定本市深化监察体制改革

---

① 《走出一条符合超大城市特点的社会治理新路》，《文汇报》，2017 年 4 月 7 日，http：//sh. people. com. cn/GB/n2/2017/0407/c134768 - 29982164. html。

② 《金山区社会治理"十三五"规划》，金山区委办，2016 年 11 月 24 日，http：//www. shjsdw. cn/html/qjhzxgz/qwjcjy/qwxfdygwj/401457801689. html。

试点实施方案，协助市改革试点工作小组统筹部署全市改革试点工作。加强与成员单位的沟通，研究解决人员选举任命程序、拟转隶部门的人员和编制、办公和业务用房保障、留置场所设置等问题，推动各项决策部署落实到位。加强对各区改革工作的指导，确保中央和市委的要求不折不扣得到落实。集中开展全市纪检监察干部纪法衔接培训，研究制定开展监督执纪监察工作的有关规范，确保市区两级监委依法依规开展工作。二是深入推进全面从严治党必须坚持标本兼治。在强化不敢腐氛围的同时，全市纪检监察机关着力筑牢不能腐的制度防线，构筑不想腐的思想道德防线。在筑牢不能腐的制度防线上，制定出台《关于加强和改进市管国有企业党风廉政建设的实施意见》，推动企业纪检组织融入企业法人治理结构，推动党风廉政建设与企业经营管理深度融合。督促相关部门出台进一步加强财政专项资金管理的规定，强化专项资金监督检查。继续推进公务卡制度改革，强化对公共支出的监督管理。在构筑不想腐的思想道德防线上，传承上海红色文化基因，强化党员干部思想自觉。把党章党规党纪纳入各级党委中心组学习安排、党校培训课程，分层分类开展警示教育。三是将自上而下的组织监督同自下而上的民主监督相结合，推动形成有效的权力制约监督机制，具体包括两个方面。一方面，深化政治巡视，推进全市巡视巡察工作一体化。及时修改本市贯彻巡视工作条例的实施办法，制定各区党委建立健全巡察制度的实施意见。研究制定十一届市委巡视工作规划，配齐配强巡视组组长和巡视干部，完成首轮对6个区的巡视工作。把巡视整改作为落实全面从严治党责任的重要内容，针对巡视整改中存在的突出问题，列出清单、逐项督办，并制定完善制度。坚持以巡视带动巡察，以巡察深化巡视，积极探索巡视巡察联动机制。另一方面，强化派驻监督，发挥"探头"和"前哨"作用。制定出台《关于进一步加强和改进市纪委派驻机构全面履行职责的若干意见（试行）》和《关于进一步加强市纪委派驻监督工作的有关规定》。加强对派驻机构的工作指导和服务保障工作，推动派驻监督在改革中深化、在深化中发展。四是着力打造忠诚干净有担当的纪检监察队伍。第一，严格执行监督执纪工作规则。认真贯彻《中国共产党纪律检查机关监督执纪工作规则（试行）》，在全市纪检监察系统组织分类培训，切实把风险防控贯穿监督执纪全过程。加强规则执行情况的监督检查，确保把监督执纪权力关进制度笼子。第二，突出抓好执纪审查能力建设。加大培训和实战练兵力度，开展问题线索处置情况和案件质量专项检查，指导基层纪委推行交叉执纪审查和联动办案机制。第三，严防"灯下黑"。严明审查纪律，紧盯重要岗位和关键环节，严肃查处跑风漏气、以案谋私等违规违纪行为。以铁的纪律建设政治过硬、业务过硬的纪检监察干部队伍。

最后是充分调动和激发干部队伍积极性主动性创造性。2018年7月初，上海市委办公厅印发了《关于进一步激励广大干部新时代新担当新作为的实施意见》，并发出通知，要求各地区各部门各单位认真贯彻执行。《关于进一步激励广大干部新时代新担当新作为的实施意见》深入贯彻习近平新时代中国特色社会主义思想和党的十九大精神，细化落实中央有关会议和文件精神，对完善干部考核评价机制，建立激励机制和容错纠错机制，激励广大干部坚持改革开放、勇于创新发展、敢于担当作为提出明确要求。《关于进一步激励广大干部新时代新担当作为的实施意见》的出台，对贯彻落实中央和市委决策部署，充分调动和激发本市干部队伍的积极性、主动性、创造性，教育引导干部为上海加快建设"五个中心"、卓越的全球城市和具有世界影响力的社会主义现代化国际大都市汇聚强大力量，具有十分重要的意义。《关于进一步激励广大干部新时代新担当新作为的实施意见》对全市各级党委（党组）提出4条基本原则：要旗帜鲜明地树立勇当排头兵、先行者的导向;要最大限度地调动广大干部的积极性;要客观公正地评价干部的工作全貌;要毫不动摇地守牢依法依规底线。《关于进一步激励广大干部新时代新担当新作为的实施意见》强调,要提高政治站位,激发干部内生动力。明确要求各级领导班子特别是主要领导要发挥"领头羊"作用,以上率下形成"头雁效应",全市广大干部要秉持开天辟地、敢为人先的首创精神,弘扬上海城市精神,提振干事创业的精气神。要树立鲜明导向,加大优秀干部培养选拔使用力度。明确要着力选用敢担当、善突破、能成事的干部,通过经常性、近距离、有原则地接触干部,及时发现、合理使用。要着力增强干部适应新时代发展要求的本领能力,提高专业思维和专业素养以及涵养底气和勇气。要加强全方位激励,增强干部荣誉感归属感获得感。明确要发挥考核评价"指挥棒"作用,构建完整的制度体系,体现精准化、差异化要求,强化结果分析运用,特别是将评选表彰和干部培养选拔挂钩。满怀热情关心关爱干部,开展经常性谈心谈话、重视干部身心健康、给予更多理解支持,让基层干部安心、安身、安业。要建立健全容错纠错机制,解除干部后顾之忧。明确容错条件情形和实施程序,对该容的大胆容错、不该容的坚决不容。合理运用容错结果,对经容错认定予以免责的干部,坚持客观评价、公正合理对待。坚持有错必纠、有过必改,加强对相关干部的跟踪了解和后续管理,支持和鼓励干部调整心态、积极履职。要从严监督问责,形成倒逼机制。明确要坚持预防在先、教育在先、警示在先;坚持优者上、庸者下、劣者汰,强化对不担当不作为的问责追责,持续释放失责必问、问责必严的强烈信号。[①]

---

① 《上海市委办公厅印发〈关于进一步激励广大干部新时代新担当新作为的实施意见〉》,《解放日报》,2018 年 7 月 6 日,http://cpc.people.com.cn/n1/2018/0716/c64387-30149593.html。

二　上海全面从严治党的政策实践

为深入贯彻党中央关于全面从严治党的战略部署，全面落实习近平总书记提出的上海全面从严治党要有新作为的要求，上海市重点从如下几个方面展开具体实践。

其一，积极探索开展全面从严治党"四责协同"机制建设试点工作，取得了阶段性成效。"四责协同"机制是上海全面从严治党新作为的一个重要创新，在探索过程中，不同的地区、单位有着不同的做法。

例如，嘉定区系统谋划抓推进，坚持组织保障、制度建设先行，坚持部署发动、培训督查推动，制定全面从严治党"四责协同"机制建设"1＋4"文件，全区71家处级单位、88家区属二三级公司、337家村居、33家经济小区党组织已全面落实"四责协同"机制。同时，聚焦重点抓突破，围绕明晰责任、协同发力和考绩问责三个主要环节抓落实。嘉定区的主要做法包括三方面。一是聚焦"明晰责任"这一基础。开出"问题、责任、项目"三张清单，以及由党委决策、干部认领，打造责任落实的"路径图"；二是聚焦"协同发力"这一重音。着眼攥指成拳，党委书记在履行第一责任人的责任过程中勇于"揭盖"，形成全面从严治党工作第一驱动效应；纪委监委在履行监督责任过程中主动"发球"，实现横向、纵向两个维度的联动协同、上下齐发力。三是聚焦"考绩问责"这一关键。改革考核方式，直指消除履责内生动力产生的阻塞点，营造主动查纠问题的工作导向，引导各级党组织自觉聚焦"抓早抓小、防微杜渐"，主动开展"面对面""红脸出汗"式的履责约谈明示提醒干部。

又如，闵行区委紧紧抓住"一岗双责"这个关键环节，通过明晰内容、健全机制、拓展延伸等措施，积极探索符合本区实际的"四责协同"机制，推动全面从严治党向纵深发展。一是明晰"一岗双责"具体内容。将党委主体责任、党委书记第一责任以及班子成员"一岗双责"细化为3张清单14个方面51项内容,设置量化指标,使班子成员履责内容更加清晰。二是健全"一岗双责"履责机制。探索廉情抄告机制,将下级单位党风廉政建设问题抄告给分管领导,由其督促整改并将整改落实情况进行回告,形成发现问题、分析问题、解决问题的工作闭环。三是推进"一岗双责"拓展延伸。结合探索推进巡察、派驻、监察"三个全覆盖",强化主体责任和监督责任的联动协同,同心划船、同心合力。突出政治巡察,把"四责协同"机制尤其是"一岗双责"落实情况作为巡察重要内容,精准发现问题,层层传导压力,倒逼责任落实。加快探索完善纪检监察派驻机构领导体制和工作机制,加强对归口监督部门领导班子落实"四责协同"、班子成员履行"一岗双责"的日常监督,发挥好"探头"作用。选择街镇开展试点,授权部分监察职能,加大对各级班子成员履行"一岗双责"监督力度。在严肃问责直接责任人的基础上,倒查领导责任和监督责任。

再如,市教育卫生工作党委把管党治党政治责任扛在肩上、落到实处,积极探索推进"四责协同",为教育卫生事业改革发展保驾护航。一是同心划船,共同扛起管党治党政治责任。党委牢牢抓住主体责任这个"牛鼻子",发挥纲举目张、统筹谋划和组织协调作用,紧紧依靠纪检监察组落实监督责任,以党委书记落实第一责任为表率,带动党政班子成员落实"一岗双责",合力推动"四责"协调运转。二是同向发力,合力推进管党治党责任落实。各责任主体积极主动履责尽责、沟通联动、责任共担、同向发力。党委书记主动做好党委全面从严治党战略谋划的组织实施,经常督促提醒班子成员履好职尽好责,同时抓好业务工作,落实"一岗双责"。三是同频共振,健全完善管党治党长效机制。推进落实系统单位党委主体责任,实行述职检查测评制度，对系统 1/3 单位进行实地检查，反馈意见建议；对系统 1/3 单位进行现场述职并开展点评；对剩余 1/3 单位进行书面述职。探索形成抓整改、抓问责、抓长效的"三部曲"机制，防止"就事论事"整改，举一反三、健全制度、形成长效。

其二，抓"关键少数"，提高党员干部的引领和榜样能力。2015 年 3 月 5 日，习近平总书记参加十二届全国人大三次会议上海代表团审议时强调："从严治党，关键是要抓住领导干部这个'关键少数'，从严管好各级领导干部。从严管理干部，要坚持思想建党和制度治党紧密结合，既从思想教育上严起来，又从制度上严起来。"上海围绕从严管党治党要求，始终把纪律和规矩挺在前面，努力做到真管真严、敢管敢严、长管长严。防止养痈遗患、放任自流，让加强纪律建设成为全面从严治党的治本之策。2013 年，上海率先对拟提任市管领导干部的个人有关事项进行查核。此后，上海每年约有 3.5 万名副处级或相当于副处级以上领导干部集中申报个人有关事项。五年来，全市共抽查核实 2.2 万余人，有 360 余名干部因瞒报被诫勉谈话或取消提任资格。2015 年 5 月，《关于进一步规范本市领导干部配偶、子女及其配偶经商办企业行为的规定（试行）》出台，上海在职省部级领导干部和 264 家单位的 1802 名领导干部悉数进行专项申报。短短五个月，上海就对 182 名领导干部进行了规范。"鱼和熊掌不可兼得，当官发财两股道。"目前，上海对领导干部亲属经商办企业行为的整体规范工作已基本完成，并将这项制度纳入常态化管理，每年抽查核实。领导干部也已普遍顺应这一大势，按规范明确实行"一方退出"机制：亲属主动退出经商活动，或干部本人辞去现任职务。将纪律挺在面前，不仅仅是给党员干部竖起"高压线"，更是时时提醒他们心中要有理想信念与宗旨等"软规矩"。干净、忠诚、担当之外，上海对干部队伍提出了"高素质"的要求，这就是与排头兵、先行者，与现代化国际大都市，与 2400 万人口的特大型城市相适应的能力。

其三，落实城市基层党建工作，既推动社会治理稳步前进，又提升党的动员能力。

把基层党组织建在经济社会发展最活跃的经络上，是上海探索超大型城市基层党建新路的举措之一。作为全国最大的经济中心城市之一，近年来上海的经济形态、社会环境、人口结构、群众诉求发生了许多改变。上海创新社会治理、加强基层建设，其贯穿始终的一条红线，正是加强基层党的建设、巩固党的执政基础。一是建机制，借力市委"一号课题"东风，上海理顺基层党建体制机制，引导基层党组织聚焦主责、突出主业，明确街道党工委主要职能，构建三级联动区域化党建组织架构，推动条线部门权力下放、力量配置下沉。二是强基层，上海将居民区书记纳入全市干部、人才队伍建设总体规划，通过基层选拔一批、社会选优一批、组织选派一批，建设一支党性强、能力强、改革意识强、服务意识强的带头人队伍。截至 2018 年7 月，全市已有 832 名居民区书记进事业编制，占总数的 32%。三是广覆盖，上海所有街道都建立了社区党建服务中心，延伸设立 1 万多个基层党建服务站点，形成了布局合理、功能配套、服务便捷的党建服务网络。党支部建设进一步夯实，全市重新纳入组织管理的党员有1.8 万余人。

通过筑牢基层基础，上海的社会动员能力空前提升。2015 年春节，上海完成了一个在许多人眼里"不可能完成的任务"：外环以内烟花爆竹基本"零燃放"，外环以外烟花爆竹燃放量明显减少。背后是申城 30 万"平安马甲"守望于街头、里弄、社区，全力配合全市5 万名公安干警、消防战士值守"禁燃"。连续两年，上海推进"五违四必"区域环境综合整治，共拆除违法无证建筑超过 1.3 亿平方米。背后是许许多多基层党组织做思想工作、党员带头拆违。古美路街道东兰三居九星苑居民区党总支带领132名骨干，分片包干、上门家访，户均走访8次，最多一户达25次，仅用3个月，107处违建被全部拆除，32户群租户被彻底整治。"关键是党组织在群众当中有基础、有影响，获得大多数人支持，大家以公共利益为重，许多难题就迎刃而解"，不少基层干部这样说。

最后，顺应民心民意抓党风廉政建设，提高党在民族伟大复兴事业中的领导能力。

党风廉政建设和反腐败斗争是全面从严治党的重要内容。上海以永远在路上的恒心和韧劲，进一步加强党风廉政建设和反腐败工作，着力构建不敢腐、不能腐、不想腐的体制机制，以实际行动、实在成效，取信于民。党的十八大至十九大期间，上海共查处违反中央八项规定精神问题800多起，处理相关责任人1300多人。"请客吃饭、推杯把盏的情况少了，与党政部门打交道反而更容易了。"一名公益组织负责人表示，上海的"规矩"意识一向很强，"八项规定"出台之后，办事更规范、流程更简便。巡视"利剑"出鞘，锐不可当，得益于"剑法"之新。上海市委采取板块轮动方式，通过常规巡视结合专项巡视、合并巡视等形式，全力推进巡视全覆盖。到2016年底，十届市委已全面完成巡视全覆盖任务。对发现的问题线索逐一明确整改责任单位、整改时限、整改完成等情况，问题得不到办理和有效解决绝不"销号"。建立整改工作责任制，对移交问题线索实行跟踪督办，对整改不到位、问题不解决、责任不落实的严肃追责，释放出"巡视不是一阵风"的强烈信号。作风建设是长期任务，推动中央八项规定精神化风成俗，必须在坚持中见常态。五年来，上海通过15轮对271家单位的巡视，发现问题2644个，提出整改建议1198条，移送问题线索1051个，根据巡视移送线索共立案审查195人。2017年，全市各级纪检监察机关以钉钉子精神打好持久战，抓住重要节点，紧盯老问题，关注新动向，坚决纠正隐形变异"四风"问题。全市共查处违反中央八项规定精神问题343个，处理相关责任人583人，对其中典型案例131起、205人点名道姓通报曝光。密切关注形式主义、官僚主义新动向、新表现，下大气力整治"为官不为"问题，抓住典型、严肃惩处。同时，在监督执纪问责中落实"三个区分开来"的要求，树立鼓励担当有为、支持开拓善为、问责无所作为、惩治腐败行为的导向。

持续保持惩治腐败高压态势，紧盯"三类人"，严肃查办发生在权力集中、资金密集、资源富集、资产聚集的重点领域和关键环节中的腐败案件。五年来，上海纪检监察机关共处置反映问题线索2.3万余件，依规依纪诫勉谈话681人，给予纪律轻处分3272人，给予纪律重处分3248人，严重违纪涉嫌违法移送司法机关442人。2017年，全市各级纪检监察机关共立案2495件，给予党政纪处分2453人，同比分别上升12.6%、21.3%。同时，坚持抓早抓小，认真落实"面对面"谈话实施意见，推动第一种形态成为监督执纪新常态。明晰问题线索处置的标准尺度，用好后三种形态，做到层层设防。2017年全市纪检监察机关运用"四种形态"处理10633人次，其中第一种形态8077人次，占76.0%。紧盯"小微权力"，对损害群众切身利益的不正之风和腐败问题实行严查快办。坚持追逃与追赃并举、追逃与防逃并重，扎实开展"天网2017"行动。

全面从严治党顺应了民心民意，塑造了党的形象，让人民大众看到了一个不忘初心、勇于担当、与时俱进、执政为民的政党。胜非为难，持之为难。在党的诞生地上海，广大党员干部坚信，一定能传承好共产党人的光荣和梦想，深入推进全面从严治党，敢闯敢试、改革创新、勇于担当，不断创造新的辉煌。

第二节　上海全面从严治党与体系内创新型崛起

上海实现全面从严治党新作为的大量理论和实践探索，其意义远超出上海本身，也远超出党建本身。一方面，上海作为中国最具代表性的国际化大都市，其国际交往稠密度和交往能力都是其他省区市所不能比的，因此上海的全面从严治党工作就具有更多的国际化意义；另一方面，上海作为全面深化改革开放的先行先试地区，其全面从严治党也有大量的先行先试努力。这两方面结合，上海实现全面从严治党方面的新作为，一方面是在探索中国共产党与国际社会的接触之道，另一方面则是为中国崛起的创新性特别是中国特色、中国风格、中国气派等的建设摸索经验和道路。具体而言，上海实现全面从严治党的新作为，主要为中国实现体系内创新型崛起做出了两个方面的贡献：一是探索中国特色的国际道德价值观，二是中国崛起的"四个自信"强化。

一　探索中国特色的国际道德价值观

如前所述，大国崛起的长期性保障很大程度上来自其道德性崛起。深入考察大国崛起四个要素的相互关联可以发现：仅有经济性和军事性崛起的大国最终往往崛起失败，而实现了制度性崛起的大国往往也是实现了道德性崛起的大国；换句话说，成功崛起的大国事实上都建立了以其自身价值观为核心的独具特色同时又不乏国际普遍意义的国际道德价值体系，并得到国际社会其他成员的较为普遍的接受。习近平主席在 2013 年 10 月的周边外交工作座谈会上提出，中国外交要坚持正确义利观，有原则、讲情谊、讲道义。这不仅是中国周边外交的重要指导原则，同时也应是中国实现成功崛起的重要道德内涵。需要指出的是，中国特色的国际道德价值体系并非要推翻或取代既有的国际道德价值体系，相反是要实现与后者的和平共处、和平共生与和谐共生，促进"中国梦"与"世界梦"的同步实现。由此而来的，中国特色的国际道德价值体系的总体目标必须实现兼容并蓄，既具有中国具体国情的特殊性，也具有当代世界历史潮流的普遍性。与此同时，中国特色国际道德价值体系的实现路径也应当是可行的和创新性的，同时符合国际关系理论的一般逻辑和国际关系史、中国对外关系史的总体规律。

在中国的经济性崛起日益升级、外部心态日益敏感的背景下，建构有中国特色的国际道德价值体系日益被提到中国崛起战略的议事日程上。在充分考虑前述的三个世界性潮流并结合国际体系发展历史和中国特殊国情的前提下，中国需要确立一个兼具普遍性与特殊性的国际道德价值目标体系。尽管尚不明确，但仍可从新一届领导集体所提出的诸多理念中，整合并提炼出这样一套目标体系，大致可概括为利益共同体、责任共同体和命运共同体的"三位一体"目标结构。

利益共同体是中国特色国际道德价值体系中的低级目标或协调性道德目标①，其核心思想是要把中国人民的利益同世界各国人民的共同利益结合起来，全方位地扩大同各方利益的汇合点，同各国、各地区建立并发展不同领域、不同层次、不同内涵的利益共同体，从而推动实现全人类共同利益，共享人类文明进步成果。② 2011 年的《中国

---

① 有关国际道德价值体系中的协调性目标和追求性目标的讨论，可参见潘亚玲《国际规范更替的逻辑与中国应对》，《世界经济与政治》2014 年第 4 期，第 124 ~ 125 页。

② 郑必坚：《关于中国战略和"利益汇合点"、"利益共同体"问题的几点思考——21 世纪第二个 10 年中国发展及对外关系的前景展望》，《毛泽东邓小平理论研究》2012 年第 1 期，第 2 页；郑必坚：《中国和平发展道路与构建利益共同体——在第五届"世界中国学论坛"上的主旨讲演》，《解放日报》2013 年 3 月 24 日，第 7 版。

的和平发展》白皮书明确指出，"中国充分尊重各国维护本国利益的正当权利，在积极实现本国发展的同时，充分顾及他国正当关切和利益，绝不做损人利己、以邻为壑的事情。中国把中国人民的利益同世界各国人民的共同利益结合起来，扩大同各方利益的汇合点，同各国各地区建立并发展不同领域不同层次的利益共同体，推动实现全人类共同利益，共享人类文明进步成果"。① 习近平总书记第一次较为明确地论及利益共同体思想是在 2013 年 4 月的博鳌亚洲论坛上，他在主旨演讲中指出，"一花独放不是春，百花齐放春满园"，"世界各国联系紧密、利益交融，要互通有无、优势互补，在追求本国利益时兼顾他国合理关切，在谋求自身发展中促进各国共同发展，不断扩大共同利益汇合点"。② 此后，习近平总书记多次提及，中国要"找到利益的共同点和交汇点，坚持正确义利观，有原则、讲情谊、讲道义，多向发展中国家提供力所能及的帮助"。③

命运共同体是这一价值体系中的高级目标或追求性道德目标，在维护和追求本国安全和利益时兼顾他国的合理关切，在谋求本国发展中推动各国共同发展，分享、合作、共赢、包容等是其关键特征。2011 年的《中国的和平发展》白皮书指出，"经济全球化成为影响国际关系的重要趋势。不同制度、不同类型、不同发展阶段的国家相互依存、利益交融，形成'你中有我、我中有你'的命运共同体。人类再也承受不起世界大战，大国全面冲突对抗只会造成两败俱伤"；

---

① 中华人民共和国国务院新闻办公室：《中国的和平发展》2011 年 9 月 6 日，http：//www. gov. cn/jrzg/2011 - 09/06/content_ 1941204. htm。

② 习近平：《共同创造亚洲和世界的美好未来——在博鳌亚洲论坛 2013 年年会上的主旨演讲》，外交部网站，2013 年 4 月 7 日，http：//www. fmprc. gov. cn/mfa_ chn/ziliao_ 611306/zt_ 611380/ywzt_ 611452/2013nzt/xzxcxbaobyj/zxxx/t1028894. shtml。

③ 《习近平在周边外交工作座谈会上发表重要讲话强调为我国发展争取良好周边环境推动我国发展更多惠及周边国家》，新华网，2013 年 10 月 25 日，http：//news. xinhuanet. com/2013 - 10/25/c_ 117878944. htm。

因此,"国际社会应该超越国际关系中陈旧的'零和博弈',超越危险的冷战、热战思维,超越曾把人类一次次拖入对抗和战乱的老路。要以命运共同体的新视角,以同舟共济、合作共赢的新理念,寻求多元文明交流互鉴的新局面,寻求人类共同利益和共同价值的新内涵,寻求各国合作应对多样化挑战和实现包容性发展的新道路"。① 党的十八大报告也指出,中国"要倡导人类命运共同体意识,在追求本国利益时兼顾他国合理关切,在谋求本国发展中促进各国共同发展,建立更加平等均衡的新型全球发展伙伴关系,同舟共济,权责共担,增进人类共同利益"②。

将利益共同体与命运共同体有机地联系起来的是责任共同体。换句话说,责任共同体是实现从中国特色的国际道德价值体系的协调性目标向追求性目标提升的中间性目标。新一届领导集体在就任后不久便将利益共同体与命运共同体相互联系起来。例如,在2013年9月的上海合作组织成员国元首理事会第十三次会议上,习近平主席倡议,"我们需要树立同舟共济、互利共赢的意识,加强合作,联合自强,把上海合作组织打造成成员国命运共同体和利益共同体,使其成为成员国共谋稳定、共同发展的可靠保障和战略依托。"③ 在不久后的亚太经合组织会议上,习近平再次强调,亚太各经济体利益交融,命运与共,一荣俱荣,一损俱损。在这个动态平衡的链条中,每个经济体的发展都会对其他经济体产生连锁反应。"我们要牢固树立亚太

① 中华人民共和国国务院新闻办公室:《中国的和平发展》,2011年9月6日,http://www.gov.cn/jrzg/2011-09/06/content_1941204.htm。

② 胡锦涛:《坚定不移沿着中国特色社会主义道路前进为全面建成小康社会而奋斗——在中国共产党第十八次全国代表大会上的报告(2012年11月8日)》,人民出版社,2012,第42~43页。

③ 《习近平在上合组织峰会发表讲话提出4点主张》,外交部,2013年9月13日,http://www.fmprc.gov.cn/mfa_chn/ziliao_611306/zt_611380/ywzt_611452/2013nzt/xjpfcyghy_645348/zxxx_645350/t1076518.shtml。

命运共同体意识，以自身发展带动他人发展，以协调联动最大限度发挥各自优势，传导正能量，形成各经济体良性互动、协调发展的格局。"① 2014 年 4 月 10 日，国务院总理李克强在博鳌亚洲论坛 2014 年年会开幕式上的演讲中同时提及利益共同体、命运共同体和责任共同体，首次对这一"三位一体"的中国特色国际道德价值体系作了系统性说明。② 可以认为，中国特色国际道德价值体系的目标层次到现在已经完全形成，由低至高分为三个层次，即作为短期目标的利益共同体、作为中期追求的责任共同体和作为长期愿景的命运共同体。

中国特色国际道德价值体系的目标层次也决定了其追求路径，即短期内通过继续坚持和平共处建构利益共同体，中期内大力倡导和平共生建构责任共同体，最终实现以和谐共生建构命运共同体的长期愿景。③ 这一实现路径与目标层次可实现相互匹配，不仅符合国际关系理论的一般逻辑，更符合国际关系史和中国对外关系史的总体规律。

首先，从和平共处到和平共生再到和谐共生的实现路径符合主流国际关系理论的一般逻辑。根据建构主义理论分析，国际社会存在三种不同的无政府文化或安全文化，即霍布斯无政府文化、洛克无政府

---

① 习近平：《深化改革开放　共创美好亚太——在亚太经合组织工商领导人峰会上的演讲》，外交部，2013 年 10 月 7 日，http://www.fmprc.gov.cn/mfa_chn/ziliao_611306/zt_611380/ywzt_611452/2013nzt/xjpzxfwydnxy_661950/zxxx_661952/t1085596.shtml。

② 即"坚持共同发展的大方向，结成亚洲利益共同体"；"构建融合发展的大格局，形成亚洲命运共同体"；"维护和平发展的大环境，打造亚洲责任共同体"。参见李克强《共同开创亚洲发展新未来——在博鳌亚洲论坛 2014 年年会开幕式上的演讲》，外交部网站，2014 年 4 月 11 日，http://www.fmprc.gov.cn/mfa_chn/zyxw_602251/t1145916.shtml。

③ 杨洁勉曾系统论述中国迈向全球强国的外交理论准备，认为在中国逐步从世界大国走向世界强国时需要物质准备和理论准备，在外交方面的理论准备包括和平共处、和平共生与和谐共生三个重要阶段。这一论述对于本文有关中国特色国际道德价值体系的实现路径的讨论具有重要理论意义。参见杨洁勉《中国走向全球强国的外交理论准备——阶段性使命和建构性重点》，《世界经济与政治》2013 年第 5 期，第 4～14 页。

文化和康德无政府文化。与它们对应的国家身份是敌人、竞争对手和朋友。[①] 现实主义的无政府逻辑是霍布斯无政府文化的逻辑，即以相互敌视、相互残杀为特征的无政府状态，这是国家互存敌意、互为敌人的无政府文化。在这一无政府文化下，实现和平共处、建构利益共同体便是其最为重要的道德追求。在洛克无政府文化中，国家不再相互视为仇敌，不再以消灭敌人为基本目的，国家之间的主要关系是竞争者之间的关系，尽管利益冲突仍可能导致暴力冲突。因此，需要各国明确建构利益共同体的"共同但有区别"的责任担当，通过和平共生建立一种责任共同体，既确保利益共同体的长期可持续，又可以此为基础追求更高层次的命运共同体。康德文化则是以国家之间互为朋友为基本特征的体系文化，在这样的文化体系中，国家不会使用暴力解决利益冲突，如果作为朋友的一方受到威胁，另一方会鼎力相助，并不计较自己的得失。这实际上是安全共同体的形式，其显著特征是非暴力和互助，实现和谐共生、建构命运共同体成为首要的道德追求。

其次，从和平共处到和平共生再到和谐共生的实现路径也符合国际关系史的总体发展规律。自威斯特伐利亚体系建立以来的近现代国际关系史经历了三个阶段发展。[②] 第一阶段是自 1648 后至第二次世界大战结束，主权国家制度经历了从西欧到北美到东亚再到全球的普及过程，[③] 到联合国宪章正式承认主权原则，和平共处与利益共同体在经过近 300 年之后终于得以建立。第二阶段是整个冷战时期，尽管美苏两大阵营对抗激烈，但双方都已经在某种程度上超越了和平共处和利

---

① Alexander Wendt, "Anarchy is What States Make of It: The Construction of Power Politics," *International Organization*, Vol. 46, No. 2, Spring 1992.

② 这一观点很大程度上得益于笔者与原上海市国际关系学会秘书长金应忠教授的讨论，特此致谢。笔者对文中观点和表述负责。

③ 有关国家主权原则的扩散和普及的讨论，可参见潘亚玲《试论全球化下威斯特伐利亚体系的生存能力》，《教学与研究》2011 年第 7 期，第 90~92 页。

益共同体建构的阶段，是尝试通过和平共生建构某种责任共同体，维护既有的来之不易的利益共同体。其最为明显的体现便是整个冷战时期两大阵营对于维持国际秩序的多项不成文规则，如尊重势力范围、避免直接的军事对抗、核武器只能用做最后手段、宁要可预测的疯狂也不要不可预测的理性、不谋求破坏对方的领导等。[①] 冷战结束后，国际关系朝着第三个阶段，即追求向着更高的和谐共生和建构命运共同体方向发展。一方面是冷战后的"单极时刻"使美国以民主实现"历史的终结"野心大为膨胀，另一方面整个国际社会在面对诸如贫困、疾病、战乱、气候变化、经济危机等集体性挑战时齐心协力，试图形成某种全球性共同计划，追求和谐共生，其典型例子是 2000 年启动的联合国千年发展计划和当前正在讨论的 2015 年后国际发展议程。

最后，从和平共处到和平共生再到和谐共生的实现路径也符合中国对外关系史的总体规律。自 1949 年新中国成立以来的中国与世界关系也大致经历了三个历史发展阶段。在 1949～1979 年间很大程度上追求和平共处和建构利益共同体，一方面是革命意识形态仍影响着国内治理和对外交往，另一方面则是冷战对抗为中国外交留下的选择空间相对较小。正是 1954 年中国与印度等共同提出的和平共处五项原则，为中国发展创造了难得的空间。自改革开放至 20 世纪末，中国在国家生存的内外部环境基本巩固的情况下，逐渐转向以和平共生构建责任共同体。邓小平同志关于"和平与发展是时代潮流"的判断，将独立自主外交与国际社会的和平与发展确立为最为核心的道德价值追求，不仅实现了自身的快速发展，同时还带动了其余国际社会的发展，为国际社会提供了以经济机会为主要内容的国际公共产品。

---

① 〔美〕加迪斯：《长和平：冷战史考察》，潘亚玲译，上海人民出版社，2012，第 310～315 章。

进入 21 世纪以来，中国在洞察世界发展潮流和人心向背的基础上，创造性地提出了建设和谐世界、走和平发展道路和建设和谐社会的重大道德追求。这一道德追求的核心是通过和谐共生建构命运共同体，确保"中国梦"与"世界梦"的同步实现。

尽管从国际关系史和中国对外关系史的角度看，以和平共处建构利益共同体和以和平共生建构责任共同体似乎都已经实现，整个国际社会和中国都正迈向以和谐共生建构命运共同体的更高阶段。但现实远比抽象分析更为复杂，而且现实中随时会出现倒退性发展。这也是缘何总体上整个国际社会和中国都在朝向更高阶段发展，但却必须坚持对较低阶段的强调。与此同时，诸多新出现的问题领域的互动与合作往往也需要首先从较低阶段开始，因此整个国际关系的图景就显得非常复杂，也容易让人更为悲观。

正因如此，上海从严治党对于中国特色的国际道德观的建构有着重要的意义。从严治党根本上是以命运共同体和责任共同体，来避免利益共同体的走样。换句话说，从严治党的最低目标是构建责任共同体，通过有效的防腐反腐、净化纯洁机制来确保利益共同体的健康发展；其最高目标是以责任共同体、利益共同体的有效建设，推进命运共同体的建设。上海在这一方面的有效努力，事实上是在经济最为先进的地区探索"利益共同体—责任共同体—命运共同体"的"三位一体"建设新路径，从而实现中国特色国际道德观建构的国内基础奠定和国内实践探索。正是在这一意义上，上海全面从严治党的新作为特别是"四责协同"机制的建设，绝非消极意义的防腐反腐、净化纯洁机制建设，而是积极意义上的国际道德观、人类命运共同体建构；上海全面从严治党中的责任共同体建设，从消极角度看可有效阻止利益共同体演变为贪污腐败，从积极角度看可有效促进命运共同体建构。这就正是中国实现体系内创新型崛起在国际道德价值观方面的根本性创新。

二　中国崛起的"四个自信"强化

上海全面从严治党新作为的另一贡献是对中国崛起的"四个自信"强化，特别是在推动中国特色社会主义理论、中国特色国际关系理论等的形成方面。俗话说，没有比较便不会呈现优劣。中国共产党对于中国特色社会主义、中国可持续崛起的作用是有目共睹的。党的领导、共产党自身的先进性是更为根本的保障，体现到具体的理论、话语中则被浓缩为"中国特色"。这里以中国和非洲在自身道路、国际关系理论等方面的发展加以比较。

尽管非洲相对落后，但非洲仍具有丰富的国际关系理论素材，可建构有自身特色的国际关系理论，具体体现为三个方面。一是可依托非洲经验，重新界定国际关系理论的基本概念。对主流国际关系理论而言，非洲更多意味着挑战，因其存在太多的偏离标准概念的现象。例如，有学者认为，非洲的"国家"只是名义上的"国家"。[①] 又如，国家利益、国家安全等在非洲发生了变异，部落/族群利益、政权安全等才是问题的核心。[②] 但迄今为止的理论努力，更多是试图修补或拓展主流国际关系理论基本概念的范畴，从而试图将非洲经验纳入其中。更为根本、更为可行的方法应是，重新界定国际关系理论的基本概念，特别是围绕政治、安全、经济等而形成的概念群。二是可通过重新审视国际体系中非洲的历史演变和当今状态，重新书写国际关系

---

① Douglas Lemke, "African Lessons for International Relations Research," *World Politics*, Vol. 56, No. 1, 2003, pp. 114 – 138.

② Robert H. Jackson, "Juridical Statehood in Sub – Saharan Africa," *Journal of International Affairs*, Vol. 46, No. 1, 1992, pp. 1 – 16; Richard Sandbrook, *The Politics of Africa's Economic Stagnation*, Cambridge: Cambridge University Press, 1986; John F. Clark, "Realism, Neo – Realism and Africa's International Relations in the Post – Cold War Era," in Kevin C. Dunn and Timothy M. Shaw, eds., *Africa's Challenge to International Relations Theory*, Basingstoke: Palgrave, 2001, pp. 91 – 92.

的理论体系。一方面，尽管马克思主义国际关系理论、依附论、国际体系论等均为非洲国际关系史提供了重要洞察，但却难以为其提供真正的解放途径。从更为宏大的非洲与外部世界的关系及其对非洲自身发展影响的角度，可将非洲团结与撕裂作为非洲国际关系史的叙事主线。另一方面，今天的非洲国际体系似乎存在无数的闭循环，但同时又有无数新要素可被这一闭循环所吸纳。诸如次国家行为体、超国家行为体、犯罪国家、族群认同、移民、可持续发展、发展援助、环境恶化、性别平等、流行病等，均事实上相互联系、相互强化，从任一点切入都可能找到其他所有议题。更为重要的是，这些议题与主流国际关系理论所关注的全球力量均衡、大国安全、军备控制等，可能都没有太大关联。三是非洲可重大地纠正主流国际关系理论的方法论偏差。首先，非洲人对人、环境和谐相处的系统观念，有助于国际关系理论重新走向宏大与系统。在非洲哲学和政治实践中，一种浑然天成的内生性系统思维贯穿其日常生活，如班图哲学尤其是"乌班图"（Ubuntu）理念①、朱利叶斯·尼雷尔（Julius Nyrere）的"乌贾马"（Ujaama）理念②、非洲人格与黑人文化（negritude）③，及更大的人与社会、人与自然和谐相处等理念。相比之下，西方新近发展并完善的可持续发展理念，很大程度上是出于快速发展后的补救性反思的产物。其次，非洲人对生活的天生乐观态度，有助于突破主流国际关系

---

① Antjie Krog, *Country of My Skull: Guilt, Sorrow, and the Limits of Forgiveness in the New South Africa*, New York: Broadway Books, 2000, p. 143.

② Karen Smith, "Has Africa Got Anything to Say? African Contributions to the Theoretical Development of International Relations," *The Round Table*, Vol. 98, No. 402, 2009, p. 278.

③ Sunday Tasen Okune and Alexander Essien Timothy, "Despair and Disillusionment in Post-Negritude African Literature," *English Language, Literature & Culture*, Vol. 2, No. 5, 2017; pp. 45–51; Emmanuel E. Egar, *The Crisis of Negritude: A Study of the Black Movement Against Intellectual Oppression in the Early 20th Century*, Boca Raton, Florida: Brown Walker Press, 2008, Chap. 1, pp. 9–14.

理论基于基督教"原罪"假设而来的悲观预期。非洲人因其生活环境而来的乐观主义与诸如诺曼·安吉尔（Norman Angell）等所代表的理想主义有着本质差别，或者说是种现实主义的乐观主义：即使面临恶劣的生活环境仍有充分的理由保持对生活、对世界的乐观态度。诸如泛非主义、团结精神等都反映了这一基本生活态度。由此而来，非洲国际关系理论的世界观更倾向于积极向上，由此产生的国际关系理论或许更有利于推动人类社会朝向命运共同体方向迈进。最后，非洲以草根口述史为主的知识传承方式，可有效建构大众的、草根的国际关系理论，进而更有利于理论于实际之效用。冷战结束使主流国际关系理论面临无限尴尬，因为没有任何主流理论有效预测到这一具有世界历史意义的演变。尽管可能有很多原因，但主流国际关系理论的精英化、技术化、非历史化发展，使其脱离现实过远，进而无法理解真实的世界。尽管可能不符合主流国际关系理论的方法论标准，但非洲基于草根的口述史式知识传承，使知识得以保留在最为底层的社会之中，从而实现了理论与实际的最佳结合。

尽管有着丰富的素材，但非洲建构自身国际关系理论迄今并未取得明显进展。原因在于，非洲"去殖民化"进程很大程度上只是在政治领域实现了，在经济、思想、文化等领域的独立道路探索、理论自信树立均还有很长的路要走。欧洲对非洲的殖民不只是在物质层面，更在精神层面，而其最经久不衰的体现便是非洲的大学及其课程设置。即便是在后殖民时期，非洲大学继续依赖欧洲、沿用欧洲结构。[1] 要真

---

[1] Ali A. Mazrui, "African and Culture of Dependency: The Case of African University," in Ricardo Rene Laremont and Fouad Kalouche, eds., *Africa and Other Civilizations: Conquest and Counter Conquest, The Collected Essays of Ali A. Mazrui, Volume II*, London: Africa World Press, 2002, pp. 68 – 69; Ali A. Mazrui, "Towards Re – Africanizing African Universities: Who Killed Intellectualism in the Post – colonial Era," *Alternatives: Turkish Journal of International Relations*, Vol. 2, Nos. 3 – 4, 2003, pp. 141 – 142.

正摆脱殖民主义的影响、实现思想层面的解放，首先必须确立坚定和充分的理论自信。就此而言，中国自改革开放以来在建构具有中国特色的国际关系理论方面的经验，可为非洲提供重要的参照，可帮助非洲有效发掘自身的理论概念、内涵及方法等。

第一，中国特色国际关系理论的建构首先得益于对自身理论渊源的自信，这对有着同样丰富历史和现实思想资源的非洲有明显的借鉴作用。

在中国特色国际关系理论的建构过程中，中国学者充分认识到，这既需要汲取主流国际关系理论的精髓，更需要基于中国自身的优秀历史传统和当今伟大实践。一方面，中国对自身传统、实践和思想有充分的自信，特别是其中所包含的对中国自身国情的深刻理解，认为中国理论根本上应植根于自身悠久的历史和当前解决 13 亿人根本需求的伟大实践。另一方面，中国也相当重视近现代西方成功的重要经验和启示，但并不迷信源于欧洲或美洲的地方性经验的普遍意义的声称，自信可将其融入中国传统与中国实践中，进一步丰富和完善中国特色的国际关系理论。正因为中国国际关系理论既不妄自菲薄，也不妄自尊大，而是坚持兼容并包精神和"中学为体、西学为用"的态度，根本上推动了合理、适用的中国理论的诞生。换句话说，中国对理论渊源的自信实现了很好的中西合璧；中国理论既实现了对传统内核的继承，也实现了对传统的"去芜存真"。[①]

中国特色国际关系理论在建构中对自身理论渊源的开发也是一个渐进的过程。总体而言，中国特色国际关系理论的建构大致经历了三个阶段，即从 1987 年第一次全国性的国际关系理论研讨会在上海召开，直到 21 世纪初，中国学术界对国际关系理论的研究重点是引进

---

① 张春：《发展中国家建构自己理论的必要性》，《人民日报》2015 年 10 月 15 日，第 7 版。

西方主流国际关系理论；进入 21 世纪第一个十年的中叶之后，有关中国特色国际关系理论的建设逐渐成为重点，对主流国际关系理论的态度转向更具批判性的反思和引介；[①] 这一时期事实上并不长，自党的十八大以来特别是 2014 年中央外事工作会议之后，学术界依据习近平主席有关外交理论应具有"中国特色、中国风格、中国气派"的重要论述，持续深入开发自身理论渊源，并逐渐启动中国特色国际关系理论的国际化进程。[②] 正是在这一过程中，逐渐形成诸如"清华学派""上海学派"等多种内生性的理论建构努力。[③] 所有这些努力的重要成果便是综合性的"中国学派"概念的提出，诸如国际政治关系理论、道义现实主义、共生理论、共治理论等内部分支也日渐成熟。[④] 可以认为，中国特色国际关系理论的本国意识，是一个循序渐进的过程，这对非洲逐渐摆脱西方殖民主义的历史性影响、发掘自身理论渊源有着重要启示。

第二，中国特色国际关系理论的建构也得益于对自身独立自主建构能力的自信，而这正是当前非洲急需培育的。

对自身理论建构能力缺乏自信，往往是发展中国家建构自身理论体系的首要挑战。不少发展中国家对自身的理论建构能力缺乏自信。曾几何时，广大亚非拉国家纷纷赢得反殖斗争的胜利，雄心勃勃地尝试构建自身的理论体系，但大多失败了。20 世纪 60 年代，英国著名

① 杨沾勉：《中国走向全球大国和强国的国际关系理论准备》，《世界经济与政治》2012 年第 8 期，第 149～155 页。

② 范蔚文：《新世纪以来中国国际关系理论发展的特点和趋势》，《国际观察》2017 年第 6 期，第 1～12 页。

③ 上海国际问题研究院课题组：《海纳百川、包容共生的"上海学派"》，《国际展望》2014 年第 6 期，第 1～17 页；徐进、孙学峰：《"清华路径"与中国国际关系研究的发展方向》，《国际展望》2014 年第 6 期，第 18～32 页。

④ 郭树勇：《中国国际关系理论建设中的中国意识成长及中国学派前途》，《国际观察》2017 年第 1 期，第 19～39 页。

历史学家杰弗里·巴勒克拉夫（Geoffrey Barraclough）曾大声警告"非西方对西方的反抗"。在他看来，"本世纪的历史，一方面是西方对亚洲和非洲产生影响的历史，同时也是亚洲和非洲对西方予以反击的历史"，"在亚洲和非洲的民族运动逐渐发展成为对西方的一种普遍反抗，并在 1955 年亚非召开的万隆会议上表现为对西方统治的抛弃"。但他同时也指出这一"反击"的致命弱点，即非西方所使用的武器恰好是西方所教授的，"选来防御殖民政权的手段……发展成为破坏该政权的最强有力的力量之一"。因此，西方也无须过度担心，因为非西方的反击不是为了取代西方，而是为了获得更为平等的地位。[①] 这种情况直到今天，在非洲及其他大多数发展中国家并未发生根本性改变，根本上反映出非西方对独立建构理论的能力缺乏自信。就国际关系理论来说，曾经风行一时的依附论、国际社会理论等，都因理论自信的缺乏而生命力不足。

需要指出的是，中国对自身独立的理论建构能力的自信，根本上来源于对自身发展理念、发展道路的自信，特别是自改革开放以来被证明日益成功的中国特色社会主义道路。自新中国成立以来，中国始终坚持依据自身国情制定独立的经济发展、政治改革和社会进步的战略规划，独立地构建自身的理论体系，形成了独具特色又极富生命力的中国特色社会主义理论体系。正是由于实现了马克思主义的中国化，在全球的马克思主义陷入低迷之际，社会主义制度在中国却表现出蓬勃生命力。例如，在处理发展、安全与治理三者关系过程中，中国并未依循西方为非洲所开出的药方，即所谓"发展条件优先"方法：在实现发展前先创造发展所需的稳定环境，而要实现稳定环境则

---

① 〔英〕杰弗里·巴勒克拉夫：《当代史导论》，张广勇、张宇宏译，上海社会科学院出版社，1996，第六章"对西方的反对——亚非对欧洲霸权主义的反应"，引语分别见第 149、155、167 页。

需先有"民主"政治制度。相反，中国始终坚持"发展优先"方法，利用自身发展成果消除既有和新生的安全、治理问题，在发展—安全—治理之间形成一种积极循环。正因如此，中国不仅改变了 20 世纪 70 年代甚至不如许多非洲国家发达的状况，更形成了独特的发展道路和理念。[①]

在国际关系实践中，中国也始终坚持独立自主的外交路线，坚持发展中国特色的国际关系和外交理论。其必然结果便是，随着中国国际地位日益提升，中国的外交理念也日益普及。例如，中国与印度、缅甸等国首倡的和平共处五项原则，现在已经成为通行的国际关系基本准则。又如，尽管面临诸多质疑，中国仍坚持不干涉内政原则，并以此为核心提出建构有中国特色的热战问题解决之路，这一努力不仅具有重大的现实意义，更具有深远的理论意义。再如，面临世界银行和亚洲开发银行的不足，中国倡导并参与建设的亚洲基础设施开发银行和金砖国家开发银行，都提出了创新性的理论构想，得到国际社会的普遍欢迎。

第三，中国特色国际关系理论的建构也得益于对自身理论成果的独立总结，这也值得非洲借鉴和学习。

中国特色国际关系理论的建构所取得的初步成功，与坚持自身独立的持续理论总结是分不开的。尽管真正的中国特色国际关系理论建构是进入 21 世纪后的事情，但自 1949 年新中国成立以来，中国便已经开始了相应探索。早在 1980 年，就有学者提出了国际问题研究的"中国化"问题。[②]进入 21 世纪后，中国学术界以"周年纪念"为中心，展开了一系列的中国特色国际关系理论的提炼与总结，如 2004

---

①　张春：《中非关系国际贡献论》，上海人民出版社，2013，第 210～215 页。
②　段霞：《改革开放三十年中国国际关系研究之发展回望》，《现代国际关系》2008 年第 12 期，第 50 页。

年的纪念和平共处原则提出 50 周年、2009 年的新中国成立 60 周年、2010 年的上海世博会、2011 年的建党 90 周年、2018 年的纪念改革开放 40 周年等。通过这些反复的提炼和总结，再结合新的发展，中国特色国际关系理论的内涵、体系、方法论等均不断完善和成熟。也正是这样的不断总结、不断反思，中国特色国际关系理论得以在与时俱进的同时保持较强的延续性，而未出现主流国际关系理论不时呈现的断裂性发展，如对时代主题的判断、对和平共处五项原则的坚持等。随着中国持续崛起，学者们更加强调进一步总结和概括中国特色的国际关系与外交理论的必要性与重要性。①

与中国学术界坚持自身独立总结不同，非洲迄今为止对自身理论的独立总结仍存在明显不足。一方面，由于"非西方理论家尚未发展出完整的类似于西方式的世界观"②，因此在谁可以代表非洲说话的问题上，即便在非洲内部也存在分歧。有学者认为，由于欧洲知识分子通过殖民实践而"主导非洲知识"，因此"非洲思想的复苏只能是非洲人的工作；只有非洲人才能完成这一使命。如果是欧洲人实现的，那就意味着他们再一次击败了我们"。③ 但也有学者认为，可以将非洲知识生产的行为体加以拓展，否则将会面临一系列难题，如：非洲之外的作者所写作的非洲知识，是否算作非洲知识？如果非洲作者使用欧洲语言写作非洲知识，算不算非洲知识？等等。④ 更有人认

---

① 朱锋：《中国特色的国际关系与外交理论创新研究——新议程、新框架、新挑战》，《国际政治研究》2009 年第 2 期，第 1~14 页。

② D. J. Puchala, "Some Non-Western Perspectives on International Relations," *Journal of Peace Research*, Vol. 34, No. 2, 1997, p.130.

③ Quoted from Karen Smith, "Has Africa Got Anything to Say? African Contributions to the Theoretical Development of International Relations," *The Round Table*, Vol. 98, No. 402, 2009, pp. 271–272.

④ Abebe Zegeye and Maurice Vambe, "Knowledge Production and Publishing in Africa," *Development Southern Africa*, Vol. 23, No. 3, 2006, pp. 336, 342.

为，考虑到全球化发展和非洲与外部世界的互动，因此并不存在"独特的非洲知识"，"非洲知识的生产是种不可能从地理上加以界定的努力，任何试图封闭非洲知识生产的努力都可能极为有害"。[①] 因此，"知识生产并不存在最佳地理场所；相反，存在多重平行的场所"。[②] 另一方面，在"去殖民化"成功后半个多世纪，非洲声音仍被主流理论所排斥。正如两位人类学家所指出的，"非洲作者被剥夺了写作普世性作品的权利，而这在欧美被认为是理所当然的"。[③] 很大程度上，由于无法或缺乏独立的理论总结努力，非洲人难以为自身发展开出本土主义的药方，被只能加剧其依附性发展的困境。

理论自信的不足严重阻滞了非洲国际关系理论的建构。尽管有关主流国际关系理论应更加重视非洲的呼吁并不新鲜，但迄今为止的讨论大多聚焦非洲对主流国际关系理论作的添补性贡献。[④] 鉴于非洲丰富的国际关系理论渊源、曲折的国际参与历程及独特的国际关系实践，非洲国际关系理论应在借鉴中国特色国际关系理论的理论自信与建构实践，围绕国际关系理论的基本概念、理论体系、方法论等展开重建，推动国际关系理论的多样化、民主化发展，而非对主流国际关系理论的修修补补。

---

① Noor Nieftagodien, "Report of the International Symposium on Globalisation and Social Sciences in Africa, University of the Witwatersrand, September 1998," *African Studies*, Vol. 57, No. 2, 1998, pp. 232 – 233.

② Nana Akua Anyidoho, "Identity and Knowledge Production in the Fourth Generation," *Africa Development*, Vol. 33, No. 1, 2010, pp. 25 – 39.

③ Jean Comaroff and John L. Comaroff, "Theory From the South: Or, How Euro – America is Evolving Toward Africa," *Anthropological Forum: A Journal of Social Anthropology and Comparative Sociology*, Vol. 22, No. 2, 2012, p. 115.

④ Oulukayode A. Faleye, "Africa and International Relations Theory: Acquiescence and Response," in Leonid E. Grinin, Ilya V. Ilyin, and Andrey V. Korotayev, eds., *Globalistics and Globalization Studies: Aspects & Dimensions of Global Views*, Volgograd: "Uchitel" Publishing House, 2014, pp. 154 – 163.

作为中国最早开放也是最为开放的国际化大都市，上海的"先行先试"对中国实现体系内创新型崛起有着重要意义；上海全面从严治党极大地推动了上海各级党员干部的"四个自信"，在全面开放的过程中有效地维持了中国特色、打造了中国风格、形成了中国气派。的确，无论是朱家角还是陆家嘴，无论是中共一大会址还是新天地，上海总能实现传统与现代、中国与世界的水乳交融，其根本保证恰好是全面从严治党上实现了新作为，确保了中国崛起中的先锋队建设。

第三节　上海全面从严治党的新作为

需要指出的是，无论是社会治理还是从严治党，上海地方的努力或新作为很大程度上仍需进一步拓宽视野，放宽眼界。其中相当重要的便是从中国崛起的创新性角度，思考上海在其中可有和应有的角色。就全面从严治党新作为而言，尽管上海既有实践可为中国特色的国际道德价值观建构、中国崛起的"四个自信"强化等起到推动作用，但仍不够充分，特别是主动从上述角度思考并加以推动的努力不够。换句话说，上海迄今为止在中国实现体系内创新型崛起的非物质性努力，很大程度上仍不够积极主动，自觉性仍不充分。上海全面从严治党要实现更大的新作为，需要从进一步完善中国特色国际道德价值观体系、完善中国国家治理的公共产品供应结构优化等角度展开。

一　完善中国特色的道德价值观体系

考虑到中国崛起的特殊性和时代性，再加上中国在较短时间内实现了从国际体系的革命者到参与者和建设者的转变，中国所倡导的国际道德价值体系与现有国际道德价值体系是一种既重叠又区别的关系。一方面，结合中国坚定走和平发展道路、追求体系内全面与可持续崛起的战略目标，中国的道德性崛起并不是要推翻现行占据主导地位的国际道德体系，尽管当前以西方价值观为核心内涵的主导性国际道德价值体系对此持怀疑态度。另一方面，前述三大历史潮流内部也存在某种相互矛盾之处：无论是国家力量使用方式的复合性发展，还是国际体系的开放性发展，抑或国际合法性来源的多样性发展，事实上都事关一种平衡，即秩序与正义的平衡。对中国而言，任何建构中国特色国际道德价值体系的战略设计或选择也都必须实现这一秩序与正义的平衡：要实现体系内的和平崛起，就需要充分关注既有秩序的稳定性和延续性，而非以绝对正义为名革命性地动摇这一体系；同时，中国并非既有秩序的设计者，在全球性的权势转移背景下，中国作为这一权势转移中的一部分，需要遵循上述世界历史潮流的三大趋势，使既有秩序朝向更加公正合理的方向发展，更加符合正义的要求。由此而来的，在上述目标层次和实现路径之下，建构中国特色国际道德价值体系的具体方式仍须坚持从和平共处到和平共生再到和谐共生的渐进性思维。

更为微观地，在中国倡导和国际体系现行的两套国际道德价值体系间，也应建立一种利益共同体、责任共同体和命运共同体的"三位一体"关系。在短期内的较低级阶段，需要实现中国所倡导的国际道德价值体系与既有国际道德价值体系的和平共处，确保二者不发生根本性冲突，不给人以中国试图挑战甚至颠覆既有主导国际道德价值体系的印象，中国应当在承认甚至继承现有国际道德主张的基础上，创造性地提出自身的道德主张。在中长期的较高级阶段，中国特色的国际道德价值体系应实现与既有国际道德价值体系的相互促进、相互强化或和平共生，既包括道德主张上的创新，更重要的是实现对既有国际道德主张的升级，使之更符合新的国际现实，同时并不违反既有国际道德价值观。而在更长期的高级阶段，应着重强调中国特色国际道德价值体系与现行国际道德价值体系通过相互调整、相互适应最终实现和平共生，既服务于中国的道德性崛起，也服务于整个国际体系的可持续发展。

具体而言，中国特色国际道德价值体系的建构包括继承、升级和创新三种实现方式。① 首先，中国应继承既有国际道德价值体系中的有着先进意义的，但很大程度上为既有秩序主导者所放弃或试图放弃的道德原则。其中，最为重要的当属继承现行国际体系的根本组织原则及其附属性原则，即主权国家原则及与之相关的以和平共处五项原则为核心的附属性原则。

尽管全球化发展和相互依赖的深入，导致很多人质疑主权国家是否仍有必要，但主权国家仍很大程度上是当今及未来至少可预见的未来的国际体系中最为重要的行为体。各种技术性发展在动摇主权国家的传统治理基础的同时，也为主权国家强化其治理基础增添了新的手段。美国利用新近的技术发展实现全球无差别监视、监听便是其典型体现。必须指出的是，尽管以美欧为首的西方国家高唱"人权高于主权"论调，但这并不意味着它们放弃主权国家作为首要国际行为体的地位。相反，这恰好是它们设法弱化新兴大国和发展中国家的主权的手段之一，一旦"人权高于主权"威胁到其切实利益时，西方国家也会毫不犹豫地放弃这一原则。例如，美国从来就不承认国际刑事法庭（ICC）的合法性也不加入《罗马规约》，同时还与数量众多的已加入《罗马规约》的国家签署了双边协定以保证未来美国军人不会被国际刑事法庭所管辖，但当涉及对苏丹总统巴希尔的指控时，

---

① 以下讨论主要参见张春《试论中国特色外交理论建构的三大使命》，《国际展望》2012 年第 2 期，第 1～14 页。

美国却是国际刑事法庭的最积极支持者之一。[1] 同样的伎俩也体现在西方国家解构"权力黑箱"的努力中：在 20 世纪 90 年代前，西方独霸国际体系，那时的权力从来就没有软硬之分；很大程度上，正是由于美国硬实力的下降，才导致了对软实力的日益关注，但其目的不外乎是新辟权势角斗场，以求保持西方在权势斗争中的优势；而这也是在 2003 年伊拉克战争使西方软实力大大受损后，所谓"巧实力"概念得以提出的原因之一。[2] 可以认为，对权力概念的分解，尽管某种程度上标志着理论的进一步发展，但其背后有着更为深切的现实关切，即在美国或更大的西方硬实力相对衰落的背景下，如何能以类似冷战时期使苏联将注意力集中于军备竞赛而最终被西方拖垮的方式，将新兴国家的注意力转移到硬实力竞争之外，从而使其最终在硬实力的竞争中输掉？

其次，中国应拓展和升级那些既有国际道德价值体系中逐渐为少数行为体所把持的俱乐部性质的道德原则，使其为更多国际行为体所共享。这些道德原则中最重要的首先是思想类，然后是安全类，最后才是经济类。但在现实实践中的执行次序却是相反的，必须先从经济类道德价值观开始，逐渐拓展到安全类，最后才会是思想类。

就经济类道德价值观而言，需要升级的是当前的国际经济体系中的诸如自由贸易、开放经济体系等道德原则，这是与国际体系逐渐迈

---

[1]　Megan A. Fairlie, "The United States and the International Criminal Court Post – Bush: A Beautiful Courtship but an Unlikely Marriage," *Berkeley Journal of International Law*, Vol. 29, No. 2, 2011, pp. 528 – 574; Alexis Arieff et. al., "International Criminal Court Cases in Africa: Status and Policy Issues," *CRS Report for Congress*, RL34665, July 22, 2011.

[2]　Suzanne Nossel, "Smart Power," *Foreign Affairs*, Vol. 83, No. 2, March/April 2004; Richard L. Armitage and Joseph S. Nye, Jr., *CSIS Commission on Smart Power: A Smarter, More Secure America*, Washington, D. C.: CSIS, 2007; Joseph S. Nye, Jr., "Hard Decisions on Soft Power," *Harvard International Review*, Vol. 31, Issue 2, Summer 2009; Joseph S. Nye, Jr., "Obama's Smart Power," *New Perspectives Quarterly*, Vol. 26, No. 2, Spring 2009.

向更加开放和包容的当代世界历史潮流相一致的。在 2008 年全球金融危机之后，美欧等西方国家对自由贸易的追求热情大大下降，各式的贸易保护主义持续抬头，贸易争端频繁发生，导致世界经济增长放缓。① 与此同时，西方对改革现有国际经济和金融体系的热情也时有反复。例如，国际货币基金组织在 2010 年 12 月 12 日通过了新一轮改革方案，决定大幅调整成员国的份额比重，发展中国家的出资比例将增加到 6%。这一改革方案意味着对新的全球经济现实的确认。但作为国际货币基金组织最大股东的美国却于 2014 年 1 月对此改革方案予以否决，被普遍视为对有效率的、促进全球金融稳定的体系性改革的阻碍。② 因此，中国需要和广大发展中国家一道，不仅要继续坚持国际经济体系的自由开放原则，更要为这一原则的持续拓展和调整注入活力，使其不再是西方国家打开发展中国家市场的工具，而成为真正促进发展中国家福利的道德原则。

就安全类而言，中国需要提出新型的国际安全观，特别是将国际关系中传统结盟原则升级为更加开放、包容和非敌对性的战略伙伴关系。中国于 20 世纪 90 年代末提出以"互信、互利、平等、协作"为核心思想的新安全观，推动了中国与外部世界特别是周边国家关系的快速发展。③ 但进入新世纪特别是进入 21 世纪第二个十年以来，出于对中国崛起的疑虑心理，中国与外部世界的关系正逐渐朝向"安全困境"的方向发展，迫切需要提出新型安全观或升级版的新安全观以指导中国对外关系。尽管没有明确使用"新型安全观"或类

---

① 张进：《国际金融危机下的贸易保护主义》，《对外经贸》2014 年第 1 期，第 33 页。
② Patrice Hill, "IMF Gives U. S. Congress Year – End Deadline for Passing Reforms," *The Washington Times*, April 14, 2014, http：//www. washingtontimes. com/news/2014/apr/14/imf – gives – us – congress – year – end – deadline – passing – re/.
③ 有关新安全观与中国和周边国家关系的发展的新近讨论，可参见张哲馨《新安全观与中国和东盟的安全困境》，《国际展望》2014 年第 3 期，第 35 ~ 50 页。

似术语，但习近平主席在 2014 年 4 月 15 日召开的中央国家安全委员会第一次会议上提出，"要准确把握国家安全形势变化新特点新趋势，坚持总体国家安全观，走出一条中国特色国家安全道路"，"既重视自身安全，又重视共同安全，打造命运共同体，推动各方朝着互利互惠、共同安全的目标相向而行"。① 再一次，命运共同体成为新型安全观的核心内容之一，其宗旨是避免传统的结盟思维，实现互利互惠和共同安全。这一观念与中国倡导建立战略伙伴关系而非结盟关系是一贯的，因为前者更有利于国际体系朝向开放和包容的方向发展，有利于提升国际道德价值的门槛，升级目前西方所主导的安全化思维，避免用传统思维应对当前复杂的传统与非传统安全挑战。

思想类道德原则的升级对建构中国特色的国际道德价值体系本身和中国实现体系内全面崛起的大战略目标都同样重要。这一升级的核心是不仅要维持当前西方所强调的人类进步观念的共享，更要实现西方所拒绝的技术知识的共享。西方目前对于思想类道德原则的强调是不均衡的，对于真正能促进人类进步的技术型知识，西方往往强调保护知识产权，使这些知识只服务于其一己私利。同时，西方却反复输出以意识形态为代表的所谓人类进步观念，对所谓西式民主、自由从来不要求讲知识产权保护，反而以其普遍性为由在全球推广，其结果往往是输出"民乱"（democrazy）而非民主。② 二者结合的后果，通常是固定广大发展中国家在国际体系中的次等地位，确保美欧等西方国家在国际体系中的特权地位。中国特色的国际道德价值体系，一方面需要强调中国及其余国际社会的进步观念的全球共享，实现全球发

---

① 参见《习近平主持召开"中央国家安全委员会"第一次会议》，新华网，2014 年 4 月 15 日，http：//jjckb. xinhuanet. com/2014－04/15/content_ 500260. htm。

② Paul Collier, *Wars, Guns and Votes: Democracy in Dangerous Places*, New York: Harper Collins, 2009, Part 1, Chaps. 1－3.

展理念的"百花齐放"和"百家争鸣";另一方面也需要强化中国与其他发展中国家的技术转移和技术共享,使技术性知识能够服务于全人类的发展。

最后,中国应围绕当前国际生活中日新月异的新发展和新挑战,与国际社会一道发展出新的、符合世界历史潮流的国际道德价值体系。全球化本身是个复杂的结合体,它所导致的重大时间压缩既有积极面也有消极面,均可用"全球性急速扩散"加以形容:对几乎所有国际关系行为体来说,它在带来短平快的机遇和财富的同时,也带来了同样短平快的诸如疾病、信息混乱、气候变化、环境破坏、跨国犯罪、恐怖主义等问题。鉴于国际体系迄今为止的发展仍重大地欠缺集体应对人类共同挑战的经验,相关的道德原则很大程度上仍在发展和完善当中;同时,少数国家却利用其技术和理念上的领先地位设法为自身谋取特权或确保维持其既有特权。因此,一种总体上既基于人类共同挑战、又基于不同行为体不同能力的道德原则迫切需要得以提出。当前有关人类命运共同体、共同但有区别的责任、公私伙伴关系等的理念,部分地适应了这一要求,但仍远远不够。中国需要与广大国际社会、特别是国际体系中相对的弱势群体一道,共同发展出更能体现出弱者利益和关切的创新性国际道德观念。

二 优化国内公共产品供应结构

随着经济技术、人权观念、组织动员能力等的发展,世界范围内的执政党都面临一个严峻的治理挑战,即治理行为体的多样化和私有化。一方面是公众对公共产品的需求多样化发展,另一方面则是越来越多的非国家行为体参与公共产品供应之中,由此而来的是对政府和执政党的合法性、公共产品供应能力等的挑战。全面从严治党,其表面浅层意义是保持党的纯洁性和优越性,深层意义则是提升党的执政能力和领导能力，特别是在公共产品供应方面的能力。上海全面从严治党新作为的努力方向之一，便是探索党在公共产品供应方面的新作为，应对我国社会主要矛盾的转变。

公共产品供应的私有化发展其实早已有之，但在 20 世纪 90 年代后获得了重要发展，特别是随着大量非国家行为体参与公共产品的供应。具体而言，公共产品供应的私有化发展可分为自上而下和自下而上两种类型。自上而下的公共产品供应私有化又可进一步分为两类。一类是由主权国家自主决定通过外包的方式将先前属于正式国家机构与特定功能相关的国家权力授权给非国家行为体的私有化模式。① 其中，最具代表性的非国家行为体是私营军事与安保服务公司。由于这一进程是由主权国家驱动的，因此同时适用于对外（军事）和对内（警察）的安全任务。② 另一类自上而下的公共产品供应私有化则表现为国际政府间组织及非政府组织通过对主权国家实施影响，鼓励了在国家之下的各种力量参与公共产品的供应。如各类私营公司积极参与联合国维和行动支持及国际人道主义救援等活动；又如各种跨国非政府组织也越来越多地参与到公共产品的供给中，这也加剧了国家供应公共产品的权力"向下"泄漏的进程。自下而上的公共产品供应私有化主要表现为国家在供应公共产品的能力整体或某些方面减弱甚至缺失时，非政府组织、私营部门、宗教团体等非国家行为体自主代替国家提供公共产品的现象。③ 与自上而下的安全私有化相比，自下而上的公共产品私有化更为复杂。

---

① Marina Caparini, "Applying a Security Governance Perspective to the Privatisation of Security," in Alan Bryden & Marina Caparini, eds., *Private Actors and Security Governance*, Geneva: LIT & DCAF, 2006, pp. 263 – 284.

② Deborah Avant, *The Market for Force: The Consequences of Privatizing Security*, p. 17.

③ Marina Caparini, "Applying a Security Governance Perspective to the Privatisation of Security," in Alan Bryden & Marina Caparini, eds., *Private Actors and Security Governance*, pp. 263 – 284.

与历史形态相比，当代国际体系转型不仅有传统的国家间权力转移，还有从主权国家到非国家行为体的权力转移。[①] 这一双重权力转移催生了大量的新型治理议题，进而导致主权国家难以单独应对各类发展、安全、社会等治理挑战，公共产品供应赤字在全球和国家层面同时出现。公共产品供应赤字的持续增长，为非国家行为体参与治理和公共产品供应提供了条件。从自上而下的角度看，公共产品私有化很大程度上被视为积极的和合法的，其典型代表是通过拓印方式获得合法性的承包商。所谓拓印，是指作为商业市场行为体的私营承包商本身并不具备类似主权国家的国际行为合法性，但由于在公共产品供应合同外包的签订过程中，主权国家的合法性发生了某种转移性授予，私营承包商可以在特定时段和特定功能领域内替代主权国家行使相应的合法性。换句话说，私营承包商只是主权国家合法性的特定功能在特定时期的一种映射。这种合法性拓印有四个基本特征，即不完整性、时效性、模糊性和主观性。除了拓印，私营承包商还通过主动参与有关企业社会责任的规则、规范的创建来对其合法性进行再建构。

公共产品供应私有化的最大潜在危害是对主权国家合法性的冲击。作为国际行为体的主权国家的合法性主要表现为两个方面：一是对合法使用暴力的垄断权，二是对其他国际行为体的合法性授予的垄断权。前者从权力或武力的角度，确保了主权国家在国际体系中的唯一重要性。这意味着，除主权国家外，其他所有行为体都不具备使用暴力的合法性。后者则从规范或道德的角度，确保了主权国家在国际体系中的唯一重要性。自现代国际法诞生以来，几乎所有国际行为体的合法性都来自主权国家，如国际政府间组织须征得国家的共同同意

---

① 〔美〕约瑟夫·奈：《权力大未来》，王吉美译，中信出版社，2012，第157~158页。

方具备国际法人资格。① 就连新成立或新独立的主权国家，其合法性也首先来自其他既有主权国家的承认。

公共产品供应私有化的当代发展对主权国家两方面的合法性都构成了挑战。一方面，公共产品供应私有化本身意味着参与公共产品供应的行为体增加，包括合法使用暴力的行为体。由于公共产品供应意味着某种行政权力，特别是可能涉及强制性行政权力，进而会侵蚀作为整体的主权国家对合法使用暴力的垄断权。另一方面，由于公共产品供应赤字的存在，大量国际组织赋予未得到主权国家承认的非国家行为体以参与公共产品供应的部分权力，进而使主权国家的合法性遭到侵蚀。

公共产品供应私有化的当代发展，一方面缓解了全球和国家层面的公共产品供应赤字，另一方面也提出了公共产品供应私有化本身的有效治理问题。公共产品供应私有化治理的核心在于国家对公共产品供应的公私混合结构的适应和规范。适应要求主权国家积极推进公共产品供应私有化进程，而规范则要求主权国家识别、优化公共产品的内部结构并合理引导其供应私有化进程。从单个国家或政府角度看，这一进程属于公共产品供应私有化与政府功能优化的循环；但从作为整体的主权国家角度看，它涉及主权国家与非国家行为体在公共产品供应上的劳动分工模式建构、主权国家合法性基础的主动或被动的转变，进而有着深远的国际政治意义，甚至可能推动主权国家的历史性转型。

由于安全公共产品供应赤字，全球和国家层面公共产品供应的公私混合结构几乎是不可避免的，尽管对其效率、合理性及危害性等仍

---

① 〔英〕伊恩·布朗利：《国际公法原理》，曾令良、余敏友等译，法律出版社，2003，第69页。

有保留。① 虽然有很多类型，公私混合结构总体上可分为两大类，即以合资或合营企业表现出来的机制化形式、以合同承包为核心的非机制化形式。就公共产品供应赤字的缓解而言，这两种类型的公私伙伴关系都有其必要性：对于各类长期性和常规性功能，可采用合资或合营企业等机制化形式；对于其他紧急性和短期性的任务，则应更多通过合同式公私伙伴关系实现。

另外，对公共产品供应私有化进行有效治理的关键是对这一进程加以有效规范。需要特别规范的问题包括私有化主体相互间缺乏有效协调，对私有化主体缺乏有效监督和问责，因购买力差异而导致的公共产品供应不对称性等。② 如前所述，公共产品供应私有化本身是更为宏大的全球性权力转移的一部分，即权力正从主权国家向非国家行为体扩散。因此，公共产品供应私有化治理的核心行为体是主权国家。主权国家在治理公共产品供应私有化进程时面临两难困境：一方面是公共产品供应私有化和公私混合结构难以逆转，另一方面是公共产品供应私有化对主权国家合法性的冲击。基于此，对公共产品供应私有化的态度总体上可分为悲观主义和乐观主义两类。悲观主义者往往忽视了主权国家在功能性控制和社会性控制方面的潜在获益，而乐观主义者则往往忽视了主权国家在功能性控制、政治性控制及长期的社会性控制方面的潜在损失。③ 事实上，正是在适应和规范公共产品供应私有化的进程中，主权国家实现着自身的历史性转型。

---

① Benjamin S. Buckland and Theodor H. Winkler, "Public Private Cooperation: Challenges and Opportunities in Security Governance," *DCAF Horizon 2015 Working Paper*, No. 2, 2015, p. 31.

② Anne-Marie Buzatu & Benjamin S. Buckland, "Private Military & Security Companies: Future Challenges in Security Governance," *DCAF Horizon 2015 Working Paper*, No. 3, 2015, pp. 30 – 31.

③ Deborah D. Avant, *The Market for Force: The Consequences of Privatizing Security*, Cambridge: Cambridge University Press, 2005, p. 254.

　　总体上看，在公共产品供应私有化治理过程中，主权国家的公共产品供应能力将逐渐实现重构。具体表现为以下两个方面。

　　一是主权国家的核心与非核心公共产品被重新界定。无论公共产品供应私有化的水平高低，也无论政府对公共产品供应私有化进程的控制程度大小，由于公共产品供应赤字的普遍存在甚至持续增加，几乎所有国家都需要考虑引入公私混合结构，共同供应公共产品。在这一背景下，作为整体的主权国家面临对重新划分公共产品内部要素的挑战。传统上，公共产品由国家全面提供，也就无须区分公共产品的内部结构；但随着私营部门介入供应，哪些公共产品可允许私营部门参与提供，哪些需要确保垄断以维护主权国家核心地位，很大程度上与主权国家的合法性维护密切相关。因此，主权国家需要重新界定公共产品的核心与非核心要素，使更多的非核心性公共产品实现私有化和市场化供应，从而进一步强化对核心公共产品供应的垄断能力。

　　二是主权国家对非核心类公共产品供应的规范性主导权得到强化。为维护自身在未来国际体系中的核心地位，主权国家在共享甚至交出非核心性公共产品供应权的同时，也在不断强化核心性公共产品的供应能力，并发展和巩固对非核心性公共产品的社会/市场供应的监管能力，以实现对其主权合法性基础的弥补或置换。

　　超越单个国家政府功能的视角可以发现，对公共产品供应能力的重构意味着主权国家功能的重大调整，并由此可能带来作为整体的主权国家的历史性转型。具体而言，这一历史性转型可能包括三个步骤或阶段：一是主权国家不再垄断性地提供所有公共产品，而是对特定公共产品的核心与非核心要素加以区分；二是在前述区分基础上，一方面确保并强化对核心类公共产品的国家垄断性供应，另一方面发展和完善非核心类公共产品供应的公私混合结构；三是发展对非核心类公共产品供应的监管和规范能力，确保对主权国家在这一领域的规范主导地位。

参考文献

一 主要中文著作

1. 〔澳大利亚〕玛格丽特·魏特罕：《空间地图：从但丁的空间到网络的空间》，薛绚译，台湾商务印书馆，1999。

2. 〔德〕乌尔里希·贝克：《风险社会》，何博闻译，译林出版社，2004。

3. 〔法〕夏尔—菲利普·戴维、〔法〕路易·巴尔塔扎、〔法〕于斯丹·瓦伊斯：《美国对外政策：基础、主体与形成》，钟震宇译，社会科学文献出版社，2011。

4. 〔古希腊〕修昔底德：《伯罗奔尼撒战争史》，谢德风译，商务印书馆，1960。

5. 〔美〕爱德华·勒特韦克：《罗马帝国的大战略：从公元一世纪到三世纪》，时殷弘、惠黎文译，商务印书馆，2008。

6. 〔美〕保罗·肯尼迪：《大国的兴衰：1500～2000年的经济变迁与军事冲突》，王保存等译，求实出版社，1988。

7. 〔美〕道格拉斯·洛西科夫：《当下的冲击》，孙浩、赵晖译，中信出版社，2013。

8.〔美〕亨利·基辛格：《大外交》，顾淑馨、林添贵译，海南出版社，1998。

9.〔美〕杰里米·阿塔克、〔美〕彼得·帕塞尔：《新美国经济史：从殖民地时期到1940年》（第2版），罗涛等译校，中国社会科学出版社，2000。

10.〔美〕科佩尔·平森：《德国近现代史——它的历史与文化》，范德一等译，商务印书馆，1987。

11.〔美〕克莱·舍基：《未来是湿的：无组织的组织力量》，胡泳、沈满琳译，中国人民大学出版社，2009。

12.〔美〕孔华润主编《剑桥美国对外关系史》，王琛等译，新华出版社，2004。

13.〔美〕罗伯特·卡根：《危险的国家：美国从起源到20世纪初的世界地位》，袁胜育、郭学堂、葛腾飞译，社会科学文献出版社，2011。

14.〔美〕曼纽尔·卡斯特尔：《网络社会的崛起》，夏铸九、王志弘等译，社会科学文献出版社，2006。

15.〔美〕莫伊塞斯·纳伊姆：《权力的终结：权力正在失去，世界如何运转》，王吉美、牛晓萌译，中信出版社，2013。

16.〔美〕伊恩·莫里斯：《西方将主宰多久——从历史的发展模式看世界的未来》，钱峰译，中信出版社，2011。

17.〔美〕英吉·考尔：《全球化之道——全球公共产品的提供与管理》，张春波、高静译，人民出版社，2006。

18.〔美〕约翰·刘易斯·加迪斯：《长和平：冷战史考察》，潘亚玲译，上海人民出版社，2012。

19.〔美〕约翰·米尔斯海默：《大国政治的悲剧》，王义桅译，上海世纪出版集团，2008。

20.〔日〕盐野七生：《罗马人的故事 I：罗马不是一天建成的》，计丽屏译，中信出版社，2011。

21.〔委内瑞拉〕莫伊塞斯·纳伊姆：《权力的终结：权力正在失去，世界如何运转》，王吉美、牛晓萌译，中信出版社，2013。

22.〔英〕R. J. 文森特：《人权与国际关系》，凌迪等译，林地校，知识出版社，1998。

23.〔英〕艾瑞克·霍布斯鲍姆：《革命的年代：1789～1848》，王章辉等译，江苏人民出版社，1999。

24.〔英〕安东尼·吉登斯：《现代性的后果》，田禾译，译林出版社，2001。

25.〔英〕哈·麦金德：《历史的地理枢纽》，林尔蔚、陈江译，商务印书馆，2010。

26.〔英〕杰弗里·巴勒克拉夫：《当代史导论》，张广勇、张宇宏译，上海社会科学院出版社，1996。

27.〔英〕伊恩·布朗利：《国际公法原理》，曾令良、余敏友等译，法律出版社，2003。

28.〔智利〕西萨·希达戈：《资讯裂变：iPhone、超跑、无人机，全球经济与想像力结晶的发展之路》，戴至中译，台北日月文化，2016。

29. 丁一平等主编《世界海军史》，海潮出版社，2000。

30. 樊勇明、钱亚平、饶芸燕：《区域国际公共产品与东亚合作》，上海人民出版社，2014。

31. 王逸舟：《创造性介入——中国之全球角色的生成》，北京大学出版社，2013。

32. 张春：《地方参与中非合作研究》，上海人民出版社，2015。

33. 赵丕、李效东主编《大国崛起与国家安全战略选择》，军事科学出版社，2008。

二 主要英文著作

1. Abram Chayes and Antonia Handler Chayes, *The New Sovereignty: Compliance with International Regulatory Agreements*, Cambridge: Harvard University Press, 1995.

2. Alan Bryden & Marina Caparini, eds. , *Private Actors and Security Governance*, Geneva: LIT & DCAF, 2006.

3. Allen J. Scott Scott, ed. , *A. Global City – Regions: Trends, Theory, Policy*, New York: Oxford University Press, 2001.

4. Andrew Cooper, Richard Higgott and Kim Nossal, *Relocating Middle Powers: Australia and Canada in a Changing World Order*, Vancouver, BC: University of British Columbia Press, 1993.

5. Andrew J. Bacevich, *The Limits of Power: The End of American Exceptionalism*, New York: Metropolitan Books, 2009.

6. Antjie Krog, *Country of My Skull: Guilt, Sorrow, and the Limits of Forgiveness in the New South Africa*, New York: Broadway Books, 2000.

7. AT Kearney, *Learning from the East—Insights from China's Urban Success: 2018 Global Cities Report*, 2018.

8. Charles Kindleberger, *Historical Economics: Art or Science?* Berkeley: University of California Press, 1990.

9. David Nyheim, *Can Violence, War and State Collapse be Prevented? The Future of Operational Conflict Early Warning and Response*, Paris: OECD/DAC, 2008.

10. Deborah D. Avant, *The Market for Force: The Consequences of*

Privatizing Security, Cambridge: Cambridge University Press, 2005.

11. Debrbrata Sen, *Basic Principles of Geopolitics and History: Theoretical Aspect of International Relations*, Dehli: Concept Publishing Company, 1975.

12. Economist Intelligence Unit, *Hot spots 2025: Benchmarking the Future Competitiveness of Cities*, London: The Economist, 2013.

13. Emmanuel E. Egar, *The Crisis of Negritude: A Study of the Black Movement Against Intellectual Oppression in the Early 20th Century*, Florida: Brown Walker Press, 2008.

14. G. Modelski and S. Modelski, eds. , *Documenting Global Leadership*, London: Macmillan, 1988.

15. G. Modelski, *Long Cycles in World Politics*, London: Macmillan, 1988.

16. Herbert Butterfield and Martin Wight eds. , *Diplomatic Investigation*, Cambridge, Mass. : Harvard University Press, 1966.

17. Inis L. Claude, *States and the Global System*, London: Macmillan, 1988.

18. John A. Vasquez, ed. , *Classics of International Relations*, 3rd edition, New Jersey: Prentice – Hall, Inc. , 1986.

19. John p. McKay et al. , *A History of Western Society*, Boston: Houghton Mifflin Co. , 1979.

20. Jose Van Dijck, *The Culture of Connectivity: A Critical History of Social Media*, Oxford: Oxford University Press, 2013.

21. Kevin C. Dunn and Timothy M. Shaw, eds. , *Africa's Challenge to International Relations Theory*, Basingstoke: Palgrave, 2001.

22. Leonid E. Grinin, Ilya V. Ilyin, and Andrey V. Korotayev,

eds., *Globalistics and Globalization Studies*: *Aspects & Dimensions of Global Views*, Volgograd: "Uchitel" Publishing House, 2014.

23. Michael Walzer, *Just and Unjust Wars*: *A Moral Argument with Historical Illustrations*, New York: Basic Books, 1977.

24. Ni Pengfei, Marco Kamiya, Wang Haibo et al., *The Global Urban Competitiveness Report* 2017 – 2018: *House Prices*, *Changing the City World*, Beijing: UN – HABITAT, CASS, Center for City and Competitiveness, 2017.

25. Patrick Geddes, *Cities in Evolution*: *An Introduction to the Town Planning Movement and to the Study of Civics*, London: Williams, 1915.

26. Patryk Pawlak and Andrea Ricci, eds., *Crisis Rooms*: *Towards A Global Network?* Paris: European Union Institute for Security Studies (EUISS), 2014.

27. Paul Collier, *Wars*, *Guns and Votes*: *Democracy in Dangerous Places*, New York: Harper Collins, 2009.

28. Paul L. Knox and Peter J. Taylor, eds., *World Cities in a World – System*, Cambridge: Cambridge University Press, 1995.

29. Peter Hall, *The World Cities*, London: Weidenfeld and Nicolson, 1966.

30. Peter J. Taylor et. al., eds., *Global Urban Analysis*: *A Study of Cities in Globalization*, London: Routledge, 2011.

31. Peter J. Taylor, *World City Network*: *a Global Urban Analysis*, London: Routledge, 2004.

32. Raymond A. Bauer, *Social Indicators*, Mass.: The MIT Press, 1967.

33. Richard L. Armitage and Joseph S. Nye, Jr., *CSIS Commission*

on Smart Power: *A Smarter, More Secure America*, Washington, D. C. : CSIS, 2007.

34. Richard Sandbrook, *The Politics of Africa's Economic Stagnation*, Cambridge: Cambridge University Press, 1986.

35. Saskia Sassen, *The Global City: Introducing a Concept*, New York: Princeton University Press, 2001.

36. Saskia Sassen, *The Global City: New York, London, Tokyo*, New Jersey: Princeton University Press, 2001.

37. T. Janoski and A. Hicks, eds, *The Comparative Political Economy of the Welfare State: New Methodologies and Approaches*, Cambridge: Cambridge University Press, 1994.

38. Thomas Piketty, *Capital in the Twenty – First Century*, Cambridge, Mass: Harvard University Press, 2014.

39. UNDP, *Evaluation of Results – Based Management at UNDP*, New York: UNDP Evaluation Office, 2007.

40. W. N. Coveney and Dorothy K. Medlicott, *Bismarck and Europe*, London: St. Martin's Press, 1972.

41. Walter Rodney, *How Europe Underdeveloped Africa*, Nairobi: East Africa Educational Publishers, 1972.

三 主要中文报刊

1. 《当代世界》

2. 《当代亚太》

3. 《党政论坛》

4. 《对外经贸》

5. 《国际论坛》

6. 《国际展望》

7. 《国际政治研究》

8. 《江西师范大学学报》（哲学社会科学版）

9. 《教学与研究》

10. 《解放日报》

11. 《经济日报》

12. 《经济与管理研究》

13. 《毛泽东邓小平理论研究》

14. 《美国研究》

15. 《南京大学学报》（哲学·人文科学·社会科学版）

16. 《人民日报》

17. 《上海证券报》

18. 《社会科学》

19. 《时代金融》

20. 《世界经济与政治》

21. 《外交评论》

22. 《文汇报》

23. 《现代国际关系》

24. 《新民周刊》

25. 《浙江社会科学》

26. 《中共中央党校学报》

27. *Africa Development*

28. *African Studies*

29. *Alternatives*：*Turkish Journal of International Relations*

30. *American Sociological Review*

31. *Berkeley Journal of International Law*

32. *Development and Change*

33. *Development Southern Africa*

34. *Economics*

35. *Economy and Society*

36. *Foreign Affairs*

37. *Global Governance*

38. *International Journal of Urban and Regional Research*

39. *International Organization*

40. *International Social Work*

41. *Journal of European Public policy*

42. *Journal of International Affairs*

43. *Journal of International Economic Law*

44. *Journal of Peace Research*

45. *Philosophy of the Social Science*

46. *Policy and Politic*

47. *Political Studies*

48. *Review of Economics and Statistic*

49. *Third World Quarterly*

50. *Urban Studie*

51. *World Politics*

四　主要网站

1. 凤凰网，http：//news. ifeng. com。

2. 国务院发展研究中心，http：//www. drc. gov. cn/。

3. 国务院新闻办公室，http：//www. scio. gov. cn。

4. 联合国，http：//www. un. org。

5. 浦东新闻网，http：//www. ftzsino. com。

6. 人民日报，http：// www. people. com. cn。

7. 人民网，http：//www. people. com. cn。

8. 人民网，http：//sh. people. com. cn。

9. 上观新闻，https：//www. jfdaily. com。

10. 上海自贸试验区网站，http：//www. china‐shftz. gov. cn。

11. 新华网，http：//news. xinhuanet. com。

12. 新浪网，http：//news. sina. com。

13. 中非合作论坛，http：//www. focac. org。

14. 中国上海门户网站，http：//www. china‐shftz. gov. cn。

15. 中国外交部，http：//www. fmprc. gov. cn。

16. 中国网，http：//www. china. com. cn。

17. 中国新闻网，http：//www. chinanews. com。

18. 中国中央人民政府，http：//www. gov. cn。

图书在版编目（CIP）数据

上海实现"四个新作为"研究／张春著 . －－北京：
社会科学文献出版社，2019.6
（上海研究院智库报告系列）
ISBN 978 - 7 - 5201 - 4305 - 9

Ⅰ . ①上… Ⅱ . ①张… Ⅲ . ①区域发展 - 研究 - 上海
Ⅳ . ①F127. 51

中国版本图书馆 CIP 数据核字（2019）第 028277 号

· 上海研究院智库报告系列 ·

上海实现"四个新作为"研究

著　　者／张　春

出 版 人／谢寿光
责任编辑／杨　雪
文稿编辑／杨　木

出　　版／社会科学文献出版社·城市和绿色发展分社（010）59367143
　　　　　地址：北京市北三环中路甲 29 号院华龙大厦　邮编：100029
　　　　　网址：www. ssap. com. cn
发　　行／市场营销中心（010）59367081　59367083
印　　装／三河市龙林印务有限公司

规　　格／开　本：787mm × 1092mm　1/16
　　　　　印　张：15.75　字　数：203 千字
版　　次／2019 年 6 月第 1 版　2019 年 6 月第 1 次印刷
书　　号／ISBN 978 - 7 - 5201 - 4305 - 9
定　　价／88.00 元

本书如有印装质量问题，请与读者服务中心（010 - 59367028）联系

▲ 版权所有 翻印必究